開発経済学の挑戦 I

Technology Diffusion and Economic Growth:
Analysis of Developing Economies in the Globalized World
by Yasuyuki Todo

# 技術伝播と経済成長
## グローバル化時代の途上国経済分析

戸堂康之

# 開発経済学の挑戦　刊行にあたって

　開発経済学は1980年代から，大きく変化してきた．また，1997-98年のアジア通貨・金融危機およびその後のロシア・ブラジルへのコンテジオン（危機の伝染）以降，発展途上国の問題は急速に進む経済のグローバル化のもとで世界経済全体に影響を及ぼすようになった．われわれが予期しない新しい危機が襲うかもしれない．開発経済学はさらにその重要性を増しているといえる．

　また，マクロ経済学がミクロ経済学の成果を取り入れて新しい局面を迎えたことも，開発経済学が大きく発展したひとつの理由であろう．例えば，経済成長を説明するにあたってのミクロ的基礎付けであり，内生的成長理論の分析枠組みを開発経済学でも議論するようになったことなどである．そういったことから，開発経済学は，農業，労働，工業，人口，貧困，所得分配等の伝統的な問題だけではなく環境や情報技術といった新しい問題に対して，応用ミクロ経済学，新しい貿易理論，国際金融論，財政学，ゲーム理論，新しい成長理論，新しい制度経済学，集積の経済，ガバナンスに関連した政治経済学など理論および実証分析において著しい進展が認められる枠組みを取り入れて分析されるようになった．ますます今後の展開が期待される．

　世界人口の80%を占める発展途上国の貧しい人々の生活水準を改善するためには，どのような政策が必要とされるのか．その問題解決にいたる手法がさらなる開発経済学のみならず経済学の発展につながるだろう．

　2000年9月の国連総会において，貧困削減，保健・教育の改善，環境保護に関する具体的な達成目標である「ミレニアム開発目標」が採択され，世界銀行も『世界開発報告2000/2001』で貧困特集を組んでいる．これらの動きも開発経済学の調査・研究のさらなる進展を刺激・促進するものとみられる．

　開発経済学と実際の開発・援助の潮流は，良くも悪くも，世界銀行・IMFの考え方が主流であった．そこでの考え方が大きく振れてきたこともまた事実である．最近の20年間を見ても，1980年代は市場メカニズムを活用すること

によって経済効率を高め，成長を促進すべしとする「ワシントン・コンセンサス」の時代であったが，1990年代に入って貧困削減があたかも唯一至上の目標といった観がある．21世紀に入ると，以前からの問題に加えて，人口大国である中国やインドなどの経済成長が著しいことから，環境，資源や食料の供給，所得格差などの問題が注目されるようになった．今われわれは再び経済成長こそが発展と貧困削減の原動力とする時代に回帰したのかもしれない．

　開発協力は開発経済学の重要な応用問題であり，上のような開発理論・援助思潮の変化は，日本の開発協力にも大きな影響を与えつつある．ODA予算の削減のもと，日本の途上国援助政策は今後どのような方向を目指すべきかを考えるにも，これまでの開発経済学の流れを概観すると同時に最先端の考え方を理解することもまた不可欠である．本シリーズでは，このような視点に立って，アカデミックな開発経済学の新潮流だけでなく，「開発援助に関する考え方の潮流」あるいは，「日本の援助のあり方」についても加える予定である．

　開発経済学は経済学の実験室ともいわれる．本シリーズは，このような開発経済学がその役割を自覚し発展する新しい流れのなかで，広い意味で学術的な貢献を果たすことを目的に，「若手・中堅」の研究者による「開発経済学の挑戦」として企画されたものである．

開発経済学の挑戦　刊行予定
　国宗浩三『経済危機と国際機関』
　黒崎　卓『貧困と脆弱性の経済分析』
　神門善久『経済発展と教育・学校』
　澤田康幸『ODAの経済学的研究』
　高橋基樹『開発と国家：アフリカ政治経済論序説』
　戸堂康之『技術伝播と経済成長：グローバル化時代の途上国経済分析』
　（著者五十音順．以下，続刊の予定あり，また書名は変更の可能性があります．）

2008年4月

監修者　浦田秀次郎

小浜　裕久

# はしがき


**本書のねらい**

　開発途上国における経済成長は，途上国国民にとって切実な問題である．Chen and Ravallion（2004）によると，2001 年には世界で 11 億人が 1 日 1 ドル以下で生活しており，それは世界人口全体の 21％ にのぼる[1]．これらの最貧困層にとって所得レベルの向上は生死に関わる喫緊の課題であるし，最貧困層でなくとも一般的に所得レベルの向上は途上国国民の幸福度を増大することにつながることが多い[2]．

　しかし同時に，途上国の経済成長は先進国においても大きな関心事である．そもそも，貧困にあえいでいる人々を助けたいと思うのは人間として根元的な感情である．それに加えて，グローバル化が飛躍的に進展した現在，途上国の経済状態は先進国国民にとっての利害に直結する．例えば，2006 年において日本からアジア諸国への輸出額は日本の全輸出額の 48％ であり，アメリカへの輸出額の 2 倍以上であった．したがって，アジアの中進国・途上国経済の停滞は，アメリカ経済の停滞よりも大きな影響を日本の輸出に対して与えるのである．また，途上国における貧困層の存在は，テロ活動などを通じて先進国の治安を悪化させている可能性もある．

　したがって，開発途上国がどのようにして経済成長を成し遂げることができるのかを解明することは，途上国国民だけではなく先進国国民にとっても直接的な利益をもたらすと考えられる．経済学も，古くからこの問題を解明すべき主要な問題の 1 つとして位置づけて，途上国の経済成長をさまざまな角度か

---

[1] ただし，Sala-i-Martin（2002）など多くの研究は，Chen and Ravallion（2004）の前のバージョンである Chen and Ravallion（2001）の推計が貧困層人口を過大評価していると反論している．これらの議論については，Deaton（2005）を参照のこと．
[2] 第 1 章を参照のこと．

ら分析を行ってきた．本書は，特に経済成長論という経済学の分析ツールの1つを中心に用いて，理論的・実証的にこの問題を分析したものである．特に，長期的な経済成長の源泉は技術進歩にあるという考えのもとに，経済のグローバル化に伴って進展する国際貿易や外国直接投資が，途上国の技術進歩にどのような影響を及ぼすかに焦点を当てて分析しているのが，本書の特徴である．また実証的には，企業単位のデータを利用した応用ミクロ計量経済分析を多く用いているのも，本書のもう1つの特徴である．

このような分析を通じて本書が主張したいのは，グローバル化の進展した現代においても途上国への技術伝播は容易なものではないということだ．貿易や直接投資が必ずしも技術伝播を伴うわけではないために，途上国への技術伝播，ひいては途上国の経済成長には適切な技術導入政策が必要なのである．

### 本書の対象

本書の対象は，途上国の経済発展に関心を持つすべての人々である．ただし，本書の理論分析の多くは，数学的なモデルを利用しており，また実証分析にも専門知識を必要とする推計方法が利用されている．したがって，本書のすべてを理解するには経済学の大学院レベルの知識が必要となる．

しかし，数学的な理論分析や複雑な実証分析の手法を斜め読みしても，本書の主要な結論やそれを導く論理や実証的結果を理解することが十分に可能であるように，文章によるわかりやすい説明を心がけたつもりである．したがって，経済学の知識はなくとも途上国の経済成長・経済発展に興味のある学部学生や社会人の方々にも本書を読み通すことは可能であろうし，またそのような方々にもぜひ本書を読んでいただきたいと願っている．さらに，途上国の経済開発の現場におられる実務家や政策担当者の方々にも読んでいただき，その活動の何らかの参考にしていただければ，著者の望外の喜びである．

### 謝　辞

本書は著者にとって最初の単著の著書であり，著者の研究者として初期から現在に至る研究成果をまとめたものである．したがって本書は，著者が研究者として成長する過程で出会った多くの方々から教えられたことに負うところが

大きい．残念ながらそのすべての方々に言及することはできないが，できるだけ多くの方々に謝意を表するため，やや長めの謝辞となってしまうことをお許しいただきたい．

まず，著者の途上国体験は，学生の頃に約半年間の東南アジア放浪の旅に出かけたことに始まる．その時，時事通信マニラ支局長であられた高橋純氏（現PANA通信社）には多くのことを教えていただき，たくさんの人々を紹介していただいた．その折の貴重な経験は，著者の途上国研究者としての基礎となっている．

その後，著者は大学生活の中で道に迷い，東京大学教養学部卒業後は途上国開発とは全く違う道を歩んでしまう．しかし卒業の折に，古田元夫教授に「もし機会があってまた途上国と関わることがあればがんばってください」と言っていただいたことが，卒業後もずっと頭に引っかかっており，もう一度途上国について学び直すことを決意することができた．

それで東京大学経済学部に学士入学したわけだが，そこでは中兼和津次教授（現青山学院大学教授）のゼミで開発経済学を基本から学ぶこととなった．中兼先生には，それ以来現在に至るまでご迷惑をおかけしながらも，多くのことを学ばせていただいており，計り知れぬ恩を受けている．

その後，アジア経済研究所開発スクールで学んだが，山本一巳学部長（現愛知大学教授）からは途上国との関わり方について基本的な姿勢を学んだ．また，その時に一緒に学んだ日本人・外国人研修生たちは，現在ではその多くが開発の第一線で働いており，特に岩城岳央，片山淳一郎，田中そのみ，中村桐美，日置敬子，森裕之，山本恭久，Nisakorn Jungjaroentham, Nor Rizan Bin Mohamad Thani, Wirat Tatsaringkansakul の各氏からは今でも教えられることが多い．

また，スタンフォード大学経済学部博士課程では，Charles Jones 助教授（現カリフォルニア大学バークレー校教授）に指導教員になっていただいた．著者の博士論文は Jones 先生の主張に反対するものであったにもかかわらず（第2章補論参照），Jones 先生には客観的な視点から熱心に指導いただき，博士号を授与していただいた．心から感謝申し上げている．また，スタンフォードではその他に青木昌彦教授（現名誉教授），Paul Romer 教授にもご指導いただい

た．そのような世界のトップレベルの研究者に指導していただけたのは，幸運だったとしか言いようがない．

さらに，スタンフォードでは先輩や同級生にも恵まれた．特に澤田康幸氏（東京大学）には，経済学のイロハから研究者としての心得まで親身に指導していただいた．日本の開発経済学のホープとなった同氏からは現在に至るまで刺激を受け続けているうえに，今では開発援助に関する共同研究プロジェクトを通じて勉強させていただいており，その恩には感謝してもしきれない．また，宇井貴志（横浜国立大学），大湾秀雄（青山学院大学），中田啓之（エセックス大学），野口晴子（国立社会保障人口問題研究所），Sung Jin Kang（高麗大学），Ethan Kaplan (Stockholm University), Nhat Hong Le, Jeong-Joon Lee (Towson University), Hongbin Li（精華大学），Emran Shahe (George Washington University), Minggao Shen (Citigroup) の各氏からも大いに知的な刺激を受けた．特に，宇井氏には留学生活およびその後の研究者生活を精神的にも支えていただいた．また，経済学部博士課程進学以前に在籍したスタンフォード大学の Food Research Institute の修士課程には，日本の開発援助機関からも多くの方々が留学しており，中でも安藤直樹（JICA），遠山慶（JBIC）の両氏には今でも途上国の現場について教えていただいている．さらに，先の見えない大学院生時代には，直接の面識はないものの，アントニオ猪木氏の「迷わず行けよ，行けばわかるさ」という言葉に何度も救われた．

大学院を修了してからは，今に至るまで経済学および途上国について多くの方々から勉強させていただいた．特に，荒川博人（JBIC），市村英彦（東京大学），乾友彦（日本大学），浦田秀次郎（早稲田大学），大塚啓二郎（FASID・政策研究大学院大学），木村秀美（財務省），木村福成（慶應義塾大学），清田耕造（横浜国立大学），黒崎卓（一橋大学），香西泰（政府税制調査会会長），小浜裕久（静岡県立大学），柴田章久（京都大学），園部哲史（FASID・政策研究大学院大学），瀧井貞行（ICSEAD），冨浦英一（横浜国立大学），西山朗（慶應義塾大学），速水佑次郎（政策研究大学院大学），深尾京司（一橋大学），二神孝一（大阪大学），村田安寧（日本大学），桃田朗（大阪府立大学），山形辰史（アジア経済研究所），吉冨勝（前経済産業研究所所長），若杉隆平（京都大学・経済産業研究所），渡辺敏明（一橋大学），Theresa Greaney (University of Hawaii), Alex Hijzen

(OECD), Mary Lovely (Syracuse University) の各氏には感謝したい.

なお, 本書のいくつかの章は, 著者を含めた複数の研究者による共同論文の成果を中心に構成したものである. それらの論文の共著者である清水谷諭 (世界平和研究所), 宮本晃司 (OECD), Hongbin Cai (北京大学), Li-An Zhou (北京大学), Weiying Zhang (北京大学) の各氏には, 共同研究の中で大いに刺激を受けたのに加え, その成果を本書に含めることに快く同意していただいた. 特に, 清水谷氏の研究に対する情熱からは学ぶところが大きかった. 深く感謝したい.

本書は, 著者が青山学院大学国際政治経済学部に在職中に書き始められ, 東京大学新領域創成科学研究科国際協力学専攻に移った後に完成した. いずれの大学にも素晴らしい研究環境を与えていただいた. また, 本書に紹介されている著者の研究成果は, 経済産業研究所における研究プロジェクトの成果の一部を含んでおり, 日本学術振興会 (科学研究費補助金), 新エネルギー・産業技術総合開発機構 (産業技術研究助成), 大平正芳記念財団 (環太平洋学術研究助成), 学術振興野村基金 (海外派遣助成), 松下国際財団 (研究助成), 東京都立大学 (総長特別研究費) から助成を受けたものを含む. これらの諸機関に深く謝意を表したい.

また, 本書およびその基になった著者の研究成果を書くうえで, 当時の大学生・大学院生であった青木遊, 織田雅之, 小林太地, 吉岡和広, 吉住遊, および現在の職場での秘書である新井英子の各氏には, 資料整理やデータ入力などを手伝っていただいた. これらの方々の協力により研究に没頭することができたのは, このうえなくありがたいことであった.

本書に示された結論に至るには, 理論的・実証的分析以外に途上国における企業や開発援助プロジェクトを中心としたフィールドワークが欠かせなかった. これらのフィールドワークにあたってお世話になった途上国の官庁・企業・大学および市井の人々, 日本の開発援助機関・日系企業の方々に篤く御礼申し上げたい.

さらに, シリーズ編者の小浜裕久, 浦田秀次郎の両氏, 勁草書房編集者の宮本詳三氏には, 当時それほど研究業績のなかった著者に対してリスクを背負って執筆の依頼をしていただいたこと, また執筆中に折に触れて有益なコメント

や励ましの言葉をいただいたことに対して感謝したい．また，著者の怠慢から原稿の提出が大幅に遅れたことを深くお詫びしたい．

　父と母にはすべてに関して感謝しているが，特に幼い頃にたくさん本を与えて活字中毒にしてくれたことをはじめ，多くの時間と費用を子供の教育に費やしてくれたことを感謝したい．そのような教育が，著者の研究者としての基礎を作ってくれたのは疑いがない．また，今でも著者自身の母および妻の母は，著者と妻が仕事でどうしても子供たちの面倒を見られないときに，快く助けてくれている．そのような協力なしには，本書が完成することはなかった．

　最後になるが，妻には最大の感謝をささげたい．自分も仕事を持つ身でありながらも，著者が大学院生の頃から現在まで一貫して著者を精神的に支えてくれた．妻の応援なしには，この本は完成しなかったばかりか，著者が博士課程を修了することすらおぼつかなかったであろう．本書を妻に捧げ，感謝の印としたい．

2008 年 1 月

戸堂　康之

# 目　次

開発経済学の挑戦　刊行にあたって
はしがき

第1章　経済成長・技術伝播・グローバル化............................. 3
 1.1　本書の焦点　3
 1.2　世界各国の所得レベルと成長　9
 1.3　経済成長の理論研究の展開　11
 1.4　経済成長の実証研究の展開　14
 1.5　途上国への技術伝播の経路　18
 1.6　本書の構成と要約　20

第2章　基本的内生成長モデルにみる途上国の経済成長................... 25
 2.1　モデルの設定　26
 2.2　モデルの均衡　32
 2.3　途上国の成長に対する含意と問題点　35
 補論　規模効果に関する実証結果　38

第3章　国際貿易と経済成長........................................... 45
 3.1　国際貿易と経済成長の理論　45
  3.1.1　貿易に伴う技術伝播の役割　45
  3.1.2　「経験による学習」による成長モデル　48
  3.1.3　研究開発による成長モデル　52
  3.1.4　結　論　54
 3.2　国際貿易と経済成長の実証分析　55
  3.2.1　マクロデータにみる貿易と成長　55

3.2.2　輸入と技術伝播　69
　　　3.2.3　輸出による学習効果　75
　3.3　要約と考察　80

第4章　外国直接投資と経済成長 ................................ 83
　4.1　外国直接投資の理論　83
　　　4.1.1　外国直接投資の発生要因の理論　83
　　　4.1.2　外国直接投資と経済成長の理論　90
　4.2　外国直接投資と経済成長の実証分析　98
　　　4.2.1　マクロデータによる実証　98
　　　4.2.2　ミクロデータによる実証　103
　4.3　要約と考察　114
　補論　直接投資のミクロ実証分析に関する留意点　116

第5章　外国直接投資による技術伝播のミクロ実証分析 ............. 121
　5.1　インドネシアの事例　121
　　　5.1.1　はじめに　121
　　　5.1.2　推計手法　123
　　　5.1.3　データ　127
　　　5.1.4　推計結果　130
　5.2　中国中関村科学技術園の事例　136
　　　5.2.1　はじめに　136
　　　5.2.2　外資企業からの技術伝播の経路の事例　137
　　　5.2.3　推計方法　138
　　　5.2.4　データ　141
　　　5.2.5　推計結果　147
　5.3　結論　153

第6章　途上国での研究開発活動と技術導入：理論と実証 ........... 157
　6.1　はじめに　157

- 6.2 理論モデル　159
- 6.3 複数の定常状態を持つ均衡　164
- 6.4 複数の定常状態の実証分析　171
- 6.5 複数均衡の実証分析に関する先行研究　178
- 6.6 結論と政策的含意　184
- 補論　データの構築方法　186

## 第7章　外資企業による途上国での研究開発活動の決定要因　189
- 7.1 外資企業による途上国での研究開発の実態　189
- 7.2 日系企業による研究開発活動の決定要因　193
  - 7.2.1 はじめに　193
  - 7.2.2 データの構築　194
  - 7.2.3 日系企業の海外での研究開発活動の実態　195
  - 7.2.4 推計方法　200
  - 7.2.5 推計結果　203
  - 7.2.6 結論と政策的含意　206

## 第8章　グローバル化時代の途上国への政策提言　209

## 補章A　企業レベルのTFPの計測方法　213
- A.1 多角的TFP指数　214
- A.2 ノンパラメトリック的手法による生産関数の推計　216
  - A.2.1 Olley and Pakes (1996) の手法　216
  - A.2.2 Buettner (2003) の手法　220

## 補章B　差分GMM・システムGMM推計の原理と利用法　223

参考文献　233

索　引　261

# 技術伝播と経済成長
―― グローバル化時代の途上国経済分析 ――

# 第1章 経済成長・技術伝播・グローバル化

## 1.1 本書の焦点

　本書は，開発途上国の経済発展を，経済成長論（growth theory and empirics）と企業レベルの応用ミクロ計量経済分析（firm-level microeconometrics）に基づいて分析したものである．経済成長（economic growth），すなわち一人当たり所得の成長を分析するツールである経済成長論は，1980年代後半より理論的にも実証的にも急速に発展した．元来，経済成長論は途上国のみならず先進国の経済成長をも分析の対象としているが，経済成長論の著名な研究者たちの多くは，この分析ツールを用いて「なぜ途上国は貧しいのか」という問いに積極的に答えようとしてきた．本書は，それらの理論的・実証的成果を概説するとともに，著者自身による研究成果をまとめたものである[1]．

　現代の経済成長理論は，長期的な経済成長の源泉が技術進歩にあることを見出したが，途上国における技術進歩は先進国で創出された知識・技術[2]を導入することによって達成される．したがって，本書の焦点は途上国がいかにして先進国技術を導入できるかにある．特に，グローバル化時代における途上国

---

[1] なお，途上国の経済発展を分析する枠組みとして，経済成長論の他に「開発のミクロ経済学」（development microeconomics）という強力なツールがあるが，これについては黒崎(2001)やBardhan and Udry (1999)を参照していただきたい．

[2] 知識（knowledge, idea）と技術（technology）は厳密には異なる概念である．Jones (2001a)は，"*technology* is the way inputs to the production process are transformed into output. ... *Ideas* improves the technology of production."とした．つまり，技術は知識を具現化したものといえる．しかし，本書では知識と技術とを厳密に区別せずに使用する．例えば，厳密には「知識レベルの向上」と書くべきところで「技術進歩」と書くこともあるし，「知識伝播」と書くべきところで「技術伝播」と書くこともある．これは後者の言葉がより一般的であり，読者により通じやすいと考えるからである．

の技術導入（technology adoption）[3]の手段として，国際貿易と外国直接投資に注目し，その役割を理論的・実証的に議論するとともに，政策的な提言を行う．

なお，経済成長論は，経済学ではいわゆるマクロ経済学の中の一分野であり，経済成長論の実証分析は，主として国単位のマクロデータを利用して発展してきた．しかし最近では，企業単位のミクロデータを用いて，経済成長をミクロ的な視点から分析する実証研究が増えてきている．本書においても，国単位のマクロ分析に加えて企業単位のミクロ分析の結果を活用して，途上国における技術進歩についてより詳細に分析する[4]．

経済成長論において，このような応用ミクロ計量経済分析が発展してきたのは，1つには企業単位のデータが各国で整備されてきたことが原因である．多くの途上国でもデータの整備は進んでおり，途上国を対象としたミクロ実証研究も珍しくはなくなった．もう1つの原因は，経済理論においてミクロ的基礎（microfoundations）が不可欠となってきていることである．マクロ経済学に位置づけられる現代の経済成長理論でも，各々の企業や消費者のミクロ的な意思決定の集計として1国の経済成長をモデル化するのが標準的である．したがって，経済成長の理論と現実との整合性を検証するには，集計されたマクロデータよりも個々の経済主体のミクロデータの利用が望ましい．なぜなら，個々の経済主体の行動に関して理論的に導出された式は，そのままの形ではマクロデータを使って推計できず，推計するには代表的経済主体（representative agent）の存在といった強い仮定が必要となるからだ．

なお，経済成長に焦点を当てて途上国の発展を分析しようとする本書の枠組みには，いくつかの限界もある．まず第1に，本書で扱う理論モデルは均一な消費者・労働者を仮定しており，国内における所得分配については考慮して

---

[3] 「技術導入」と似た言葉として，「技術移転（technology transfer）」「技術伝播（technology diffusion）」がある．技術移転は「先進国企業が意図して途上国に技術を移転する」という意味を内包するのに対して，技術導入には「途上国が意図して技術を取り入れる」というニュアンスがある．技術伝播はそのような意図に関して中立的な言葉である．以上の意味にしたがって，本書ではこれらの3つの言葉を区別して使用する．

[4] ミクロデータ分析の必要性・重要性については，Cameron and Trivedi（2005, 第1章）や清水谷（2005）を参照のこと．

**図 1.1** 世界各国の平均的な所得レベルと貧困層の所得レベル

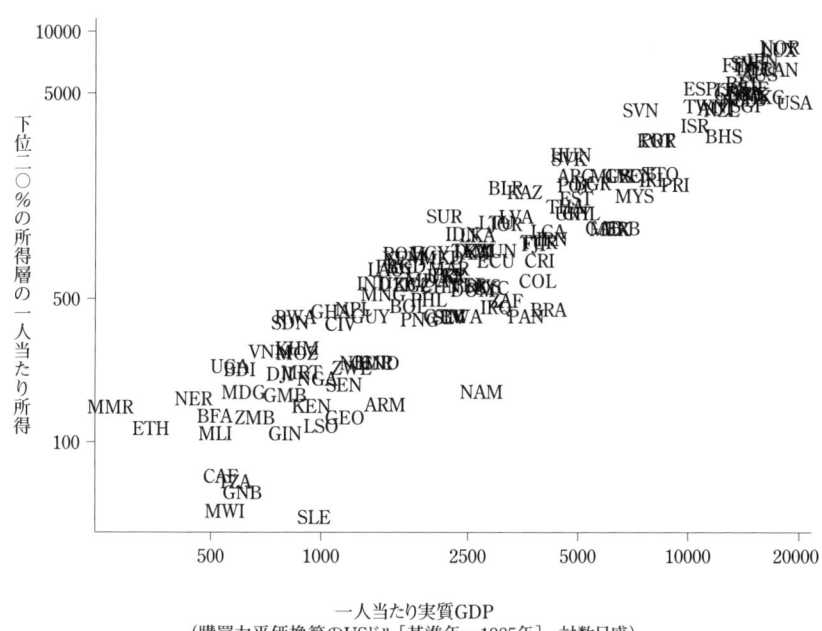

一人当たり実質GDP
（購買力平価換算のUSドル［基準年＝1985年］，対数目盛）

注：Dollar and Kraay (2002) のデータを利用して作成した．アルファベット 3 文字のコードがそれぞれの国を表す．

いないし[5]，国単位の一人当たり GDP の成長に焦点を当てたマクロデータ分析においても，国内の所得格差については無視されている．第 2 に，そもそも所得レベルと幸福度が相関しないために，必ずしも経済成長が途上国国民をより幸福にするわけではないとの根本的な批判もありうる．

しかし第 1 の点については，Dollar and Kraay (2002) が明らかにしたように，1 国の平均的な所得レベルが高ければ，その国の貧困層の所得レベルも高くなる傾向は確かに見受けられる．図 1.1 は，彼らの分析で使われたデータのうち，世界各国の最新年（主として 1990 年代後半）の一人当たり GDP と下位 20% の貧困層の平均所得を表したものであり，平均所得と貧困層の所得との非常に強い相関を示している．さらに，Dollar and Kraay (2002) は平均所得

---

[5] 本書では扱っていないが，Townsend and Ueda (2006) や Eicher and Turnovsky (2007) のような，経済成長と所得の不平等に関する理論的研究は数多くある．

図 1.2 世界各国の所得レベルと乳児死亡率

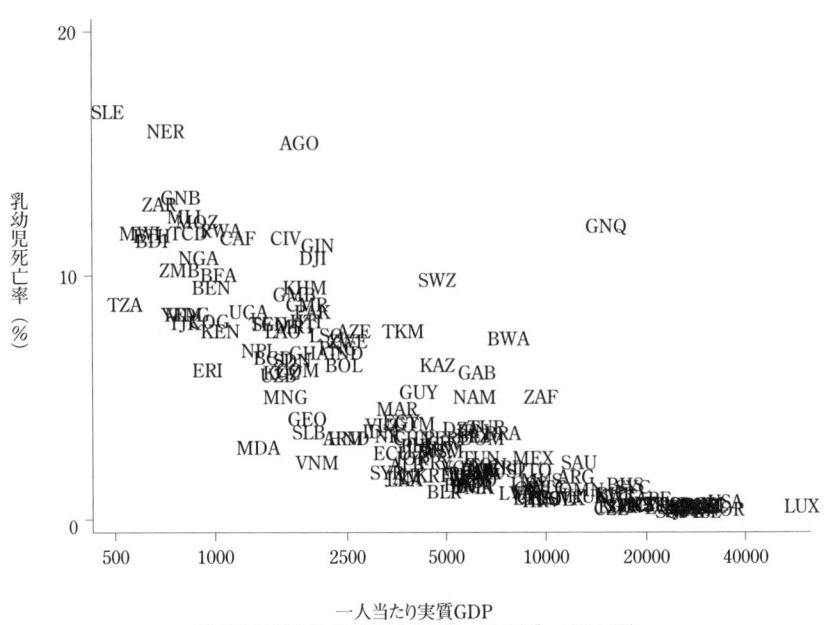

一人当たり実質GDP
(購買力平価換算のUSドル[基準年＝2000年], 対数目盛)

出所：World Bank, *World Development Indicators*.

の成長率と貧困層の所得の成長率との間にも正の相関関係を見出しており，平均的な所得が成長することが，貧困層の所得の向上にもつながっていることを示している．

また第2の点については，幸福度と所得レベルの間にはある程度の相関関係はあると考えられる．図1.2および図1.3は，世界銀行の *World Development Indicators* を利用して，2000年の世界各国の購買力平価で測った一人当たり実質GDPと乳幼児死亡率・平均余命との関係を表したものである．これらの図は，所得レベルは乳幼児の死亡率と負の相関を，平均余命とは正の相関を持つことが示されている．Pritchett and Summers（1996）や Nishiyama（2007）は，よりフォーマルな計量経済学の手法によって，確かに所得レベルの向上は一般的には乳幼児死亡率の減少をもたらすことを示した．さらに Borooah（2006）は，世界80ヵ国の113,000人の幸福度に関する調査（*1999-*

## 1.1 本書の焦点

図 1.3 世界各国の所得レベルと平均余命

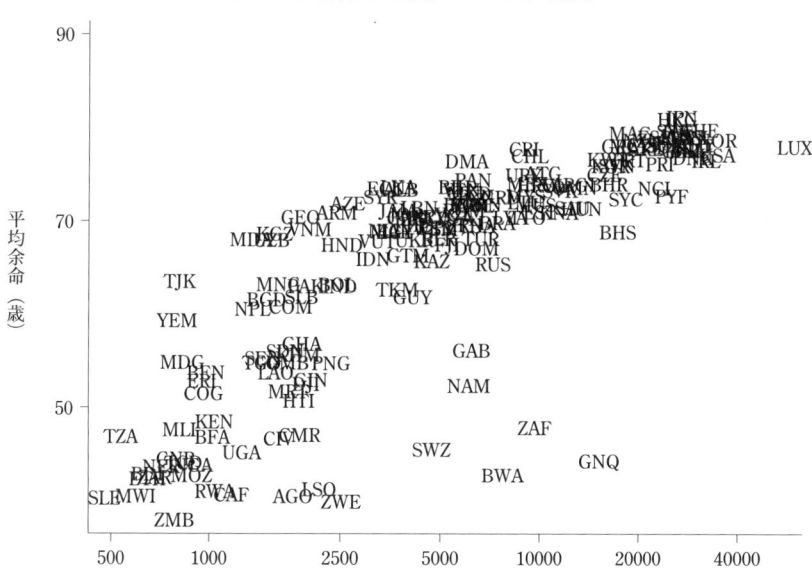

一人当たり実質GDP
（購買力平価換算のUSドル［基準年＝2000年］，対数目盛）

出所：World Bank, *World Development Indicators*.

2002 *Values Survey Integrated Data File*) より，個人の幸福度は健康に最も大きく依存し，それ以外にも生活水準や平穏な家庭生活にも依存することを見出している．乳幼児死亡率や平均余命は，まさにこれらの幸福の条件に関わることであるから，所得レベルの向上によって人々の幸福度が上昇することは，一般的には成立していると思われる．

したがって，本書では途上国における経済成長が一般的には途上国の貧困層の生活を改善して，途上国の人々をより幸せにするとの認識を持ち，分析を進めていきたい．本章の以下の部分では，世界各国の所得レベルと成長の様子を概観し，最近の経済成長論の理論・実証研究の展開および途上国への技術伝播の現実について簡単に述べた後，次章以下を要約する．

表 1.1　世界各国の一人当たり GDP 成長率

| 順位 | 国名 | 一人当たり実質 GDP（ドル） | | | TFP 成長率 1970-2000 年（年率 %） |
|---|---|---|---|---|---|
| | | 成長率 1960-2000 年（年率 %） | 1960 年 | 2000 年 | |
| 1 | 台湾 | 6.47 | 1,444 | 19,184 | 3.20 |
| 2 | 韓国 | 5.94 | 1,458 | 15,702 | 2.21 |
| 3 | 中国 | 5.47 | 448 | 4,002 | 4.25 |
| 4 | 香港 | 5.26 | 3,322 | 27,236 | 2.08 |
| 5 | シンガポール | 4.86 | 4,219 | 29,434 | 2.61 |
| 6 | 赤道ギニア | 4.75 | 970 | 6,495 | 2.31 |
| 7 | マレーシア | 4.61 | 1,801 | 11,406 | 2.03 |
| 8 | タイ | 4.53 | 1,059 | 6,474 | 2.00 |
| 9 | 日本 | 4.18 | 4,509 | 23,971 | 0.76 |
| 10 | アイルランド | 3.88 | 5,294 | 24,948 | 2.55 |
| ⋮ | | | | | |
| 17 | インドネシア | 3.15 | 1,071 | 3,772 | 0.80 |
| 32 | インド | 2.72 | 892 | 2,644 | 1.54 |
| 33 | フランス | 2.69 | 8,531 | 25,045 | 0.97 |
| 36 | ブラジル | 2.5 | 2,644 | 7,194 | 0.49 |
| 37 | アメリカ合衆国 | 2.45 | 12,892 | 34,365 | 0.97 |
| 43 | イギリス | 2.18 | 10,323 | 24,666 | 0.99 |
| 48 | チリ | 2.02 | 5,086 | 11,430 | 1.06 |
| 49 | メキシコ | 1.94 | 3,719 | 8,082 | −0.06 |
| 50 | コロンビア | 1.92 | 2,819 | 6,080 | 0.38 |
| 51 | パラグアイ | 1.71 | 2,510 | 4,965 | −0.05 |
| 53 | フィリピン | 1.57 | 2,039 | 3,826 | 0.46 |
| 54 | コスタリカ | 1.54 | 4,513 | 8,341 | −0.33 |
| 70 | アルゼンチン | 0.92 | 7,838 | 11,332 | 0.01 |
| 72 | ペルー | 0.74 | 3,129 | 4,205 | −0.90 |
| ⋮ | | | | | |
| 89 | トーゴ | −0.03 | 833 | 823 | −2.14 |
| 90 | ナイジェリア | −0.07 | 1,106 | 1,074 | −0.25 |
| 91 | ザンビア | −0.13 | 910 | 866 | 0.51 |
| 92 | ヨルダン | −0.15 | 4,151 | 3,902 | −2.02 |
| 93 | セネガル | −0.31 | 1,776 | 1,571 | −0.12 |
| 94 | ギニア | −0.47 | 3,072 | 2,546 | 0.05 |
| 95 | ニカラグア | −0.63 | 4,428 | 3,438 | −2.69 |
| 96 | チャド | −0.8 | 1,142 | 830 | −0.52 |
| 97 | ニジェール | −0.92 | 1,167 | 807 | −1.97 |
| 98 | マダガスカル | −1.08 | 1,268 | 823 | −0.91 |

出所：Hesoton et al.（2002）の Penn World Table 6.2 より筆者作成．

## 1.2 世界各国の所得レベルと成長

表 1.1 は，Heston et al. (2002) の Penn World Table (PWT) 6.2 を用いて，購買力平価 (purchasing power parity, PPP) に換算した世界各国・地域の一人当たり実質 GDP[6]の 1960 年から 2000 年の成長率を，上位・下位各 10 カ国およびそれ以外のいくつかの国について示したものである．この表で明らかなのは，各国の成長率には大きな差異があることである．例えば，最上位の台湾では一人当たり GDP 成長率は 6.47% であるのに対して，最下位のマダガスカルは −1.08% であった．両国は 1960 年時点での一人当たり所得はほぼ同じであったにもかかわらず，40 年間の成長率の差によって，2000 年における台湾の一人当たり所得は先進国並みの水準を達成し，実にマダガスカルの 20 倍以上となったのである．

また，一見して所得レベルの成長に地域的な特徴があることもわかる．成長率の上位 10 ヵ国のうち，8 ヵ国は北東・東南アジア諸国（以下，北東・東南アジアを東アジアと総称する）であり，下位 10 ヵ国のうち，8 ヵ国はサハラ以南アフリカに位置する．2000 年の所得レベルを見ても，多くのサハラ以南アフリカの国々が一人当たり 1,000 ドル以下という最貧国に属する．それに対して，1960 年には同程度の所得レベルであった東アジア諸国の多くは，高い成長によって一人当たり 5,000 ドル前後の中進国といってよいレベル，もしくはそれ以上の先進国に近いレベルに達している[7]．

国によって所得レベルにこのような大きな差異があるのは，何が原因なのであろうか．その問いに答える 1 つの方法は，development accounting（もしくは level accounting）と呼ばれる手法である．まず，$i$ 国の集計的な生産関数が，規模に関する収穫一定のコブ=ダグラス型である $Y_i = A_i K_i^\alpha (h_i L_i)^{1-\alpha}$

---

[6] つまり，各国の価格レベルの違いを修正した所得レベルを表す．
[7] むろん，このような地域的な傾向には例外もある．例えば，フィリピンは東アジアの中では成長率が低いし，赤道ギニアはアフリカでは突出して成長率が高い（ただし，これは主として石油の産出による）．また，PWT ではデータが欠落しているために表 1.1 ではカバーされていないが，カンボジア，ラオス，ミャンマーは東アジアにおける低成長国であるし，ボツワナがアフリカにおける高成長国であることはよく知られている．

で表されるとする．ここで，$Y_i$ は $i$ 国の GDP，$K_i$ は資本ストック量，$h_i$ は一人当たり教育レベル，$L_i$ は労働力量を表す．$A_i$ は，生産量のうち生産要素（物的資本・人的資本・労働）の投入では説明できない部分である．このような $A_i$ は，生産の効率性（efficiency），生産性（productivity），もしくは技術レベル（technology level）を表すと解釈でき，一般的には全要素生産性（total factor productivity，以下 TFP と略記）と呼称される．国別の GDP と要素投入量のデータがあれば，$\alpha$ を 1/3 とおいて，TFP レベルは $A_i = Y_i / (K_i^{1/3}(h_i L_i)^{2/3})$ として計測することができる[8]．

図 1.4 は，2000 年における世界各国の一人当たり GDP と，上記の手法によって計測された TFP[9] との相関を示したものであるが，所得レベルと TFP レベルとが強い相関関係にある．すなわち，一人当たり所得が技術レベルに強く依存することが見てとれる．

所得レベルと技術レベルの関係について，より精緻な数量分析が Caselli (2005) によって提示されている．彼はまず，各国の一人当たり所得のうち，物的・人的資本投入による貢献の度合いを次のような指標によって測定した．

$$success_1 = \frac{V\left(\ln \frac{K^\alpha (hL)^{1-\alpha}}{L}\right)}{V\left(\ln \frac{Y}{L}\right)}$$

ここで $V(X)$ は変数 $X$ の分散を表しており，つまり $success_1$ は一人当たり所得の分散と一人当たり所得のうち物的・人的資本投入による部分の分散の比を表すものである．Caselli (2005) の計測によれば，$success_1$ は 0.39 であ

---

[8] 国単位および企業単位のデータによって，コブ=ダグラス型の生産関数の推計をした研究では，ほとんどのケースで $\alpha$ の推計値は 1/3 前後となっている．また，完全競争を仮定すれば，資本分配率（$rK/Y$）は $\alpha$ と等しくなることが導出できるが，世界各国，特に先進国における資本分配率は概ね 1/3 前後であることが多い．これらのことから，TFP の計測では $\alpha = 1/3$ とすることが多い．コブ=ダグラス型の生産関数や $\alpha = 1/3$ といった仮定は，TFP を計測するにあたってやや大雑把に過ぎるように思われるが，Aiyar and Dalgaard (2005) はより一般的な関数形やさまざまな $\alpha$ の値を仮定しても，計測される各国の TFP レベルは大幅には変わらないことを見出したため，以上のような仮定は正当化できる．なお，Islam (2003) はより現実的な $\alpha$ の推計値として，0.3742 を提唱している．

[9] データの出所や変数の構築方法についての詳細は，第 6 章末補論を参照していただきたい．

図 1.4 世界各国の一人当たり GDP と TFP の相関

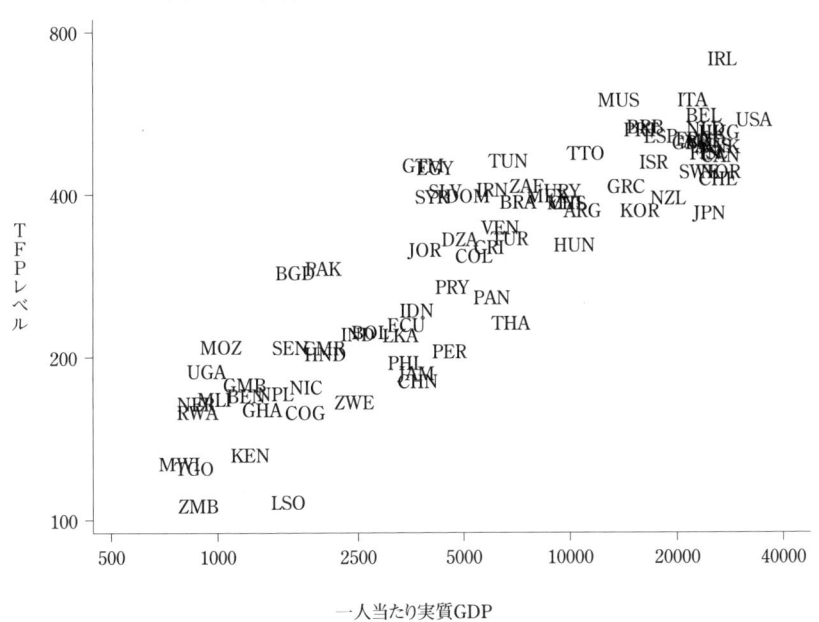

一人当たり実質GDP
(購買力平価換算のUSドル[基準年=1996年], 対数目盛)

注：Barro and Lee (2001) および Heston et al. (2002) を利用して作成した．

ったが，この結果は，「もし世界各国の TFP レベルが等しくなれば，各国間の所得格差の程度（分散）は現実の所得格差の程度の約 40% に縮小する」ことを示している．言い方を変えれば，現実の所得レベルの差異の約 60% は，TFP レベルの差異で説明ができると解釈でき，国レベルの所得格差のかなりの部分が国レベルの技術格差によるものであることが示唆されている．同様の結論は，Romer (1993)，Klenow and Rodriguez-Clare (1997)，Parente and Prescott (2000) らによっても導き出されており，途上国の貧困の原因の多くは低い技術レベルからきていることがうかがわれる．

## 1.3 経済成長の理論研究の展開

以上のような途上国の所得レベルや成長の現状を，経済成長の理論はどのよ

うに説明しているのであろうか[10]．現代の経済成長論のさきがけとなったのは，Solow（1956）およびSwan（1956）によって構築されたいわゆる新古典派成長論（neoclassical growth theory）である．彼らは，技術進歩が外生的に生じると仮定したモデルを利用して，短期的な成長は資本蓄積によっても起きるが，長期的には技術進歩こそが一人当たり所得成長の源泉であることを示した．これは，資本の限界生産物が逓減するために，資本の増強による所得増の効果は長期的には消失してしまうからである．なお，長期的には一人当たり所得レベル（成長ではなく）は投資率の増加関数，人口成長率の減少関数となる．これは，投資が多いほど長期的な資本ストック量は多く生産量も多くなり，また人口成長率が高いと一人当たりの資本ストック量はより薄まってしまうためである．

さらに1960年代には，Ramsey（1928）を土台としてCass（1965）やKoopmans（1965）が新古典派成長論にミクロ的基礎（microfoundations）を与え，その理論的な精緻化が進んだ．しかし，このような新古典派成長論は，長期的な成長の源泉となる技術進歩を外生的にとらえるがために，技術進歩の源泉やそれを促進する要因や政策については解明できないという致命的な欠点があった．

この欠点を補うべく，1980年代後半より急速に発展したのが内生成長論である．Romer（1986）およびLucas（1988）がその嚆矢となった研究であるが，これらは「経験による学習」（learning by doing）によって技術レベルが向上していくことをモデル化した．つまり，これらのモデルでは技術進歩はあくまでも生産活動の副産物として描かれ，主体的な研究開発活動によるものではなかったが，Romer（1990）は研究開発部門を明示的にモデル化し，利潤を追求する研究開発活動による技術進歩によって経済が成長する姿を描き出すことに成功した．Romer（1990）が注目したのは，研究開発活動によって創造された知識が，新たな知識を創造しようとする他の研究者に自由に使われてしまう

---

[10] 経済成長の理論に関する詳細でまとまった解説は，例えばJones（2001a）（学部生向け），Aghion and Howitt（1998），Barro and Sala-i-Martin（2004），Aghion and Durlauf（2005）（以上，大学院生以上向け）を参照されたい．

点である[11]．Romer（1990）は，知識の創造にこのような外部性があるために，市場均衡では研究開発に対するインセンティブが阻害されており，研究開発に対する補助金によって長期的な経済成長率を向上できることを理論的に示した[12]．

Romer（1990）や Aghion and Howitt（1992）は1つの経済を扱った閉鎖経済モデルであったが，Rivera-Batiz and Romer（1991）は Romer（1990）を先進国を想定した対称的な2ヵ国に拡張し，Grossman and Helpman（1991, 第11・12章），Barro and Sala-i-Martin（1997; 2004, 第8章）らは，先進国で創造した知識が模倣によって途上国に伝播する2国モデルを分析した．第2章で詳述するように，これらの先進国と途上国を想定した内生成長モデルは，途上国は先進国の技術をより効率的に導入することで，より高い成長や所得レベルを達成できることを示唆している．

このように，内生成長理論は経済成長の源泉が技術進歩にあることを明らかにしつつ，途上国の場合には技術進歩は先進国からの技術導入に依存することを強調している．しかし，現実にどのような手段で技術導入がなされ，どのような政策によってより効率的に技術を導入できるかは，これらのモデルからは必ずしも明らかではない．したがって，より具体的な技術伝播の手段を想定した理論モデルが必要となる．

また，Grossman and Helpman（1991）や Barro and Sala-i-Martin（1997; 2004）らのモデルは後発性の利益を仮定しており，技術レベルが低いほど技術導入のコストが低いために，他の条件を一定にすれば貧困であるほどより高い所得レベルの成長率が達成されると結論づけている．しかし，前の節で概観し，後の節でより詳細に議論するように，世界各国の所得レベルは二極化する傾向にあり，サハラ以南アフリカを中心として所得レベルが停滞する，

---

[11] これは，ある企業が開発した新製品を他社が自由に模倣して販売することができるということではなく，新製品の開発に利用された新しい知識（アイデア）を他社が自由に使って別の新製品を開発できることを指す．

[12] なお，Romer（1990）のモデルにおける技術革新とは新しい製品を開発することを意味していることから，expanding product variety 型と呼ぶのに対して，Aghion and Howitt（1992）は技術革新によって製品の質が向上する quality ladder 型の内生成長モデルを提示したが，主要な点では Romer（1990）と同様の結論が導かれている．

もしくは悪化する貧困国も少なくない．このような現実は貧困の罠（poverty trap）の存在を示唆しているが，貧困の罠は，標準的な成長モデルよりも，Murphy et al. (1989)，Krugman (1991)，Matsuyama (1991)，Azariadis and Stachurski (2005) などの複数均衡を持つ理論モデルによってより明快に説明することが可能である[13]．

## 1.4 経済成長の実証研究の展開

経済成長に関する実証分析[14]の標準的な枠組みは，1990年頃より新古典派成長理論を基にして発展してきた．新古典派成長論によると，各国の一人当たり所得の成長率は，長期的には外生的に与えられた技術進歩率[15]と等しくなる．しかし，資本ストック量が長期均衡のレベルに達していない移行過程（transition path）においては，資本の限界生産物が大きいために多くの資本投下がなされ，短期的には高い成長率が達成される．つまり，各国の所得レベルがその長期均衡のレベルに比べて低いほど所得の成長率が高いが，所得が増加するにつれて成長率は低下して，各国の条件によって決まる長期的な所得レベルに収束していく．このような性質を条件付収束（conditional convergence）と呼ぶ[16]．

特に，Mankiw et al. (1992) は Solow (1956) のモデルに人的資本を導入して拡張したモデルを利用して，次のような推計式を理論的に導出した．

$$g_{yi} = \alpha + \beta \ln y_{i0} + \mathbf{z}_i' \delta + \varepsilon_i \tag{1.1}$$

ここで，$g_{yi}$ は $i$ 国における一人当たり所得の成長率であり，$y_{i0}$ は $i$ 国における一人当たり所得の初期値である．ベクトル $\mathbf{z}$ は長期均衡の所得レベルの決

---

[13] ただし，貧困国の定常状態の所得が非常に低いとすれば，所得レベルの二極化も新古典派成長モデルや上記の内生成長モデルなどの単一均衡モデルで説明は可能である．
[14] 最近の実証研究の成果の詳細は，Durlauf et al. (2005) によくまとめられている．
[15] 新古典派成長論では，しばしば技術進歩率が世界各国で共通であると仮定されているが，これは技術が国際的に伝播すると考えられているからである．
[16] これに対して，各国が同一の所得レベルに収束していくことを絶対収束（absolute convergence）と呼ぶ．

定要因である投資率と人口成長率を含む説明変数である[17]．式 (1.1) を国単位（cross-country）のデータを用いて推計した結果，Mankiw et al. (1992) は次のような4つの重要な発見をした．(1) $\beta$ の推計値は負であったが，これは他の条件が同じならば初期の所得レベルが低いほど成長率が高いことを示しており，条件付収束を示唆している．(2) 推計された係数の大きさは，理論的な制約条件と整合的であった．(3) 推計された資本の弾力性が既存の実証分析結果と整合的であった．(4) 各国間の所得格差の80％近くがこれらの説明変数の違いによって説明できることを示した（すなわち，決定係数が0.8であった）．これらの発見により，Mankiw et al. (1992) は新古典派成長理論が現実の経済成長と極めて整合的であることを主張した．同時期に Barro (1991) がより緩やかな理論的枠組みのもとで式 (1.1) と同様の推計式を用いて，Mankiw et al. (1992) と同様の結果を得たために，式 (1.1) が経済成長の決定要因の回帰分析（成長回帰，growth regression）の基本的な枠組みとなった．

その後，多くの研究者が Mankiw et al. (1992) の推計手法やデータの構築方法などに異論を唱えて，改良した推計方法を提唱した．例えば，Islam (1995) は国ごとの技術レベルが異なる場合には式 (1.1) の定数項が国ごとに異なることに着目し，パネルデータを使った固定効果分析を行った．Caselli et al. (1996) は国ごとの固定効果に加え，説明変数の内生性を修正するために，Arellano and Bond (1991) の差分GMM（difference GMM，詳細は巻末の補章Bを参照）を利用して推計した．また，Klenow and Rodriguez-Clare (1997) は Mankiw et al. (1992) の人的資本投資率を表す代理変数の構築方法に異議を唱えた．これらの改良版実証研究の結果は，必ずしももとの Mankiw et al. (1992) と大きく対立するものではないが，例えば教育投資の効果がしばしば統計的に有意でなかったり，推計モデルの説明力が低下したりすることも報告されている．

さらに，多くの研究は Barro (1991) や Mankiw et al. (1992) が利用した説明変数に加えて，さまざまな説明変数を利用して経済成長の要因を分析し

---

[17] Mankiw et al. (1992) は，これらの説明変数が物的・人的資本投資率の対数値および人口成長率・長期均衡の技術進歩率・資本減耗率の和の対数値であることを理論的に示した．

た．これまでの主要な研究に使われた説明変数は，Durlauf et al. (2005) にリストアップされているが，それらは，インフレ率や政府支出などの政策的な変数，政治体制や法制度の有効性などの制度に関する変数，地理的・言語的な変数など，ありとあらゆる変数を含んでおり，総数では実に145個にのぼった．

このように成長回帰の研究が増殖するにつれ，経済成長の決定要因の頑健性（robustness）が議論されるようになった．ここでの頑健性とは，ある変数が一人当たり GDP 成長率に与える効果が統計的に有意であると推計されたとき，推計式に加えた他の説明変数を変えてもその有意な効果が変わらないことをいう．

その嚆矢となった研究は，Leamer (1985) の extreme-bounds analysis (EBA) を利用した Levine and Renelt (1992) であるが，その後も「200万回推計をした」との題名で話題を呼んだ Sala-i-Martin (1997) や，model averaging を利用した Fernández et al. (2001)，Brock and Durlauf (2001)，Sala-i-Martin et al. (2004)，general-to-specific modeling を利用した Bleaney and Nishiyama (2002)，Hendry and Krolzig (2004)，Hoover and Perez (2004) など，さまざまな手法が頑健な成長要因を特定するために利用された．ただ統計理論的には，これらの手法のうちどれが最もよいかは未だ評価は定まっていない．また，これらの手法から選び出される頑健な成長要因も手法によってまちまちで，一人当たり所得の初期値の効果が頑健に負で有意である（すなわち，条件付収束が成り立っている）こと以外には評価が定まっているとはいえない．やや驚くべきことであるが，投資率や教育の指標ですら必ずしも正で有意な効果が見出されるわけではない．

なお，標準的な成長回帰に対する批判の1つは，所得成長率と所得レベルとは，式 (1.1) に示されるような線形の関係ではないというものである．Quah (1996) は，中位国以上での所得格差は縮小しているが，最貧国と先進国の格差は広がっており[18]，所得分布に2つのピーク（twin peaks）ができつつあることを見出した．つまり，中進国以上では所得レベルが低いほど所得の

---

[18] Pritchett (1997) や Easterly and Levine (2001) も，全体としては各国間の所得の標準偏差は広がってきていることを見出している．

成長率が高いという関係が成り立っているが，最貧国では所得レベルが低いにもかかわらず成長率も低い．この発見は，所得成長率と所得レベルとの間に逆U字の非線形の関係があることを示唆するとともに，貧困の罠が存在する可能性をも示すものである．

実際，Fiaschi and Lavezzi (2007) は，ノンパラメトリック (nonparametric) な推計方法で，所得レベルと所得成長率の非線形の関係を見出した．彼らの分析によると，一人当たり所得が約 1,000 ドル以下の最貧国では所得レベルが増加すればするほど成長率は低下し，経済は停滞する．しかし，所得が 1,000 ドルから 8,000 ドル程度の途上国では逆に所得レベルとともに成長率が増加し，経済的に「離陸」することができる．それ以上の中進国・先進国ではまた所得レベルと成長率との負の関係が生じており，先進国にキャッチアップするにつれて成長率が低下していく（図 1.5 を参照）．なお著者自身の見解では，このように最貧国における成長率が低いことは最貧国への技術伝播が困難であることを示唆している．

ただし，彼らの推計では，最貧国における成長率は最も低くてもマイナスにはならないので，最貧国も非常にゆっくりとではあるが徐々に成長していき，最終的には離陸することができる．つまり，標準的な成長理論で予測されるような単調な所得レベルの収束は起こらないものの，長期的な貧困の罠の存在は一般的には否定されている[19]．

最後に，最近の実証分析による興味深い主張として，現代の所得レベルは歴史的に決まってしまっているというものを紹介したい．例えば，Acemoglu et al. (2001) は，現代の政治・経済・社会制度の差異によって現代の各国間の所得格差の 60% が説明できることを示したが，さらにそもそも現代の制度は，植民地時代の旧宗主国による植民地経営の方法によって決まっており，植民地時代の制度に強く影響を受けていることを見出した．つまり，宗主国によって収奪的な統治が行われた植民地では非生産的な制度が生み出され，それが現代

---

[19] 「一般的には」というのは，図 1.5 はあくまでも各国のデータより求めた平均的な所得レベルと成長率との関係を表したものであり，現実にはこの 2 つの変数の関係は誤差項を含んでいるために，場合によっては貧困の罠に陥る最貧国が現実に存在する可能性があるからである．

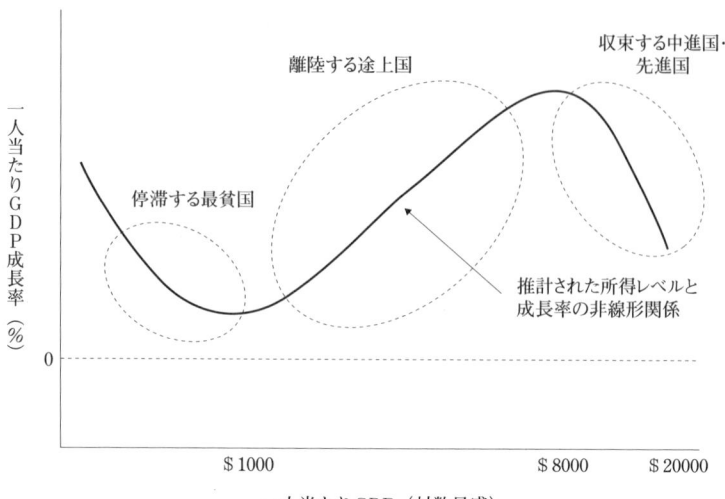

図 1.5 Fiasch and Lavezzi（2007）によるノンパラメトリック推計

注：Fiasch and Lavezzi（2007）の Fig. 1 を簡略化して表した．

に受け継がれて貧困を生み出しているというわけである．

さらに Comin et al.（2006）は，植民地時代どころか紀元前 1000 年の技術レベルすら現代の所得レベルに対して統計的に有意な説明力を持つことを示した[20]．この結果は，ある国の技術レベルの優位性（もしくは劣位性）は，3000 年という長期に渡っても残存することを示しており，国境を越えて技術が伝播するのは容易ではないことを示唆している．

## 1.5 途上国への技術伝播の経路

1.3 節で理論的に途上国への技術伝播の重要性が示されたが，前節で紹介したいくつかの文献からは途上国への技術伝播がしばしば困難であることがうかがえた．本節では，そのような途上国への技術伝播の現実的な手段を考えてみたい．まず第 1 に，途上国の技術者自身の手だけによる先進国技術の模

---

[20] 紀元前 1000 年の技術レベルは，文字，金属加工技術，車両，農業の有無などから指標化したものを利用している．

倣（imitation）がある．例えば，江戸末期の鎖国時代における薩摩藩や肥前藩は，オランダ語技術書の翻訳だけを基に製鉄・造船などの技術を模倣して反射炉や蒸気船を作り上げた（中岡，2006）．これは驚嘆に値する例であるが，より一般的には，先進国から購入した製品を解体して分析することによってその製品を模倣して製造する「リバース・エンジニアリング」による方法がある．例えば，1935年に豊田喜一郎らはシボレー車のエンジンを輸入して解体して模倣することによって，トヨタの最初の乗用車である「A1型」試作品のエンジンを製作した（本木，2002）．しかし，これらの模倣による技術習得は非常に困難であることは明らかである．薩摩藩や肥前藩の反射炉の本格的な稼動や蒸気船の完成には数年間にわたる試行錯誤のくり返しが必要であったうえ，そのように苦労してようやっと完成したものも性能は非常に低かったといわれる．また，トヨタのA1型乗用車も試作品に止まり，戦前には実用化されなかった[21]．

　グローバル化の進んだ現在では，このような非効率的な模倣に頼らなくても，先進国技術者から技術を直接学ぶことが比較的簡単に可能である．例えば，明治期の日本でも「お雇い外国人」を直接雇用することで技術を習得したし，現代でも韓国や中国をはじめとするアジアの企業が，日本人の技術者を雇用して技術を取得しようとする例は多く見られる．また，技術者を直接雇用するわけではないが，途上国企業が先進国企業から技術ライセンス契約や特許使用契約を通じて技術を購入する際に，先進国技術者による技術指導が契約のパッケージに含まれている場合もある．さらに，途上国企業が製品を輸出する際に，顧客である先進国企業（アウトソーシングの元請けや商社など）が輸出先の市場の要求を満たすために技術指導を行うことも多い．

　次に，外国直接投資も先進国技術者と途上国労働者とを結びつける重要な経路である．途上国に直接投資を行った企業が，途上国の労働者を本国の親会社に送って研修を行ったり，逆に親会社の技術者が途上国の子会社に技術指導に派遣されることはよくあるが，そのような技術指導によって先進国技術は途上国労働者に伝達されるであろう．特に，外国資本企業（外資企業）が途上国で

---

[21] ただし，この理由は技術的なもの以外にも，戦時体制下で政府によってトラック製造が奨励されたという事情もある．

研究開発を行うような場合には，先進国技術者から途上国技術者への技術移転がより大きな程度で起きると思われる．

このような外資企業による途上国での研究開発は，本書のいくつかの章が明らかにするように，所得レベルが比較的高い中進国（例えば，マレーシア）だけではなく，所得レベルの低い貧困国（インドネシアやベトナム）においても無視できないレベルで観察される．むろん，このような研究開発は先端的なものではなく，消費者の嗜好や規制などの途上国独自の条件に既存の技術や製品を適応させるように改変するような，高い技術レベルを要しない小規模な開発活動にすぎない．例えば，日系の食品企業がベトナムで現地の消費者の好みに合わせた粉末スープを開発するとか，自動車シート製造企業がタイで現地の道路事情に合わせてスプリングを強化したシートを開発するといったものである．しかし，このような低レベルで小規模のものであっても，外資企業において途上国の技術者が研究開発に参加することによって獲得できる先進国の技術は，外資企業内で生産活動にしか従事しない場合に獲得できる技術にくらべて，はるかに大きいと想像できる．さらに，外資企業内の途上国技術者によって獲得された先進国技術は，技術者同士の交流や企業視察，技術者の転職などによって途上国の地場企業にさらに伝播していく可能性がある．しかし，外資企業による途上国での研究開発活動は急激に活発化している（UNCTAD, 2005）にもかかわらず，そのような研究開発の誘因や効果についてはまだわかっていないことも多い．

## 1.6 本書の構成と要約

以上のように，経済成長に関する理論的・実証的分析はこの20年ほどで急速に進んできており，途上国の経済成長に対する技術伝播の役割について理解が進んできたものの，まだまだ解明されていないことも多い．特に，途上国への技術伝播がしばしば困難を伴うのはなぜか，どのような手段によって行われるのがより効率的であるか，どのような政策で促進されるのかについては，十分にわかっていないのが現状である．本書は，そのような現状に対して少しでも知的貢献をしようと試みる．

本書の構成は以下の通りである．まず第2章では，先進国と途上国の2カ国を想定した基本的な内生成長モデルを利用して，途上国における経済成長の要因について理論的な分析を行い，途上国の経済成長における技術伝播の重要性を明らかにする．しかし同時に，このモデルには次の2つの限界が見出される．まず第1に，途上国への技術伝播が具体的にどのような手段でなされるのかが明らかでなく，政策的なインプリケーションが弱い．第2に，技術レベルの低い国ほど技術導入のコストが低いと仮定されているために，新古典派的な所得レベルに関する条件付収束が予測されている．しかし，すでに述べたようにこのような単調な条件付収束は必ずしも現実と整合的ではない．

この第1の点に応えるため，次の第3章・第4章では，途上国への技術伝播の現実的な手段として，国際貿易・外国直接投資に焦点を当て，それらが成長に与える効果について理論的・実証的な研究の現状と展望を紹介する．理論的な研究から明らかとなるのは，途上国が国際貿易や外国直接投資を拡大したからといって，それらが途上国への技術伝播を促進しないのであれば，必ずしも経済成長を促すことにはならないということである．しかも，実証研究によると，確かに貿易や直接投資は必ずしも技術伝播や経済成長を促進するわけではない．しかし，途上国の教育レベルが高いことなどから技術吸収力が大きい場合や，ハイテク製品の輸入や地場企業とのリンケージが強い直接投資といった特定の貿易や直接投資の場合には，貿易や直接投資は技術伝播を促し，成長に寄与することが示されている．

第5章では，途上国への技術伝播を促す外国直接投資として，途上国での研究開発を伴う直接投資に焦点を当て，インドネシアおよび中国の企業単位のデータを利用して検証する．外国資本企業（外資企業）[22]が途上国で研究開発をするケースは必ずしも珍しくはなく，1990年代後半のインドネシアにおいても外資企業の2割程度は何らかの研究開発を現地で行っている．これら2国のデータによる実証分析のいずれもが，地場資本企業（地場企業）の生産性

---

[22] 本書では，外国資本が所有する企業（foreign-owned firm）を外資企業，自国民資本が所有する企業（domestically-owned firm）を地場企業と呼称する．外国企業・国内企業としないのは，これらの用語は外国・国内に位置する企業と解釈することもできるからである．ただし，既存研究を紹介する文脈では，元の論文の呼称に対応させて外資企業を多国籍企業と呼称することもある．

は同じ産業内の外資企業の研究開発活動の規模とは相関するが，外資企業の生産活動の規模とは相関しないことを示している．これらの結果は，先進国の技術は生産のみを行う直接投資を通しては途上国に伝播しないが，投資相手国で研究開発も行う直接投資を通じては伝播することを示唆している．

第6章では，第5章の実証結果を踏まえて，途上国への技術導入の手段として2種類を考慮した理論分析を行う．2種類とは，途上国での研究開発活動を伴わない技術導入（例えば，生産のみの直接投資）と，研究開発を伴う技術導入（例えば，技術ライセンス契約や研究開発を伴う直接投資）とである．この2つを仮定し，どのように技術導入の手段が決定され，その決定がどのように長期的な経済成長に影響するのかを理論的に分析した．

この理論モデルによる重要な結論の1つは，途上国のある企業による研究開発は途上国全体の知識レベルを向上するという外部性のために，初期条件に依存する複数の定常状態が存在するということである．すなわち，初期の知識レベルが高いと，途上国では研究開発活動による技術導入が活発になされるが，その結果知識レベルがさらに向上するので，ますます研究開発による技術導入が活発となり，長期的には高い知識レベルと所得レベルを達成することができる．しかし，逆に初期の知識レベルが低いと研究開発を伴わない他力本願の（例えば，生産のみの直接投資による）技術導入に依存するために，研究開発活動は衰退していき，長期的には比較的低い所得レベルしか達成できない．また，このような外部性のために，多くの場合では研究開発に対する補助金によって途上国の長期的な所得レベルが上昇する．

現実の途上国にも，直接投資の流入は急増しているにもかかわらず，国内の研究開発支出はほとんど増加しない国は多く，理論的に示唆される複数の定常状態と整合的である．さらに，第6章では国単位のデータを利用したスウィッチング回帰分析（switching regression）によって，このような複数定常状態の存在がよりフォーマルに確かめられている．以上のような理論・実証分析は，本章で概観した標準的な内生成長モデルや成長回帰の限界を補うものである．

第5章および第6章の理論的・実証的結果が示唆するのは，途上国において研究開発活動を促進する政策が有効であるが，特に外資企業による研究開発

を奨励する政策によって途上国への技術伝播が進み，所得レベルが向上することである．

第7章では，第5章で取り上げた外資企業による研究開発活動を，いくつかのケーススタディによって概観した後に，その決定要因を日系企業の企業単位のデータを利用して分析する．日系企業の研究開発活動は，先進国だけではなく東アジアの中進国・途上国でもある程度の規模で行われていることが，ケーススタディや企業データによって確かめられる．特に，中進国・途上国では投資相手国市場に特有の条件（例えば，嗜好や規制など）に製品や生産技術を適応させるための研究開発が中心となっているが，このような海外での「適応的」研究開発の決定は，投資相手国の市場規模や日本からの距離にかなりの程度依存していることが見出された．この結果から得られる1つの政策的含意は，経済連携協定（economic partnership agreement, EPA）や自由貿易協定（free trade agreement, FTA）などによって国境を越えた大きな経済地域を形成することで域内市場規模を拡大することによって，先進国企業の研究開発活動を呼び込める可能性があることである．

第8章は結びの章であり，本書から得られる結論と政策的な含意，および今後の展望が簡潔にまとめられている．したがって，まず第8章に目を通してから第2章以降を読むと，全体の流れがはっきりしてわかりやすいかもしれない．

最後の補章は本書でしばしば使われる実証分析の手法に関するものであり，補章AではTFPの計測方法，補章Bでは差分GMMおよびシステムGMMについて詳述している．

本書を通じて著者が主張したいのは，途上国への技術伝播は容易なものではなく，グローバル化の進展した現代においても，必ずしも貿易や直接投資に伴って知識・技術が途上国に流入するものではないということである．したがって，途上国への技術伝播，ひいては途上国の技術進歩や経済成長は適切な政策なしには達成することは容易でないと思われる．以下の章では，既存研究の成果および著者自身の研究成果を用いて，この主張を理論的・実証的に展開していきたい．

なお，本書の各章は，主として著者がすでに発表した論文（共著論文を含

む）に基づいて，本書を通じて一貫した主張が展開なされるように大幅に加筆・修正したものである．各章が土台にしている論文は以下のとおりである．

**第2章補論** Todo, Yasuyuki and Koji Miyamoto (2002), "The Revival of Scale Effects," *Topics in Macroeconomics*, Vol.2, No.1.

**第3章3.2節** 戸堂康之 (2006)，「国際貿易は経済成長を促進するか？ 実証分析の現状と展望」，『青山国際政経論集』第69巻，pp.55-84.

**第4章4.2節** 戸堂康之 (2006)，「外国直接投資は経済成長を促進するか？ 実証分析の現状と展望」，『青山国際政経論集』第70巻，pp.45-70.

**第5章5.1節** Todo, Yasuyuki and Koji Miyamoto (2006), "Knowledge Spillovers from Foreign Direct Investment and the Role of R&D Activities: Evidence from Indonesia," *Economic Development and Cultural Change*, Vol.55, No.1, pp.173-200.

**第5章5.2節** Todo, Yasuyuki, Weiying Zhang, and Li-An Zhou (2006), "Intra-Industry Knowledge Spillovers from Foreign Direct Investment in R&D: Evidence from a Chinese Science Park," SSRN Working Paper, No. 938079.

**第5章5.2.2節** Cai, Hongbin, Yasuyuki Todo, and Li-An Zhou (2007), "Do Multinational's R&D Activities Stimulate Indigenous Entrepreneurship? Evidence from China's "Silicon Valley"," NBER Working Paper, No.13618.

**第6章** Todo, Yasuyuki (2005), "Technology Adoption in Follower Countries: With or Without Local R&D Activities?," *Topics in Macroeconomics*, Vol.5, No.1.

**第7章7.2節** Shimizutani, Satoshi and Yasuyuki Todo (2008), "What Determines Overseas R&D Activities? The Case of Japanese Multinational Firms," *Research Policy*, Vol.37, No.3, pp.530-544.

Todo, Yasuyuki and Satoshi Shimizutani (2008), "R&D Intensity for Innovative and Adaptive Purposes in Overseas Subsidiaries: Evidence from Japanese Multinational Enterprises," *Research in International Business and Finance*, forthcoming.

## 第2章　基本的内生成長モデルにみる途上国の経済成長

　現代の経済成長理論は，長期的な経済成長の源泉となるのは技術進歩であることを明らかにしたが，開発途上国における技術進歩は，ほとんどの場合先進国で開発された技術を導入することで成し遂げられる．本章では，このような途上国の技術進歩や技術導入を理解する第一歩として，内生成長論（endogenous growth theory）を利用した基本的な理論的枠組みを提示するとともに，それによって示唆される実証分析の枠組みを紹介する．

　特にここではBarro and Sala-i-Martin（1997; 2004, 第8章）のモデルを利用して議論を進める．これは研究開発によって中間財の種類が増加するRomer（1990）のいわゆる「財の種類が増加する」（expanding product varieties）タイプの内生成長モデルを，先進国と途上国を想定した2国モデルに拡張したものである．このモデルでは，先進国では全く新しい中間財を発明するための研究開発活動が行われ，途上国では先進国で発明された新しい中間財を模倣するための研究開発が行われる．両国において，新しい中間財が発明もしくは模倣されると最終財部門での生産性が上昇し，それにともなって生産量も増大する．これは例えば，米という最終財の生産において初めは鍬という中間財[1]のみを用いて生産していたのが，千歯扱き（こき）が発明され，さらにトラクターが発明されるにしたがって，農家の生産性が高まるようなものである．また，千歯扱きやトラクターといった新しい財の発明は新しい知識の創造によって可能であるので，先進国において発明された財の種類の総数は先進国全体の知識レベルを表す．同様に途上国で模倣された財の種類の総数は途上国

---

[1] 現実には鍬は中間財というよりも資本財であるが，減価償却が非常に早いのであれば1種の中間財と考えることができる．いずれにせよ，中間財と呼ぶか資本財と呼ぶかは，モデルの本質に影響しない．

全体の知識レベルを指す．したがってこのモデルでは，各国における財の種類数の増加は技術進歩を意味し，これが最終財生産ひいては一人当たり所得の増加をもたらす．

このようなモデルを利用すれば，途上国が模倣によってどのように技術進歩ひいては経済成長を達成するかを理論的に分析することができる．重要な結論を先取りすれば，途上国の成長率は長期的には先進国と等しくなるが，短期的な成長率や長期的な所得レベルはその途上国がいかに効率よく先進国技術を模倣できるかに依存する．以下，モデルの設定と解，およびその含意と問題点について詳述する．

## 2.1 モデルの設定

**基本的構造**

$N$ 国と呼ばれる先進国と $S$ 国と呼ばれる途上国の 2 ヵ国で成り立つ経済を想定しよう．各国には，最終財生産部門・中間財生産部門・研究開発部門の 3 つの部門が存在する．最終財生産部門では労働力と中間財から 1 種類の最終財が生産され，競争的な市場で取引される．また，最終財は貿易財であると仮定され，生産された最終財は最終消費財として，または中間財生産および研究開発の投入財として利用される．中間財には多種類が存在し，連続する 1 以上の整数で表された番号によって区別されている．新しい種類の中間財の生産技術は $N$ 国の研究開発部門で生み出され，その新技術は $S$ 国の研究開発部門で模倣によって $S$ 国に導入される．中間財は非貿易財であるため，$S$ 国は模倣なしには新しい中間財を国内の最終財生産部門で利用することはできない．なお，このモデルでは両国で知的財産所有権は保護されていないと仮定されている．しかし，新技術の創造や模倣には費用がかかることから，新しい中間財を創造・模倣した企業，もしくはそれらの企業からその技術を購入した企業がそれぞれの中間財の生産を独占する[2]．

---

[2] もし，他の企業が研究開発費用を投じて同じ中間財の生産技術を手に入れれば，その中間財の価格は限界費用に等しくなり，その企業は研究開発費用をまかなうことができない．したが

このような状況を図式化したのが図 2.1 である．$N_N$, $N_S$ はそれぞれ $N$ 国で開発された中間財の種類の総数，模倣によって $S$ 国に導入された中間財の種類の総数を表しているが，図 2.1 は $N_N$ が $N$ 国での技術革新によって，$N_S$ が $S$ 国での模倣によって増加する様子が描かれている．なお，後で述べるように $N_N$ および $N_S$ は各国での技術レベルを表すため，この図は両国における技術進歩の様子を表してもいる．

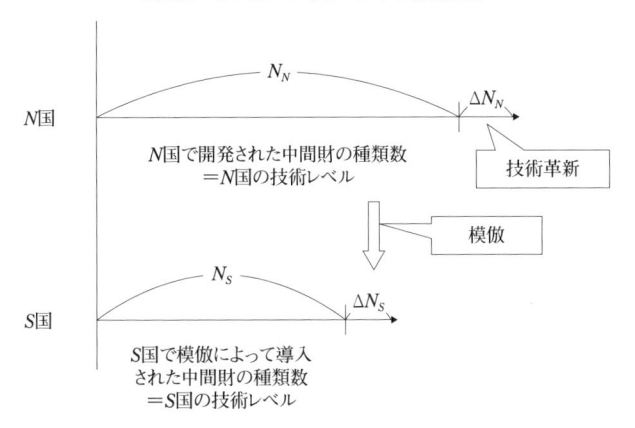

図 2.1 $N$ 国・$S$ 国における技術進歩

各国の消費者は非弾力的に 1 単位の労働力を供給するため，その人口と労働力量は一致する．また，各国の人口規模は一定であると仮定する．後述するように，このモデルの均衡では人口規模の経済成長率に対する正の効果，すなわち規模効果（scale effects）[3] が導かれるために，人口規模を一定としなければ定常状態（steady state）を導出することができないからである[4]．

また，各国の資本市場は閉鎖的であると仮定する．したがって，最終財は貿

---

って，それを知っている他の企業は，すでに別の企業が独占している中間財市場に参入することはない．
[3] 章末の補論で詳述するように，規模効果には厳密には「所得レベルに対する規模効果」と「所得成長率に対する規模効果」がある．しかし，一般的には規模効果とは後者の意味で使われることが多く，本章でも補論以外では規模効果を後者の意味で使用する．
[4] 最近は，Galor and Weil（2000）や Jones（2001b）など，人口増加を内生的に扱った成長モデルも多い．

易財であるためにその価格は両国で同じとなるものの，実際には最終財が貿易されることはない．つまり，このモデルには，技術伝播以外には国際的な取引は存在しない．

**生産面の構造**

$i$ 国における最終財の生産関数は

$$Y_i = A_i L_i^{1-\alpha} \sum_{j=1}^{N_i} X_{ij}^{\alpha} \qquad i = N, S \qquad (2.1)$$

で表される．ここで，$X_{ij}$ は $i$ 国における中間財 $j$ の投入量であり，$0 < \alpha < 1$ と仮定する．$A_i$ は $i$ 国における生産性パラメタを表すが，後で明らかとなるように研究開発による生産性向上は $N_i$ の増加に現れるので，$A_i$ は研究開発に依存しない生産性，例えば人的資本，$i$ 国の政治・経済・社会制度（institutions）などによって決まる生産の効率性を表すものとする．また，すべての変数は時間 $t$ にも依存するが，記述の簡便性のために $t$ は省略されている．最終財の価格を 1 として，$i$ 国における中間財 $j$ の価格を $P_{ij}$ とすれば，最終財部門の利潤最大化問題[5]は

$$\max_{X_{ij}} A_i L_i^{1-\alpha} \sum_{j=1}^{N_i} X_{ij}^{\alpha} - \sum_{j=1}^{N_i} P_{ij} X_{ij} \qquad (2.2)$$

となる．

中間財は，どのような種類であっても，一度その生産技術を獲得すれば，1単位の最終財から 1 単位の中間財が生産できるものとする．したがって，$i$ 国で中間財 $j$ を生産する企業の利潤最大化問題は

$$\max_{P_{ij}} \pi_{ij} = P_{ij} X_{ij} - X_{ij} \qquad (2.3)$$

となる．注意すべきなのは，中間財産業の独占企業は，式 (2.2) から導かれる最終財産業による中間財の需要関数 $P_{ij} = \alpha A_i (L_i/X_{ij})^{1-\alpha}$ を所与としたう

---

[5] 式 (2.1) は規模に関して収穫一定であるので，各々の企業の利潤最大化問題の解を集計したものと，最終財部門全体の利潤最大化の解は同じになる．

えで，独占利益が最大になるように行動する点であり，これを解くと

$$P_{ij} = 1/\alpha \qquad \forall i,j \qquad (2.4)$$

を得る．また，中間財の投入量はその種類によらず，$X_{ij} = A_i^{\frac{1}{1-\alpha}} \alpha^{\frac{2}{1-\alpha}} L_i$ となるため，$i$ 国の中間財企業 $j$ の利益は

$$\pi_{ij} = (1-\alpha)\alpha^{\frac{1+\alpha}{1-\alpha}} A_i^{\frac{1}{1-\alpha}} L_i \qquad (2.5)$$

となる．つまり中間財は種類 $j$ に関して対称的なので，今後必要のない場合には中間財の添え字 $j$ は省略する．

以上の解を利用すると，最終財の生産関数は

$$Y_i = \alpha^{\frac{2\alpha}{1-\alpha}} A_i^{\frac{1}{1-\alpha}} L_i N_i \qquad (2.6)$$

と変形することができ，したがって $i$ 国の一人当たり所得 $y_i \equiv Y_i/L_i$ は

$$y_i = \alpha^{\frac{2\alpha}{1-\alpha}} A_i^{\frac{1}{1-\alpha}} N_i \qquad (2.7)$$

で表される．式 (2.7) は，各国の一人当たり所得はその国の中間財の種類数 $N_i$ と比例的であることを示しているが，次で述べるように中間財の種類数はその国の技術レベルを表すものであり，各国の一人当たり所得はその技術レベルと比例することがわかる．また，式 (2.7) の対数を取って時間について微分すれば，一人当たり所得の成長率と技術進歩率は常に等しいという結果が得られる．

**先進国における技術革新**

$N$ 国の研究開発部門は，新知識・技術を創造することで新しい種類の中間財を開発する．したがって，これまで開発された中間財の種類の総数は，これまで $N$ 国で創造されてきた知識の蓄積された総量を表し，したがって $N$ 国における知識・技術レベルを表すとみなすことができる．

新しい中間財を 1 種類開発するための費用は常に一定であると仮定し，その費用を $\eta_N$ で表す．したがって，$N$ 国における中間財の種類数の増加を表す関数は，$N$ 国で研究開発に投入された最終財の量を $K_N$ とすると，

$$\dot{N}_N(t) = \frac{K_N(t)}{\eta_N} \tag{2.8}$$

で示される．ここで，時間 $t$ に関する任意の変数 $x(t)$ について $\dot{x}(t) \equiv \dfrac{dx}{dt}$ と定義しており，したがって $\dot{N}_N(t)$ は $t$ 年に $N$ 国で新しく創造された中間財の種類数，言い換えれば $t$ 年に創造された知識量を表す．

このような知識創造関数のもと，先進国の企業が新しい中間財を生産するための知識を創造しようとするのは，知識創造による長期的な利益がその費用に等しいか，それを上回る場合である．さらに，知識創造への自由参入（free entry）を仮定すれば，この長期的利益と費用は等しくなる．$t$ 年における $i$ 国にある中間財企業の長期的利益 $V_i(t)$ は1期ごとの利益 $\pi_i$ の割引現在価値（present discounted value）の総和であるので，$t$ 年における $i$ 国の資本市場での利子率を $r_i(t)$ とすれば，この条件は

$$V_i(t) = \int_t^\infty \exp\left(-\int_t^\tau r_N(s)\,ds\right) \pi_N(\tau)\,d\tau = \eta_N(t)$$

と定義できるが，さらにこの式を変形すれば，

$$\frac{\pi_N}{\eta_N} + \frac{\dot{\eta}_N}{\eta_N} = r_N \tag{2.9}$$

が得られる．研究開発費用の $\eta_N$ は，中間財企業の創業費用すなわち株式総額とも解釈できるので，式（2.9）は，中間財企業の株式の所有による配当（$\pi_N$）とキャピタルゲイン（$\dot{\eta}_N$）の和の株式総額（$\eta$）に対する比率が資本市場の利子率 $r_N$ と等しくなることを示している．なお，$\dot{\eta}_N = 0$ なので，式（2.9）より

$$\frac{1-\alpha}{\alpha \eta_N} \alpha^{\frac{2}{1-\alpha}} A_N^{\frac{1}{1-\alpha}} L_N = r_N(t) \tag{2.10}$$

を得る．この式の左辺は定数であるので，$N$ 国においては利子率は時間によらず一定となることが示される．

**途上国の新技術導入**

途上国において新しい中間財を生産するには，その生産技術を先進国から導入しなければならない．このモデルでは，途上国における技術導入は途上

国の研究開発部門による模倣によってなされると仮定している．ただし，それぞれの中間財の生産技術を模倣するための初期費用 $\nu_S$ は，技術革新の費用 $\eta_N$ と違って一定ではなく，$N$ 国と $S$ 国の知識レベルのギャップの大きさの減少関数となっていると仮定する．すなわち，技術ギャップが大きい（$S$ 国の技術レベルが $N$ 国と比較して低い）と模倣の費用は小さく，ギャップが小さくなるほどその費用は大きくなる．これは，$N$ 国ですでに創造された技術のうち，模倣の費用が小さい技術から模倣されていくためである．この仮定は，Nelson and Phelps (1966) の提唱する「後発性の利益」を示唆するものであり，後述するこのモデルの均衡で，途上国（$S$ 国）が先進国（$N$ 国）にキャッチアップする要因となる．

特にここでは，相対技術レベル $\hat{N}$ を $\hat{N} \equiv N_S/N_N$ と定義して

$$\nu_S = \eta_S \hat{N}^\sigma \tag{2.11}$$

と仮定する．ここで，$\eta_S$ は定数であり，$\sigma > 0$ と仮定する．式 (2.11) を，研究開発部門の均衡条件より得られる

$$\frac{\pi_S}{\nu_S} + \frac{\dot{\nu}_S}{\nu_S} = r_S$$

に代入して，

$$\frac{1-\alpha}{\alpha \eta_S} \alpha^{\frac{2}{1-\alpha}} A_S^{\frac{1}{1-\alpha}} L_S \frac{1}{\hat{N}^\sigma} + \sigma \frac{\dot{\hat{N}}}{\hat{N}} = r_S(t) \tag{2.12}$$

を得ることができる．

**消 費 者**

あらゆる国の消費者は同一の効用関数を持ち，$i$ 国の消費者の長期的な効用は

$$U_i = \int_0^\infty \exp(-\rho t) \frac{c_i(t)^{1-\theta} - 1}{1-\theta} \, dt$$

で表されると仮定する．ここで，$\rho$ は消費者の主観的な割引率であり，$c_i(t)$ は $i$ 国消費者の $t$ 年における最終財の消費量を表す．また，$\theta > 0$ と仮定する

が，この効用関数においては代替の弾力性は $1/\theta$ となり，一定である．このような効用関数を異時点間の代替の弾力性一定（constant intertemporal elasticity of substitution, 以下 CIES 型）の効用関数と呼ぶ．CIES 型の効用関数の下，消費者は長期の効用を最大化しようとする結果，次のような標準的なオイラー方程式を得る[6]．

$$\frac{\dot{c}_i}{c_i} = \frac{r_i - \rho}{\theta} \tag{2.13}$$

## 2.2 モデルの均衡

式 (2.10) および (2.13) より，$N$ 国における消費の成長率は

$$\frac{\dot{c}_N}{c_N} = \frac{1}{\theta}\left(\frac{1-\alpha}{\alpha\eta_N}\alpha^{\frac{2}{1-\alpha}}A_N^{\frac{1}{1-\alpha}}L_N - \rho\right) \equiv g_N \tag{2.14}$$

で表され，したがって時間によらず一定であることがわかる．また，最終財は消費財・中間財生産のための投入財・研究開発の投入財のいずれかに使用されるので，

$$Y_N = c_N L_N + \alpha^{\frac{2}{1-\alpha}} L_N N_N + \eta_N \dot{N}_N \tag{2.15}$$

となるが，式 (2.7) を利用して

$$\frac{c_N}{N_N} = \frac{1+\alpha}{\alpha}\pi_N - \eta_N \frac{\dot{N}_N}{N_N}$$

と変形できる．この式の左辺の分子である $c_N$ は常に一定率 $g_N$ で増加しており，$\pi_N$ は定数であるので，$N_N$ の増加率 $\dot{N}_N/N_N$ も $g_N$ であることが示される．すなわち，$N$ 国においては技術レベルも生産も所得も消費も常に $g_N$ の率で増加している．人口は一定なので，一人当たり所得の成長率も常に $g_N$ となる．

式 (2.14) によると，$N$ 国での一人当たり所得の成長率 $g_N$ は人口規模 $L_N$ の増加関数になっている．この性質は一般的に規模効果と呼ばれるもので，研

---

[6] オイラー方程式の導出については，Barro and Sala-i-Martin (2004) の数学的補遺がわかりやすい．

究開発による技術進歩を考察した最初の内生成長モデルである Romer (1990) のモデルからも導出されている性質である.

このモデルでは,なぜこのような規模効果が導出されるのであろうか.式 (2.6) から最終財の生産量は労働力量 $L_N$ および現在の知識量 $N_N$ に比例することがわかっているので,研究開発に投入する最終財のシェアを $s$ とすると,式 (2.8) は

$$\dot{N}_N = s\alpha^{\frac{2\alpha}{1-\alpha}} A_N^{\frac{1}{1-\alpha}} L_N N_N$$

と変形することができ,さらに

$$\frac{\dot{N}_N}{N_N} = s\alpha^{2\alpha/(1-\alpha)} A_N^{\frac{1}{1-\alpha}} L_N \tag{2.16}$$

を得る.式 (2.16) は,$s$ が一定であれば(確かにこれは均衡では常に成立する),$N$ 国での技術進歩率は $N$ 国の人口規模に比例することが示されている.つまり,式 (2.8) にはこのような技術進歩率と人口規模の線形の関係が暗に仮定されていたわけであるが,Jones (1995; 1998) が指摘するように,このような線形の関係が規模効果を導出する要因となる(規模効果に関する実証的裏付けについては章末の補論を参照されたい).

$S$ 国においては,式 (2.12) および (2.13) より

$$\frac{\dot{c}_S}{c_S} = \frac{1}{\theta}\left(\frac{\pi_S}{\eta_S \hat{N}^\sigma} + \sigma\frac{\dot{\hat{N}}}{\hat{N}} - \rho\right) \tag{2.17}$$

が得られる.また,最終財市場の均衡より式 (2.15) と同様に

$$\frac{c_S}{N_S} = \frac{1+\alpha}{\alpha}\pi_S - \eta_S \hat{N}^\sigma \frac{\dot{N}_S}{N_S} \tag{2.18}$$

を得る.ここで,$\chi \equiv c_S/N_S$ と定義し,$\frac{\dot{\hat{N}}}{\hat{N}} = \frac{\dot{N}_S}{N_S} - \frac{\dot{N}_N}{N_N} = \frac{\dot{N}_S}{N_S} - g_N$ と $\frac{\dot{\chi}}{\chi} = \frac{\dot{c}_S}{c_S} - \frac{\dot{N}_S}{N_S} = \frac{\dot{c}_S}{c_S} - \frac{\dot{\hat{N}}}{\hat{N}} - g_N$ とを利用して,式 (2.17) および (2.18) を変形すると

$$\frac{\dot{\chi}}{\chi} = \frac{1}{\theta \eta_S \hat{N}^\sigma} \left( \pi_S + (\theta - \sigma) \left( \chi - \frac{1+\alpha}{\alpha} \pi_S \right) \right) - \frac{\sigma g_N + \rho}{\theta} \qquad (2.19)$$

$$\frac{\dot{\hat{N}}}{\hat{N}} = \frac{1}{\eta_S \hat{N}^\sigma} \left( \frac{1+\alpha}{\alpha} \pi_S - \chi \right) - g_N \qquad (2.20)$$

となる.

　式 (2.19) および (2.20) は $\hat{N}$ と $\chi$ についての連立微分方程式であり，横断性の条件のもとでは任意の $\hat{N}$ の初期値に対して鞍点的に安定な (saddle-path stable) 動学的な経路が一意に決まることは，図 2.2 に示した位相図[7]の分析により見出すことができる．長期的には $\hat{N}$ および $\chi$ はある定数 $\hat{N}^*, \chi^*$ に収束していき，すべての変数が一定の（ただし必ずしも等しくはない）速度で変化している状態として定義される定常状態 (steady state) が達成される．式 (2.19), (2.20) において $\dot{\chi} = 0$ および $\dot{\hat{N}} = 0$ とおくことで，定常状態での相対技術レベルは

$$\hat{N}^* = \left( \left( \frac{A_S}{A_N} \right)^{\frac{1}{1-\alpha}} \frac{L_S}{L_N} \frac{\eta_N}{\eta_S} \right)^{\frac{1}{\sigma}} \qquad (2.21)$$

で与えられる．なお，ここでは $\hat{N}^* < 1$ と仮定し，定常状態においても $S$ 国は $N$ 国に完全にキャッチアップはできないものとする．定常状態においては $\hat{N}_N$ は定数であるから，$N$ 国と $S$ 国の技術進歩率も（一人当たり）所得の成長率も等しくなる．

　また，式 (2.7) により，両国の相対所得 $y_S/y_N$ は

$$\left( \frac{y_S}{y_N} \right)^* = \left( \left( \frac{A_S}{A_N} \right)^{\frac{1+\sigma}{1-\alpha}} \frac{L_S}{L_N} \frac{\eta_N}{\eta_S} \right)^{\frac{1}{\sigma}} \qquad (2.22)$$

となる．式 (2.22) は，$N$ 国に対する $S$ 国の相対所得レベルが，相対的な生産性パラメタおよび相対人口規模の増加関数で，相対技術コストパラメタの減少関数であることを示している．つまり，定常状態における所得成長率は $S$ 国の条件にかかわらず一定であるが，定常状態の所得レベルは $S$ 国の条件に

---

[7] 図 2.2 は，特に $\theta > \sigma$ のケースについて描かれているが，$\theta < \sigma$ についても同様の位相図が描ける．

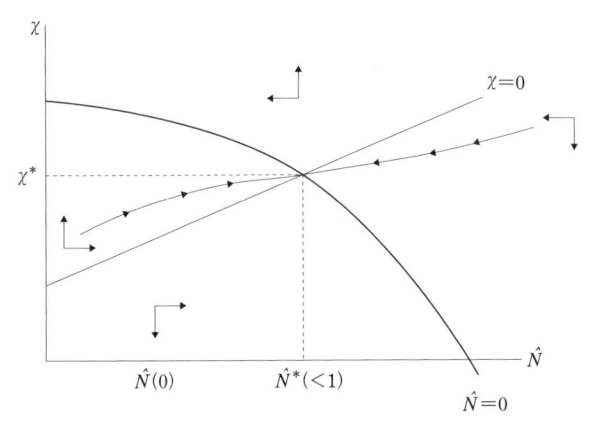

図 2.2 Barro and Sala-i-Martin (1997) の位相図 ($\theta > \sigma$ のケース)

出所：Barro and Sala-i-Martin (1997) の Figure 8.2.

よって異なってくる．

なお，$S$ 国の人口規模が大きいほど長期的な一人当たり所得のレベルが高いのは，人口規模が大きいほど国全体の GDP が大きくなり，したがって研究開発（技術導入）に対する投資が大きく，より多くの技術を先進国から導入することができるからである．また，生産性パラメタ $A_S$ は例えば人的資本レベルやその国の政治・経済制度によって決定されると考えられるし，技術導入コストのパラメタ $\eta_S$ は，先進国との地理的な関係や国際言語の普及率，技術導入のチャンネルとなりうる国際貿易・外国直接投資・移民などの程度に依存すると考えられる．これらの条件がよい時にも長期の所得レベルは高くなる．

## 2.3 途上国の成長に対する含意と問題点

式 (2.19) および (2.20) は，$S$ 国の相対技術レベルが定常状態に比べて低ければ低いほど，$S$ 国の技術進歩率が高くなることを示唆しており，このモデルにおいては一人当たり所得に関する条件付収束 (conditional convergence) が予測されている．言い換えれば，もし途上国 ($S$ 国) が先進国 ($N$ 国) に比べて技術レベルが非常に低ければ，途上国はすでに存在する技術を安い費用で模倣できるという後発性の利益のために，比較的高い成長率を達成すること

ができる.しかし,徐々に先進国にキャッチアップするにつれて後発性の利益が薄れて成長率は鈍化していき,長期的には途上国の成長率は先進国の成長率と等しくなる.ただし,このような長期均衡において途上国と先進国の相対所得は式 (2.22) で決まり,各々の途上国が長期的に達成できる所得レベルは,各国の条件 ($A_S, L_S, \eta_S$) によって異なっている.つまり,各国の所得がある1つのレベルに向かって収束する絶対収束 (absolute convergence) が成り立つわけではなく,各国が自国の条件によって決まる異なった所得レベルに向かって収束する条件付収束が成り立つ.

なお,定常状態における途上国の所得レベルが高ければ,その他の条件を一定とすれば,定常状態に達するまでの短期的な一人当たり所得成長率も高い.したがって,定常状態に達していない途上国における一人当たり所得の成長率は,初期の所得レベルが一定であれば,人口規模 $L_S$ および生産性パラメタ $A_S$ が大きいほど高く,技術導入コストのパラメタ $\eta_S$ が小さいほど高い.図 2.3 は,定常状態の所得レベルの高い途上国と低い途上国の 2 つのケースについて,長期的な一人当たり所得の推移を時間を横軸とした片対数グラフで模式的に表したものである.このような対数グラフにおいては,成長率は傾きで表される.したがって,図 2.3 は,同じ所得レベルから出発した 2 つの途上国のうち,定常状態の高い国は初期の成長率が高く,定常状態が低い国は初期の成長率が低いが,長期的には両国の成長率は先進国と等しいレベルに徐々に収束していくことを示している.

したがって,本章のモデルから,次のような各国の一人当たり所得成長率に関する推計式が導出される.

$$g_{yi} = \alpha + \beta \ln y_{i0} + \mathbf{z}_i' \delta + \varepsilon_i \qquad (2.23)$$

ここで,$g_{yi}$ は $i$ 国における一人当たり所得の成長率であり,$y_{i0}$ は $i$ 国における一人当たりの初期値である.ベクトル $\mathbf{z}$ は $A_S$ と $\eta_S$ を決定する変数および $L_S$ である.式 (2.23) は,新古典派成長モデルから導出された前章の式 (1.1) と類似しており,国際的技術伝播を考慮した内生成長モデルによっても条件付収束の存在や成長回帰の標準モデルが導出できることを示している.

Kang (2002) は,本章の理論と似た枠組みを利用して式 (2.23) と同様の

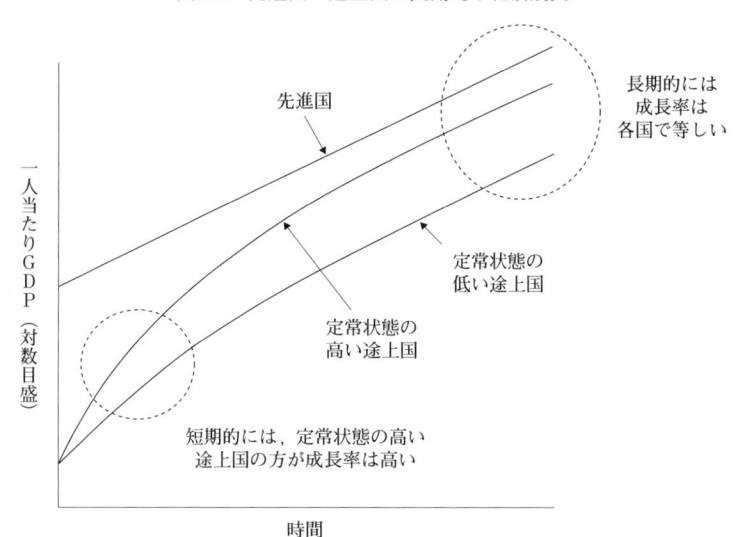

図 2.3　先進国・途上国の長期的な経済成長

縦軸：一人当たり GDP（対数目盛）
横軸：時間

- 先進国
- 定常状態の低い途上国
- 定常状態の高い途上国
- 長期的には成長率は各国で等しい
- 短期的には，定常状態の高い途上国の方が成長率は高い

推計式を導り，$A_S$ や $\eta_S$ を決定する変数として，人的資本レベル・貿易開放度・金融制度の成熟度・所得不平等の程度を利用した推計を行った．ただし，Kang（2002）は初期の所得レベルではなく，TFP（全要素生産性）で計ったアメリカと比較した初期の技術ギャップを $\ln y_{i0}$ の代わりに使っている．Kang（2002）の推計結果によると，初期技術ギャップ・人的資本レベル・人口規模は理論と整合的で統計的に有意でかつ頑健な効果を持つが，それ以外の各国の技術導入の効率性を表すと考えられた変数（貿易開放度・金融制度の成熟度・所得不平等の程度）は頑健な効果を持たなかった．

また，Howitt（2000）は品質が向上するタイプの内生成長モデルによって，同様に国際的技術伝播が各国の所得レベルの条件付収束を導くことを示した．そして，そのモデルが示唆する成長回帰式は，Mankiw et al.（1992）の式に研究開発集約度（研究開発支出額の対 GDP 比）と人口成長率を加えたものであることを明示的に示している[8]．この成長回帰式は，Lichtenberg（1993）

---

[8] 所得成長が人口規模ではなく人口成長率に依存するのは，Howitt（2000）のモデルは規模効果を持たないように構築されているからである．規模効果を持たない成長モデルに関しては，章末の補論を参照されたい．

が行ったものとほぼ同様であるが，そこでは確かに研究開発集約度が所得成長に対して正で有意な効果を持つことが示されている．

このように，Barro and Sala-i-Martin (1997; 2004) や Howitt (2000) のように複数国を仮定した内生成長モデルの理論的結論は，かなりの程度現実に整合的であると思われる．しかし，Kang (2002) で使われた途上国の技術導入の効率性を表す変数が，はっきりした効果を成長に対して持たなかったことに象徴されるように，具体的に途上国への技術導入がどのようなプロセスを通じて達成されるのか，どのような手段によって促進されるのかについては，まだまだ解明されていないことも多い．

さらに，本章の理論モデルでは後発性の利益を仮定しているために条件付収束が成り立ち，貧困国の経済が貧困であるゆえに停滞してしまう貧困の罠の存在を否定している．むろん，本章の理論によっても，最貧国経済の停滞はその国の定常状態レベルが非常に低い（例えば，その国の技術導入費用のパラメタが非常に大きい）ためとして説明することは可能である．しかし，そのことは貧困の罠の存在を否定するわけではないので，条件付収束と貧困の罠とのどちらが現実とより整合的なのかははっきりとはいえない．

以下の章では，これらの未解明の課題について理論的・実証的に考察していく．

## 補論　規模効果に関する実証結果

本章で紹介した Barro and Sala-i-Martin (1997; 2004) の理論モデルは，先進国の人口規模の増加とともに先進国の成長率および途上国の定常状態での成長率は増加することを示している（式 (2.14)）．このような人口規模が長期の成長率に与える効果，すなわち規模効果 (scale effects) は研究開発をベースにした最初の内生成長モデルである Romer (1990) においても導出されている．ただし，Romer (1990) のモデルでは，研究開発は労働者（科学者・技術者）を投入して行われ，新しく創造される知識量の増加率は投入された科学者・技術者の総数に比例すると仮定された．この仮定のもとでは，人口規模が増加すると，均衡での科学者・技術者の総数も増加して技術進歩率も増加するため

に,Barro and Sala-i-Martin (1997; 2004) よりも直接的に規模効果が導かれる.

しかし,Jones (1995) は規模効果の存在を否定した.アメリカにおける科学者・技術者の総数が 1950 年代から 1990 年代の間に 2 倍以上に増加しているにかかわらず,その期間のアメリカの一人当たり所得の成長率はほぼ一定であったためである[9].また,Backus et al. (1992) などの初期の成長回帰も,国別の人口規模が一人当たり所得成長率に与える効果は有意でないことを見出した[10].

これらの批判を受け,1990 年代半ば以降には規模効果を持たない内生成長モデルの構築が進んだ (Jones, 1995; Kortum, 1997; Aghion and Howitt, 1998; Dinopoulos and Thompson, 1998; Peretto, 1998; Segerstrom, 1998; Young, 1998; Howitt, 1999).ただし Jones (1998) が指摘するように,これらの「規模効果のない」内生成長モデルにおいても,人口「成長率」の増加は一人当たり所得の成長率を上昇させるために,人口規模は一人当たり所得の「レベル」と正の相関関係にある.その意味で,これらの新しいモデルは「(所得)レベルに対する規模効果 (scale effects in levels)」を持つのに対して,Romer (1990) や Barro and Sala-i-Martin (1997; 2004) のモデルなどは「成長に対する規模効果 (scale effects in growth)」を持つといえる.

それでは,レベルに対する規模効果と成長に対する規模効果とどちらが現実と整合的なのであろうか.ここで,注意しなければならないのは,国別のデータを使った成長回帰では,必ずしもこの問いに対する答えは得られないということである.なぜなら,Romer (1990) は閉鎖経済モデルを考えて成長に対する規模効果を導出しているのに対して,現実の国々は互いの知識・技術を導入しあいながら技術進歩を達成している[11]からである.したがって,Romer

---

[9] なお,同様の傾向は他の先進国においても見られる.
[10] ただし本文で述べたように,Kang (2002) は 67 ヵ国を対象とする国単位のデータ分析で,頑健な規模効果があることを確かめている.
[11] Eaton and Kortum (1999) は,アメリカ,イギリス,ドイツ,日本,フランスの 5 ヵ国の技術進歩率のうち,どの程度が自国の技術革新によるもので,どのくらいが他国からの技術導入によるものかを計測した.その結果,自国の技術革新の貢献度は最大のアメリカでも 60% であり,日本では 35%,ヨーロッパ 3 国では 15% 程度であった.これらの推計は,技

(1990) の理論的結論は1国の人口規模と成長率の関係というよりも，相互に技術が伝播しあう複数の国で構成される経済全体，例えば先進諸国の経済全体での人口規模と成長率との関係を描写しているといえる[12]．つまり，Romer (1990) が仮定したような技術進歩率に対する規模効果が実際には存在したとしても，各国の成長率は自国の人口規模とは必ずしも相関せず，所属する経済全体の総人口規模に依存するはずだ．

このような国を越えた経済全体の人口規模と技術進歩率との関係を最初に明らかにしたのは，Kremer (1993) である．Kremer (1993) は，大航海時代以前には離れた大陸・島の間には相互の行き来がほとんどなく，したがって技術伝播もなかったことに着目し，ユーラシア大陸，南北アメリカ大陸，オーストラリア，タスマニア，フリンダーズ諸島（オーストラリアに近い小さな諸島）における紀元前10000年から15世紀までの技術進歩と人口規模の関係に着目した．直感的に予測されるように，これらの5つの閉鎖経済においては初期（紀元前10000年）の人口規模とその後11,500年にわたる期間の技術進歩率[13]との間に明らかな正の相関関係がある．例えば，人口規模が最も多かったユーラシア大陸は最も技術が進歩した．この事実は，成長に対する規模効果の存在を示唆するものである．

ただし，Kremer (1993) はデータの制約から計量経済学的な分析を行ったわけではない．またこれらの閉鎖経済において，紀元前10000年での人口規模とその時点から15世紀までの人口成長率との間にも正の相関関係が見られる．したがって，Kremer (1993) が見出した事実が成長に対する規模効果とレベルに対する規模効果とどちらに整合的なのかは，必ずしもはっきりしない．

2種類の規模効果のどちらが現実に成り立っているかを計量経済学的な分析によって検証するために，Todo and Miyamoto (2002b) は西ヨーロッパを中心とする現在の先進諸国を1つの経済ととらえた長期の時系列推計を行った．すなわち，紀元1年から1998年までを12期に分けて，先進国経済全体の各

---

術先進国においてさえも他国からの技術導入が重要であることを示している．
[12] 同様に，Barro and Sala-i-Martin (1997) のモデルにおける $N$ 国とは，先進諸国全体を表すと考えられる．
[13] 紀元前10000年の技術レベルは全ての地域で同程度だと考えられるので，この期間の技術進歩率の相違は15世紀の技術レベルの相違に依存する．

表 2.1 紀元 1 年から 1998 年における先進国 [a] の所得・人口

|  | 人口<br>(期初, 百万人) | 人口成長率<br>(％) | 一人当たり GDP<br>成長率（％） |
| --- | --- | --- | --- |
| 1-1000 | 17.6 | 0.01 | −0.02 |
| 1000-1500 | 19.7 | 0.18 | 0.09 |
| 1500-1700 | 48.2 | 0.18 | 0.14 |
| 1700-1820 | 68.8 | 0.50 | 0.25 |
| 1820-1850 | 125.6 | 1.03 | 0.61 |
| 1850-1880 | 171.1 | 1.50 | 0.64 |
| 1880-1900 | 267.4 | 1.01 | 1.58 |
| 1900-1920 | 327.2 | 0.47 | 1.12 |
| 1920-1940 | 359.5 | 1.32 | 1.32 |
| 1940-1960 | 466.9 | 0.69 | 2.95 |
| 1960-1980 | 535.9 | 1.29 | 3.30 |
| 1980-1998 | 692.0 | 0.61 | 1.88 |

注：Maddison（1995, 2001）に基づく Todo and Miyamoto（2002b）の Figure 2 より作成．a.「先進国」は，アメリカ，イギリス，イタリア，オーストラリア，オーストリア，オランダ，カナダ，スイス，スウェーデン，デンマーク，ドイツ，日本，ニュージーランド，ノルウェー，フィンランド，フランス，ベルギーと定義される．なお，日本は 1820 年まで，アメリカ，オーストラリア，カナダ，ニュージーランドは 1700 年までは先進国から除外されている．

期の一人当たり GDP 成長率を同じ期の人口規模・人口成長率との相関を推計した[14]．推計に利用したデータは表 2.1 に示されているが，この 3 変数の傾向がより明確になるように，特に 1500 年からの変化を図 2.4 に示した．大まかにいって，一人当たり GDP 成長率と人口規模は上昇傾向にあるのに対して，人口成長率は 19 世紀半ばをピークとして最近は停滞もしくは減少傾向にあることが見てとれる．したがって，一人当たり GDP 成長率は，どちらかといえば人口成長率ではなく人口規模と相関しているように思われる．

よりフォーマルに，人口規模と人口成長率が一人当たり GDP 成長率に与える効果を最小 2 乗法（OLS）によって回帰した結果が，表 2.2 第 1 列に示されている．ここでは，一人当たり GDP 成長率に対して人口規模は正で有意な効果を持つが，人口成長率の効果は有意ではないことが見出されている．第 2 列では人口規模と人口成長率が相関していないことが確かめられ，第 1 列の

---

[14] データの出所は Maddison（1995; 2001）である．

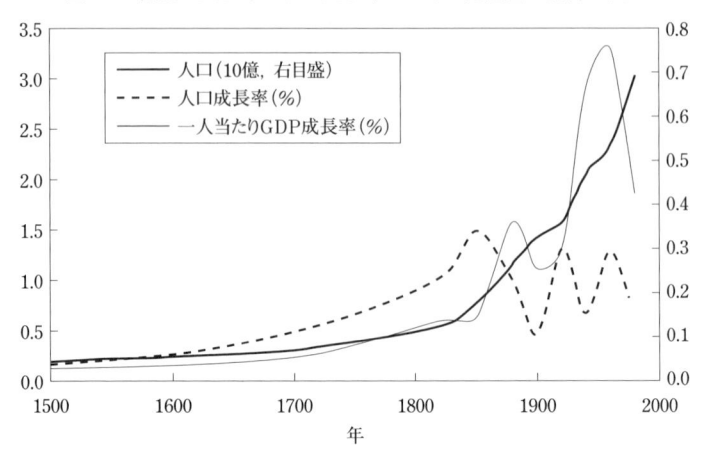

図 2.4 紀元 1500 年から 1998 年における先進国の所得・人口

凡例:
— 人口(10億, 右目盛)
--- 人口成長率(%)
— 一人当たりGDP成長率(%)

結果が多重共線性の影響を受けたものではないことを示されている．また，表 2.2 第 3 列の推計から第 1 列の推計に不均一分散が認められたために，第 4 列ではそれを加重最小 2 乗法（weighted least squares）で修正している．その結果，やはり人口規模の効果は正で有意であるが，人口成長率の効果は有意ではなかった．さらに，第 5 列で自己相関を考慮した最尤法による推計を行ったが，結果は変わらなかった．これらの結果は，先進諸国の集合という大きな経済単位では，レベルに対する規模効果ではなく，成長に対する規模効果が成り立っていることを示唆している[15]．

しかし，成長に対する規模効果がないとするならば，Jones（1995）が指摘した，第 2 次世界大戦後にアメリカでの科学者・技術者の総数が激増しているにもかかわらず所得の成長率が停滞している事実はどのように説明されるのであろうか．Todo and Miyamoto（2002b）は，その理由を国際的な技術伝播の機会の増大に求めた．グローバル化の進展とともに技術伝播の機会が増えたために，アメリカでは多くの科学者・技術者が技術後進国への技術輸出に従事することとなり，その結果技術革新に従事する科学者・技術者が必ずしも増え

---

[15] 40 頁の脚注で説明したように，Barro and Sala-i-Martin（1997; 2004）の理論モデルの「先進国」は現実には先進諸国の集合であると解釈できるので，この実証結果は Barro and Sala-i-Martin（1997; 2004）のモデルの理論的な結論とも整合的である．

表 2.2 紀元 1 年から 1998 年のデータによる規模効果の実証

|  | (1) OLS | (2) OLS | (3) OLS | (4) WLS | (5) ML:AR(2) |
|---|---|---|---|---|---|
| 被説明変数 | 一人当たり GDP 成長率 | 人口成長率 | (1) の残差の平方 | 一人当たり GDP 成長率 | 一人当たり GDP 成長率 |
| 人口 (10 億人) | 3.9851 (0.8792)** | 0.9112 (0.6392) |  | 4.1216 (0.7913)** | 4.7212 (0.3564)** |
| 人口成長率 (%) | 0.3488 (0.3964) |  |  | 0.2389 (0.2707) | 0.1363 (0.1663) |
| 期間の長さの逆数 |  |  | 10.6386 (4.2321)* |  |  |
| 定数 | −0.1301 (0.3331) | 0.4978 (0.2140) | −0.0824 (0.1635) | −0.0842 (0.0704) | −0.1309 (0.0666) |
| 標本数 | 12 | 12 | 12 | 12 | 12 |
| $R^2$ | 0.767 | 0.169 | 0.387 | 0.881 |  |

注:Todo and Miyamoto (2002b) の Table 3 より作成.カッコ内は標準偏差を表す.
\*および\*\*はそれぞれ 5%,1% で統計的に有意であることを示す.

なかった可能性がある.

　この主張を理論的に裏付けるために,Todo and Miyamoto (2002b) は複数の技術後進国を考慮した内生成長モデルを構築し,後進国への技術伝播には先進国・後進国双方の科学者・技術者が必要であると仮定した.この仮定は,外国直接投資に伴って技術伝播が起きるような場合に成り立つが,次章以下では現実に直接投資は技術伝播の重要な経路であることが示されている.Todo and Miyamoto (2002b) のモデルは技術進歩率に対する規模効果を仮定しながらも,科学者・技術者の総数や一人当たり所得成長率についてのモデルの理論的予測値と現実のデータとがほとんど同じとなることが,カリブレーション分析によって示されている.これは,現実に急増したアメリカでの科学者・技術者数の多くが技術革新ではなく他国への技術移転に従事しているために,その増加が技術進歩率や経済成長率の増加に結びつかなかったことを示唆する.もしこの見解が正しければ,成長に対する規模効果とアメリカの経験は必ずしも対立しない.

　これらのことから,著者自身は成長に対する規模効果は確かに存在すると考えている.ただし残念ながら,学界の中でも規模効果に関する論争には決着が

ついておらず,どちらかというと成長に対する規模効果に否定的な学者が多いのが現状である.Temple (2003) は,長期的にはレベルに対する規模効果しか存在しないモデルでも,ほとんどの場合は短期的には一人当たり所得成長率は人口規模に依存することを示しているために,規模効果に関する議論に時間を費しすぎるべきではないと苦言を呈している.いずれにせよ,経済成長率は人口規模に依存するという理論的結論は,ベルギーなどのヨーロッパの小国やシンガポールなどの例を考えれば違和感があるかもしれないが[16],国別ではなく世界経済全体でとらえると,必ずしも非現実的な結論ではなく,成長に対する規模効果を持つ内生成長モデルが現実に対する説明力を十分に持つことを強調しておきたい[17].

---

[16] 規模効果に関する論争が激しかった 1990 年代に比べると,最近は中国・インドという成長に関する規模効果の証左となるような例もあるために,違和感が少ないかもしれない.

[17] なお,本書のテーマからは外れるが,日本の少子化について規模効果の観点から少し述べておきたい.日本は少なくともアメリカよりは技術レベルが低いと考えられるので,前節で述べた Barro and Sala-i-Martin (1997) のモデルにおいてアメリカを $N$ 国,日本を $S$ 国とおいて考えてみよう.このとき,日本の少子化による経済規模の縮小は研究開発支出を縮小させるため(Romer (1990) 的な仮定を使えば,少子化によって科学者・研究者の総数が減少するため,と言い換えられる),導入できる知識量が縮小し,アメリカと比較した相対技術レベルおよび相対所得レベルは長期的には小さくなる.したがって,長期的な技術進歩率はアメリカと同じになるものの,短期的には技術進歩率の鈍化,一人当たり所得成長率の鈍化が見られる.つまり,少子化は研究開発支出額の対 GDP 比や人口一人当たりの科学者・技術者数を変化させることはないが,日本の研究開発活動の総量を縮小させるために,一人当たり所得レベルやその短期的な成長率にさえ悪影響を及ぼすのである.筆者の知る限り,このような規模効果を基盤とした少子化の議論はあまりされていないように思う.

# 第3章 国際貿易と経済成長

　国際貿易が一人当たり所得レベルやその成長にどのような影響を与えるかについては，これまで理論的・実証的に多くの研究がある．1980年代以降には，貿易に対して開放的であることやそれを達成するための政策は，所得レベルや成長を押し上げるという考え方が，政策担当者のコンセンサスになったかの感もある．しかし最新の研究では，貿易開放度の経済成長への効果は概ね支持されているものの，貿易と成長の正の因果関係が成り立つにはさまざまな条件が必要であることも明らかとなってきた．本章では，このような理論的・実証的研究について概観する．

## 3.1 国際貿易と経済成長の理論

### 3.1.1 貿易に伴う技術伝播の役割

　貿易による利益の1つは，リカードの比較優位の理論によって説明できる．つまり，各国は比較優位を持つ財の生産に特化し，それを世界市場で売って逆に比較劣位を持つ財を購入することで，効率的な生産・消費を達成できるので，すべての国で貿易によって厚生が改善されるというものである．しかし，この貿易の利益はあくまでも静学的なものであり，貿易によって経済成長が促進されることを示すものではない．

　貿易と経済成長との動学的な関連については，Romer (1986) やRomer (1990) を嚆矢とする内生成長論 (endogenous growth theory) を2国モデルに拡張したRivera-Batiz and Romer (1991), Grossman and Helpman (1994) などによって，1990年代初めより精緻に分析され始めることとなった．これらの理論モデルは，2国が貿易を自由化することによって一人当たり所得の成

長率が上昇することを示している．しかしこれらのモデルでは，財の貿易に伴って各国の知識がもう一方の国に伝播することが，このような貿易と成長の関係を導く重要な仮定となっている．つまり，貿易による経済統合によって他国の知識が自国に伝播し，それを自国の技術革新に活用できるようになるために成長が促進されるわけである．

しかし，このような貿易の成長に対する正の効果は理論的に常に予測されるわけではない．むしろ，Srinivasan and Bhagwati (2001) が指摘するように，貿易が所得レベルや成長に正の効果を持たない理論を構築することは難しくない．

例えば，Eaton and Kortum (2001) は，さまざまな種類の財を考慮し，研究開発によってそれぞれの財の生産コストが減少していくと仮定したモデルによって，貿易と成長の関係を論じた．彼らのモデルにおいては，企業は研究開発によって他社よりも低い生産コストを達成できたときに，その財の市場を独占することができる．このような設定のもとでは，貿易に対してより開放的にすることで各々の財の市場は拡大し，独占の利益が増加するため，その意味では研究開発のインセンティブは高まる．しかし，同時に外国との競争が激化するために，研究開発が成功して市場を独占できる可能性は低下するので，この点では研究開発のインセンティブは減少する．このように，貿易は技術進歩（ひいては一人当たり所得の成長）を促進する作用と阻害する作用の両方を持つと考えられる．Eaton and Kortum (2001) のモデルでは，この2つの力が完全に相殺され，貿易開放度の増加は技術進歩率や一人当たり所得成長率になんら影響を及ぼさない．

また，財の生産に関する収穫逓増 (increasing returns to scale)[1] を仮定することで，貿易が成長を阻害する可能性を示した研究も多い．例えば，複数の財が存在し，ある財（例えば，工業製品・ハイテク製品）の生産は規模に関して収穫逓増であるが，別の財（農産物・ローテク財）の生産は収穫一定である場合，貿易を制限することによって長期的にはむしろ所得レベルが上昇する可能性がある．つまり，初期に収穫逓増財の生産（便宜上，工業と呼ぼう）に比

---

[1] 投入量を2倍にすると，生産量が2倍より多くなるような生産システムを指す．

較優位を持つ国は，工業に特化することによって生産性を上昇させ，工業に対する比較優位性をますます高めていく．それに対し，初期に収穫一定財の生産（農業）に比較優位を持つ国は，いつまでも農業に比較優位を持ち，工業化することができない．収穫一定のために農業の生産性は停滞するが，収穫逓増である工業では生産の拡大とともにその生産性が上昇するために，農業に特化する国の所得レベルは，長期的には貿易のない状態よりも少なくなることもありうる[2]．この場合には，工業製品の輸入を制限して国内の工業部門を育成する，いわゆる幼稚産業保護論が正当化される．

財によって規模に関する収穫の程度が違うのは，(1) 各財の経験による学習効果（learning by doing）による生産性上昇の程度が異なる場合や，(2) 研究開発の必要性が異なる場合が考えられる．第1のケースは，例えば工業の生産性は生産の経験が多ければ多いほど増加するが，農業ではそのような効果はない場合に起こる（Young, 1991; Matsuyama, 1992; Rodriguez and Rodrik, 2000）．第2のケースは，例えば工業製品には研究開発が必要であるために，研究開発の初期コストがかかる工業生産は収穫逓増となる[3]が，農業に研究開発を行う必要がないために，その生産は収穫一定となる場合である（Baldwin et al., 2001）[4]．

つまり，貿易は比較優位を持つ財の生産への特化を促すことで，静学的な利益をもたらすにもかかわらず，特化した財の性質によっては長期的には不利益を生じさせる可能性がある．また Eaton and Kortum (2001) が示したように，貿易が自国の研究開発（ひいては技術進歩）に与える影響も正・負の両方の可能性があり，貿易がトータルでどのような影響を所得レベルに及ぼすかは一概にはいえない．

---

[2] ただし，後述するように，農業に特化しても必ずしも貿易を行わない鎖国状態よりも所得や厚生が低いとは限らない．

[3] 研究開発費分だけの投資では1つの製品も作れないが，その2倍の投資からは多くの製品が作り出される．つまり，2倍の投入量から2倍より多くの製品が作られるわけであり，収穫逓増となっている．

[4] ただし，現実に工業生産が収穫逓増であり，農業生産は収穫一定であるとは必ずしもいえない．ここでは，収穫逓増の財を「工業製品」，収穫一定の財を「農産物」と便宜上呼んでいるだけである．

このように，Young（1991），Matsuyama（1992），Rodriguez and Rodrik（2000），Baldwin et al.（2001），Eaton and Kortum（2001）らの研究成果は貿易と成長との因果関係について明確な結論を提示していない．この点で，これらの研究は，貿易と成長との正の関係を明示した初期の内生成長モデルであるRivera-Batiz and Romer（1991）やGrossman and Helpman（1994）とは異なる．この違いの究極的な原因は，後者のモデルが貿易に伴って国境を越えた知識や技術の伝播が生じることを仮定したのに対して，前者のモデルはそのような仮定を持たない点にある．

つまり，理論的には，(1)貿易開放度の向上によって開発途上国の一人当たり所得のレベルや成長率が必ずしも向上するわけではないこと，(2)貿易開放度の向上が国際的な技術の伝播を促進するのであれば，貿易自由化は途上国の成長を促す可能性が大きいことの2点が示唆されているのである[5]．以下の3.1.2節と3.1.3節では，特にYoung（1991）とBaldwin et al.（2001）のモデルを紹介することによって，この2点を明確に示したい．

### 3.1.2 「経験による学習」による成長モデル

Young（1991）は，経験による学習（learning by doing, 以下LBDと略称する）によって内生的に成長するモデルを使って，貿易の自由化によって途上国の成長率が必ずしも上昇するわけではないことを示した．

Youngのモデルでは，LBDすなわち生産の経験によって労働者の知識・技術が増大し，財の生産コストが減少していくことが仮定されている．ただし，潜在的に生産可能な財の種類は無数にあるが，その技術的な「洗練度」によって，その財の生産コストの下限が決まっているものとする．例えば，石器といった洗練度の低い財（ローテク財）は，いくら生産を重ねていってもその生産コストは高止まりしてしまうが[6]，半導体といった洗練度の高い財（ハイテク財）は，LBDによってかなりの程度まで生産コストが減少する．図3.1の曲線 $ABC$ は，財を洗練度の順に並べた場合に，潜在的な生産コストの下限が単

---

[5] 貿易に伴って技術伝播が起きるか否かで，貿易の成長効果が大きく異なることを最初に見出したのは，Feenstra（1996）である．

[6] 立花（2001）は，LBDによって石器の製造技術が得られる自らの経験を描いている．

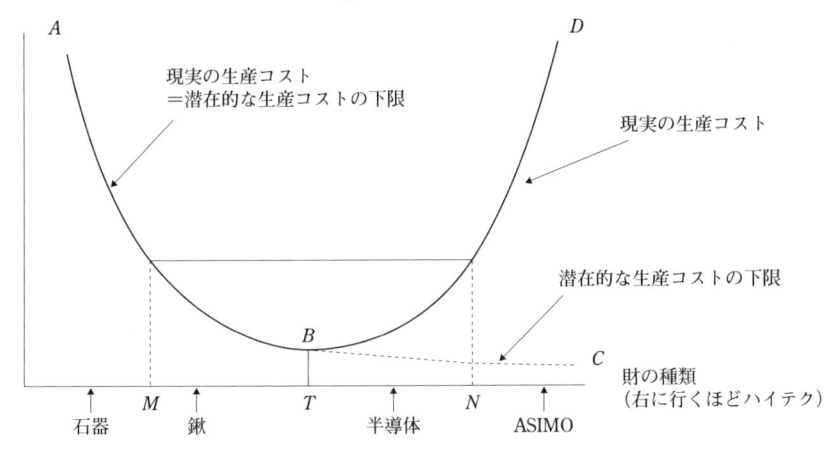

図 3.1　Young（1991）における 1 国モデル

注：Young (1991), Figure II より作成した.

調に減少する様を表している．また，生産コストの下限に達していない場合には，洗練度の高い財の方が生産コストが高いと仮定する（曲線 $BD$）．この図では，石器や鍬などは現実の生産コストがすでに潜在的な下限まで下がっており，さらにコストが下がる余地はない．しかし，半導体やホンダの ASIMO 君（人間型ロボット）などは，現実の生産コストが潜在的な下限まで行き着いておらず，まだまだ LBD によってコストが下がる余地がある．

　また，このモデルでは各々の財の消費が 0 であったときの限界効用を負の無限大ではなく有限値と仮定するので，すべての財が消費されるわけではなく，生産コストが十分に低い財のみが消費される．したがって，現時点で生産コストの高い石器や ASIMO 君は生産可能であるにもかかわらず消費されない[7]．図 3.1 において，現在消費されている財は点 $M$ から点 $N$ の間で示されている．

　このモデルでは，経済成長は LBD による生産コストの減少によって引き起こされるが，視覚的には図 3.1 において，生産コストが下限まで達した財の種類（点 $T$ までの財）の増加，つまり点 $T$ が右へ移動することによって表され

---

[7]　現実には，ASIMO 君はホンダをはじめとするいくつかの企業や博物館においてすでに広告塔として利用されており，したがってその意味では消費されていると考えられる．

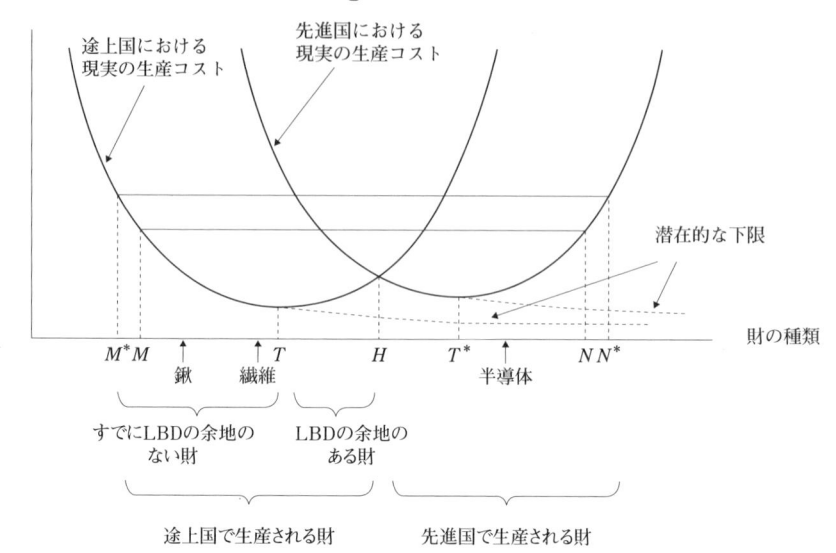

図 3.2 Young (1991) における 2 国モデル

途上国における現実の生産コスト　　先進国における現実の生産コスト

潜在的な下限

財の種類

$M^*$ $M$ 　鍬　　 $T$ 　繊維　　 $H$ 　　 $T^*$ 　半導体　　 $N$ $N^*$

すでにLBDの余地のない財　　LBDの余地のある財

途上国で生産される財　　先進国で生産される財

注：Young (1991), Figure III, Eguilibrium C より作成した．

る．さらに，このモデルでは，ある財（例えば半導体）の生産によって，コストが下限まで達していないすべての財（例えばASIMO君）の生産コストが減少することが仮定されている．すなわち，LBDによって得られた知識・技術は製品・産業を超えて伝播する．したがって，点 $T$ から点 $N$ の財の生産に携わる労働者の数によって点 $T$ の変化速度が決定され，さらには一人当たり実質GDPの成長率を決定することとなる．

ここで，先進国と開発途上国の2国を想定し，財の貿易の自由化によって，各国の成長率が自由化以前よりも改善されるかどうかについて考察する．このとき，それぞれの財についての生産コストの1例を表したものが図3.2である[8]．ここで，先進国を表す点は∗をつけて，途上国と区別する．先進国の方が賃金が高いため，財の生産に同じだけの労働力が必要であるにもかかわらず，先進国の生産コストは途上国のコストよりも右によっている．

---

[8] Young (1991) は，この図以外にも4つのパターンが描けることを示している．

それぞれの財は生産コストが安い国で生産されるので，$H$ から左の財は途上国で，右の財は先進国で生産されることとなる．したがって，途上国は $M^*$ から $H$ までのよりローテク財の生産に特化し，先進国は $H$ から $N^*$ までのハイテク財の生産に特化する．また，先進国では $M^*$ から $N^*$ までの財を消費するが，途上国では所得がより低いために $M$ から $N$ までの財しか消費できない．

しかし，途上国において生産されている財の大半は，すでに LBD によってコストが下限まで下がっている財（$M^*$ から $T$）であり，その生産に携わることで LBD によって技術進歩を達成することはできない．したがって，貿易が自由化されると，途上国はローテク財の生産に特化することで技術進歩の機会を失い，むしろ一人当たり実質所得の成長率は鈍化する可能性がある．

ただし，貿易によってこれまでは消費できなかった財を消費することができようになるので，途上国の消費者の効用は静学的な面では上昇する．成長率が鈍化することによって，動学的には効用は減少するが，静学的な利得と動学的な損失の度合いによっては，成長は鈍化するものの効用は向上する可能性はある．

さて，ここまでは Young（1991）に従い，先進国から途上国への技術伝播は一切想定していなかった．ここで，先進国が LBD で得た知識が貿易によって途上国に伝播すると仮定してみよう．そうすれば，途上国内の LBD による技術進歩は少ないとはいえ，貿易による技術伝播の大きさによっては，貿易後の途上国の成長率が貿易前を上回る可能性がある．例えば，先進国から途上国への完全に自由な技術伝播を仮定し，先進国において生産の経験によって獲得された技術が，すべて途上国に伝播するのであれば，途上国の成長率は図 3.2 の $T$ から $H$ までの財の生産に携わる途上国の労働者数だけではなく，$H$ から $N^*$ までの財の生産に携わる先進国の労働者数（すなわち先進国の全労働者数）にも依存するため，途上国の成長率は自由化前よりも上昇する．

このような LBD による成長モデルによって貿易の影響を考えたものは，他にも Matsuyama（1992）がある．Matsuyama（1992）は，農業部門と工業部門の2つを仮定し，工業部門でのみ LBD の効果が存在するとし，貿易自由化以前の農業部門の生産性が十分に高いと，その経済は時間とともに農業に特化

していくために，自由化以前よりも一人当たり所得の成長率が鈍化してしまう可能性があることを示した．Rodriguez and Rodrik (2000) は，Matsuyama (1992) を簡略化したモデルを用いて，工業製品に対する関税は，ある一定の大きさまでは所得の成長率を促進させることを示した．しかし，やはりこれらのモデルでも貿易による技術の伝播は仮定されておらず，Matsuyama (1992) が述べるように，その仮定を変えれば，貿易障壁は逆に成長を阻害する可能性もある．

### 3.1.3 研究開発による成長モデル

前節の Young のモデルにおいては，多様な財は潜在的にはすでに存在しており，生産コストさえかければどのような財でも生産できることが仮定されていた．しかし，現実には研究開発のコストをかけて初めて新しい財が開発される．この節では，研究開発による技術進歩に焦点を当てた Baldwin et al. (2001) のモデルを利用して，貿易と成長との関係を考察しよう．

このモデルは，Krugman (1981) や Krugman and Venables (1995) などの経済地理の分析に Romer (1990) タイプの研究開発による内生成長を組み込んだ 2 国モデルであり，1 財で構成された伝統的部門（農業・サービス部門），多様な財で構成された工業部門，および新たな財を開発する研究開発部門が想定されている．また，工業製品を輸出するためには，輸送費用や関税などの貿易障壁に付随した費用，商慣行に関する情報を収集するための費用などのコストがかかると仮定する．さらに，国境を越えた技術の伝播は不完全である，すなわち他国の技術の一部のみがもう一方の国に伝播すると仮定する．

なお，前節のモデルでは閉鎖経済の状態と自由貿易の状態を比べて貿易と成長の関係を分析したが，このモデルでは，貿易のコストが減少することによって 2 国の経済がどのような影響を受けるかを分析する．

まず，もし貿易のコストが非常に大きいものであれば，2 国は相互に貿易をしない状態にあり，両国の規模と初期の技術レベルが同じである限り，両国の所得レベルは常に等しい．しかし，貿易のコストがあるレベルまで低下すると，このような均一的均衡は破れ，どちらかの国にのみ研究開発部門が集積し，もう一方の国は研究開発部門が存在せず，したがって伝統部門の生産に

特化するようになる[9]．これに伴って，両国の所得格差は拡大（発散，divergence）するため，前者の国は先進国，後者は途上国となる．このような両国間の所得格差が存在する状態を，「中心と周辺」(core-periphery) の状態と呼ぶ．

このプロセスを理解するために，次のような $q$ を定義しよう[10]．

$$q = \frac{財の生産から得られる毎期の利益の割引現在価値の総和}{財の開発コスト}$$

ここで，分子は財の開発から得られる長期的な利得を，分母はそのコストを表すので，$q > 1$ のとき新しい財を開発するための研究開発投資が行われる．

貿易コストの減少によって2国間に貿易が開始されたものの，均一的均衡が保たれているとしよう．このような均衡が不安定であり，長期的には研究開発投資が先進国に集中するようになっていくのは，次の2つの理由によって2国の $q$ が急速に発散していくためだ．

まず第1の理由は，金銭的外部性（pecuniary externality）である．均一的均衡にある2国において，何らかの理由で工業部門の1企業がB国からA国に移転した場合，所得の移転をも同時に伴うこととなり，A国の所得がわずかに増加する．A国の消費者は両国で生産された財を消費しているが，貿易のコストのため，A国の所得増によってA国の生産財に対する需要がB国の生産財需要よりも大きく増加する．その結果，A国における工業部門の企業利益は増加するので，$q$ の分子が増加して $q > 1$ となり，A国での研究開発投資が進む．そのような研究開発投資によって工業部門が拡大し，A国の所得はさらに増加するので，ますます研究開発投資が促進される．反面，B国においては全く逆の事態が生じるので，A国（先進国）とB国（途上国）の所得格差が加速度的に生じていく．

第2の理由は技術的外部性（technological externality）である．国境を越えた技術伝播は不完全であることを仮定しているため，企業の偶発的な移転によって，2国の技術レベルにも不均衡が生じる．現在の技術レベルが高い国の方

---

[9] ただし，どちらの国に研究開発・工業部門が集積するかは事前には決定できない．したがって，均一的均衡が破れた後に研究開発・工業部門が集積した国を事後的に先進国と呼ぶ．

[10] Baldwin et al. (2001) によれば，この $q$ は研究開発バージョンの Tobin の $q$ である．

が研究開発のコストは低いので，この変化によってA国におけるqの分母が減少し，A国における研究開発が進む結果，やはり所得格差が加速度的に進むこととなる．

しかし，先進国・途上国間の所得格差の拡大は，やはり国際的な技術の伝播が完全でないという仮定によって導かれており，このモデルにおいても，2国間の技術の伝播の度合いが十分に大きければ，貿易のコストが低い場合でも所得格差のない均一的均衡は安定的であることが示されている．

さらに，技術伝播の度合いが十分に大きいと，先進国にのみ研究開発部門が偏在している状態（現実の世界はこれに近い）から出発しても，途上国における研究開発に先進国の技術を利用することができるので，途上国における研究開発のコストが引き下げられ，途上国での研究開発が可能となる．いったん途上国で研究開発が開始されると，上で述べた金銭的・技術的外部性のために好循環が生まれ，途上国の研究開発は急速に拡大していき，長期的には先進国との所得格差はなくなっていく．Baldwin et al. (2001) は，この結果は外国からの技術を輸入することによって急速な成長を遂げた日本の経験に合致すると述べている．

ただしこのモデルでは，たとえ2国が「中心と周辺」状態にあっても長期均衡における一人当たり実質所得の成長率は等しい．これは，先進国で生産される工業製品価格が，途上国で生産される伝統的財の価格にくらべて下落していくためである．

なお，Feenstra (1996) も，Baldwin et al. (2001) と同様の内生成長モデルによって，貿易の自由化に伴って技術の国際的な伝播が起きない場合には，自由化によって途上国の成長率が自由化以前よりも鈍化することを示している．

### 3.1.4 結論

以上の分析から，貿易と成長の関係について次のような理論的な結論を得た．

1. 貿易に対してより開放的にしていくことで，開発途上国がよりローテク

製品の生産に特化し，その結果，開放前よりも所得の成長率が鈍化したり，先進国と比較した相対所得が下がったりすることはありうる．
2. ただし，その場合にも比較優位原則による貿易の静学的な利益は得られるので，必ずしも途上国における消費者の効用が減少するとは限らない．
3. 貿易に伴って国際的な技術の伝播が促進されるのであれば，貿易に対する開放度を高めることによって所得レベル・所得成長率は向上する可能性が高い．

すなわち，貿易は直接的に経済成長に寄与するというよりも，それに付随する技術の伝播によって間接的に成長に寄与すると考えるべきであろう．次節では，このような理論的結論を踏まえて，貿易と成長に関する実証的な分析結果を見ていきたい[11]．

## 3.2 国際貿易と経済成長の実証分析

### 3.2.1 マクロデータにみる貿易と成長

貿易と成長の関係に関する実証研究は，Summers and Heston (1991) および Heston et al. (2002) によって，国際価格で測った実質 GDP の国別データベース (Penn World Table) が整備されることによって飛躍的に進められることとなった．これらの研究は，基本的には式 (1.1) のような標準的な成長回帰式の説明変数の1つとして，貿易開放度を表す指標を加えた次のような回帰式を推計したものである．

$$\Delta \ln y_i = \beta_0 + \beta_1 \ln y_{0i} + \beta_2 OPEN_i + x_i'\delta + \varepsilon_i. \tag{3.1}$$

ここで，$i$ は国を表し，$\Delta \ln y$ は一人当たり実質 GDP ($y$) の対数値の階差，すなわち一人当たり GDP 成長率であり，$y_0$ は初期の一人当たり GDP，$OPEN$ は貿易開放度の指標，$x$ はその他の変数のベクトル，$\varepsilon$ は誤差項を表す．また，最近では Hall and Jones (1999) のレベル回帰 (level regression) に従い，次のように成長率ではなく一人当たり GDP を被説明変数とすること

---
[11] 次節は，戸堂 (2006b) を大幅に加筆修正したものである．

表 3.1 貿易と成長：国単

| 論文名 | 非説明変数 | 貿易開放度の指標 | 推計方法 |
|---|---|---|---|
| Dollar（1992） | 一人当たり GDP 成長率 | 回帰分析で得られた実質為替レートの予測値からの乖離度 | OLS |
| Levine and Renelt（1992） | 一人当たり GDP 成長率 | 輸出シェア，輸入シェア，Leamer（1988）の指標，BMP，Dollar（1992）の指標 | OLS |
| Sachs and Warner（1995） | 一人当たり GDP 成長率 | 独自の貿易開放度の指標 | OLS |
| Harrison（1996） | 一人当たり GDP 成長率 | Thomas et al.（1991）の指標，貿易シェア，BMP，Dollar（1992）の指標等 | OLS 固定効果（5 年 1 期）VAR |
| Sala-i-Martin（1997） | 一人当たり GDP 成長率 | Dollar（1992）の指標，Sachs and Warner（1996）による開放期間の長さ，関税輸入比率，BMP | OLS |
| Edwards（1998） | TFP 成長率 | Sachs-Warner，世界銀行，Leamer（1988）の指標，BMP，平均関税率 | WLS IV |
| Ades and Glaeser（1999） | 一人当たり GDP 成長率 | 貿易シェア，貿易シェア × 初期の所得レベル | OLS IV |
| Frankel and Romer（1999） | 一人当たり GDP（対数） | 貿易シェア | IV（FR） |
| Harrsion and Hanson（1999） | 一人当たり GDP 成長率 | Sachs-Warner の指標の基となっている 5 つの指標をそれぞれ別に利用 | OLS |
| Wacziarg（2001） | 一人当たり GDP 成長率 | 関税率と非関税障壁のレベルを利用した独自の貿易政策の指標 | 構造方程式モデル（3SLS） |

貿易シェア = 貿易総額/GDP，関税輸入比率 = 関税収入総額/総輸入額，平均関税率 = それぞれの物品に課された関税率の単純もしくはウェイト付けした平均値，BMP = ブラックマーケット・プレミアム，FR = Frankel and Romer（1999）の手法による貿易シェア予測値，HJ = Hall and Jones（1999）で使われた国際言語を使用する人口比，AJR = Acemoglu et al.（2001）で使われた入植者死亡率，IV に続くカッコ内は使用した操作変数．

も多い．

$$\ln y_i = \beta_0 + \beta_1 OPEN_i + x_i'\delta + \varepsilon_i. \tag{3.2}$$

この場合には，貿易と所得レベルの相関を推計するわけだが，1 期前の式(3.2) を考えて両辺の差をとることによって，$OPEN$ の増加分が一人当たり

位データによる実証結果

| 期間 | 標本 | 貿易開放度の影響 | 備考 |
|---|---|---|---|
| 1976-85 | 95 (途上国) | ＋ | |
| 1960-89 | 100 | すべての指標の効果は頑健でない | |
| 1970-89 | 79 | ＋ | |
| 1978-88 | 51 | BMPは比較的頑健に＋その他は頑健でない | |
| 1960-92 | | はじめの2つは＋で頑健それ以外は頑健ではない | |
| 1960-90 | 93 | 概ね＋ (WLS, IV両方で) | |
| 1960-85 | 64 | 貿易シェア：＋ 貿易×初期所得：− | 貿易により収束が早まる |
| 1985 | 150 | ＋ | 貿易は資本算出比率, 教育レベル, TFP いずれにも＋ |
| 1970-89 | 72 | 概ね有意でなく, 頑健でもない | |
| 1975-89 (4期間) | 57 | ＋（投資増加, 海外直接投資増加, マクロ政策健全化を通じて, 間接的に） | |

GDPの成長率に与える影響が$\beta_1$で表されることがわかるので，一種の貿易と成長の関係を表しているとみなすことができる．

表3.1に，1990年代以降の代表的な国単位のデータによる実証研究をまとめている．この表において，「貿易開放度の影響」と記された列が「＋」であれば，貿易は成長（または所得レベル）に統計的に有意な正の効果があるこ

表 3.1

| 論文名 | 非説明変数 | 貿易開放度の指標 | 推計方法 |
|---|---|---|---|
| Rodrik et al. (2002) | 一人当たりGDP（対数） | 貿易シェア | IV (FR, HJ, AJR) |
| Dollar and Kraay (2003) | 一人当たりGDP（対数）・その成長率 | 貿易シェア（レベル回帰）その変化分（成長回帰） | IV (FR, HJ, AJR) |
| Yanikkaya (2003) | 一人当たりGDP 成長率 | 貿易シェア，貿易障壁の指標（関税輸入比率，輸出税輸出比率） | SUR (1970, 80, 90 年代の 3 期間) SUR（貿易のシェアの決定式とともに） |
| Alacala and Ciccone (2004) | 一人当たりGDP（対数） | 実質開放度指標（貿易総額/PPP GDP 比率） | IV (FR, HJ, AJR) |
| Lee et al. (2004) | 一人当たりGDP 成長率 | 貿易シェア，関税輸入比率，BMP，関税の指標 | identification through heteroskedasticity |
| Wacziarg and Welch (2004) | 一人当たりGDP 成長率 | 1990 年代にアップデートした Sachs-Warner の指標 | OLS SUR (1970, 80, 90 年代の 3 期間) |

戦前期の分析

| | | | |
|---|---|---|---|
| O'Rourke (2000) | 一人当たりGDP 成長率 | 平均関税率 | OLS |
| Irwin and Tervio (2002) | 一人当たりGDP | 貿易シェア | IV (FR) |
| Vamvakidis (2002) | 一人当たりGDP 成長率 | 平均関税率（1920-40, 1970-90），関税輸入比率（1950-70） | OLS |
| Clemens and Williamson (2004) | 一人当たりGDP 成長率 | 平均関税率 | OLS 固定効果（5 年 1 期） |

貿易シェア = 貿易総額/GDP，関税輸入比率 = 関税収入総額/総輸入額，平均関税率 = それぞれの物品に課された関税率の単純もしくはウェイト付けした平均値，BMP = ブラックマーケット・プレミアム，FR = Frankel and Romer (1999) の手法による貿易シェア予測値，HJ = Hall and Jones (1999) で使われた国際言語を使用する人口比，AJR = Acemoglu et al. (2001) で使われた入植者死亡率，IV に続くカッコ内は使用した操作変数．

つづき

| 期間 | 標本 | 貿易開放度の影響 | 備考 |
|---|---|---|---|
| 1995 | 80 | 有意でない（制度改善を通じて間接的には +） | 制度の指標は直接的に + の影響 |
| 1995<br>1970-99 | 134<br>79 | レベル回帰：有意でない<br>成長回帰：+ | |
| 1970-97 | 114 | 途上国では<br>貿易障壁は成長促進<br>貿易シェアも成長促進 | 総合的には開放的政策は成長に + |
| 1985 | 138 | + | |
| 1961-2000<br>(5年1期) | 100 | + だが頑健でない<br>(BMP は比較的頑健) | |
| 1990-99<br>1970-99 | 141 | 有意でない（ただし，貿易自由化時期のダミーは +） | |

| 期間 | 標本 | 貿易開放度の影響 | 備考 |
|---|---|---|---|
| 1875-1914<br>(5年1期) | 10 | − | |
| 1913から<br>1990まで<br>の8時点 | 23-62 | 1913, 1954, 1985, 1990 で<br>のみ + で有意 | |
| 1920-40<br>1950-70<br>1970-90 | 22<br>46<br>83 | 1920-40: −<br>1950-70: +<br>1970-90: + | |
| 1869-1913<br>1919-1938<br>1950-1999 | 35 | 1869-1913: −<br>1919-1938: +（頑健でない）<br>1950-1999: + | 貿易相手国の関税が高いと，関税引下げの成長への効果が小 |

とを表すが，一見しただけで，貿易と成長の関係についてさまざまな結果が出されており，必ずしも計量経済学的に明快な形で決着がついているわけではないことがわかる．このようなさまざまな結果の原因として考えられるのは，そもそも貿易と成長の明確な因果関係が現実には存在しない可能性がある他に，(1) 貿易に対する開放度を表す指標がさまざまにあること，(2) 貿易が成長に影響を与えるばかりではなく，成長が貿易に影響する逆因果関係 (reverse causality) や成長と貿易の同時決定性 (simultaneity) が存在するために，貿易の指標に計量経済学でいう内生性 (endogeneity) が存在することの2点である．これらの問題点に注意しながら，これまでの研究の成果を見てみよう．

**貿易開放度の指標と成長**

まず，1980年代後半から1990年代初期にかけて，貿易開放度を測る指標がさまざまに構築された．Leamer (1988) や Dollar (1992)，Sachs and Warner (1995) などがその1例である．例えば Dollar (1992) は，貿易障壁が国内価格を国際価格から乖離させると考え，その乖離の度合いおよび乖離度の変動の度合いによって貿易開放度（の逆数）を表すことができると考えた．すなわち，実質為替レート ($RPL_i = P_i/(e_i P_{US})$，ここで $P_i$ は $i$ 国の価格レベル，$e$ は名目為替レート，$P_{US}$ はアメリカの価格レベルを表す) を一人当たり GDP とその二乗，および地域や年のダミー変数を用いて回帰し，その予測値 ($R\hat{P}L$) を用いて，貿易政策の歪み (distortion) を表すものとして $RPL_i/R\hat{P}L_i$ を，変動 (variability) を表すものとしてその変動係数 (coefficient of variation) を利用した．

また，Sachs and Warner (1995) は以下の5つの基準のいずれかを満たす国を閉鎖的，それ以外の国を開放的と定義した．

1. 平均関税率が 40% 以上．
2. 非関税障壁のある品目が輸入額の 40% 以上．
3. ブラックマーケット・プレミアムの平均が 1970 年代または 1980 年代において 20% 以上．

4. 社会主義国家.
5. 主要な輸出を国家が独占.

ここで，ブラックマーケット・プレミアム（以降 BMP と表記）は
$$\text{BMP} = \left(\frac{\text{闇市場での為替レート（現地通貨単位/ドル）}}{\text{公定の為替レート}} - 1\right) \times 100$$
で定義される．公定レートで現地通貨が過大評価されるのに伴って BMP は増大するので，より大きな BMP はより大きな輸出障壁であるとみなされる．Sachs and Warner (1995) は，このように定義された貿易開放度の指標を用い，より開放的な国では一人当たり GDP 成長率がより大きいことを，1960 年代以降のクロス・カントリー・データによって見出した．

しかしその後の研究により，これらの指標や BMP，貿易量総額（輸出額＋輸入額）の対 GDP 比率（貿易シェア）などが経済成長に及ぼす影響は必ずしも頑健（robust）ではない，すなわちその他の説明変数や推計方法を変えればその係数が統計的に有意でなくなる場合が多いことが明らかとなった．

例えば，Levine and Renelt (1992) は Leamer (1983) の extreme bound analysis (EBA) の手法を使って，輸出シェア（輸出額の対 GDP 比率），輸入シェア（輸入額の対 GDP 比率），BMP，Leamer (1988) の指標，Dollar (1992) の指標の効果のいずれもが頑健でないことを示した．EBA によって式 (3.1) における貿易開放度の頑健性をテストするためには，説明変数 $x$ を考えられるあらゆる変数（例えば，政府支出学の対 GDP 比率，制度の指標，地理的な指標など）のうち，いずれか3つまでの変数を使ったあらゆる組み合わせについて回帰分析を行う[12]．ある特定の説明変数について，その係数の推計値のうち最も大きいものにその標準誤差の2倍を足したものをその係数の上限，最も小さい推計値にその標準誤差の2倍を引いたものを下限とし，上限と下限において推計値が統計的に有意に0と異なり，上限と下限の符号の向きが同じであれば頑健であるとみなす．

Sala-i-Martin (1997) は，EBA による頑健性のテストの基準が厳しすぎると考え，次のようなより緩やかな基準のテストを提唱した．まず，各々の説明

---
[12] その他に，投資率，中等教育就学率，人口成長率は必ず説明変数として含まれる．

変数の係数の推計値が正規分布をなすと仮定する．そして，さまざまな説明変数を3つまで組み合わせたあらゆる組み合わせの回帰分析から得られた各々の係数の推計値と標準偏差をそれぞれの尤度でウェイト付けして平均したものを，その平均と標準偏差とみなす．正規分布を仮定して，ある説明変数の係数の推計値が0以上である確率が95%以上であれば，その係数の推計値は正で「有意」であり（Sala-i-Martinは頑健という用語の使用を避けた），0以下である確率が95%以上であれば，負で「有意」であるとみなす．彼の基準によると，関税収入総額の対輸入総額比率やBMPは有意ではなかったが，Dollar (1992) の指標やSachs and Warner (2000) の手法によって開放的であると定義された年数の係数は有意に正であった．

また，Harrison (1996) は5年を1期とするパネルデータを利用して，式 (3.1) で国ごとに異なる定数項 $\beta_0$ を仮定して固定効果モデルで推計した結果，貿易シェア，Dollar (1992) の指標などの結果は頑健でなく，BMPは比較的頑健な負の効果（つまり為替の過大評価が成長を減速させる）を持つことが示された．

さらに，貿易開放度の指標は必ずしも頑健で有意な効果を持つわけではないこと以外に，これらの指標が本当に貿易開放度を表すものであるかどうかについても疑問が提示されている．特にSachs and Warner (1995) の指標（SWダミー）については，恣意的な方法で各国が開放的であるかどうかを二分割したために，さまざまな問題が指摘されている．まず，Harrison and Hanson (1999) は，SWダミーの判定基準となる5つの変数（平均関税率，非関税障壁カバー率，BMP，社会主義国家ダミー，国家独占ダミー）を別々の説明変数として成長率との相関を推計して，それぞれの係数は概ね有意でないことを示した．

また，Rodriguez and Rodrik (2000) は，SWダミーが統計的に有意な相関関係にあるのは，その判定基準の5つの変数のうちBMPと国家独占ダミーのみであり，本来貿易政策に密接に関連するはずの関税や非関税障壁とSWダミーとは有意な関係にはないことを示した．すなわち，SWダミーは主にBMPや国家独占の指標となっているわけであるが，Rodriguez and Rodrik (2000) によれば，BMPは金融・財政政策，官僚制度の腐敗などにも関連し

ており，必ずしも貿易政策だけを表す変数ではない．しかも，国家独占ダミーを作成する基準となるデータはアフリカの 29 ヵ国のみを対象とした研究をもとにしており，明らかに主要な輸出品が国家に独占されているその他の地域の国（例えば石油産業が国家独占であるインドネシア）が除かれている．さらに，Wacziarg and Welch (2004) は，SW ダミーを 1990 年代にアップデートして推計を行ったが，有意な結果は得られなかった．

これらのことから，SW ダミーはその作成の基準が恣意的なばかりか，結果として必ずしも貿易開放度を反映したものでもなく，その成長に対する効果も年代によって変化するため，貿易開放度の指標としてはあまり適切ではないと考えられる．

そもそも，これらのさまざまな貿易開放度の指標はお互いに相関しないことが多い．例えば，Prichett (1996) によれば，平均関税率（それぞれの品目に対する関税率のウェイト付けした平均値）と非関税障壁のカバー率との間には有意な正の相関関係があるものの，これら直接的な貿易の指標と，Leamer (1988) の指標や貿易シェアの予測値と現実の値との乖離度などの間にはほとんど有意な相関関係は見出されない．Harrison (1996) も，Dollar (1992) の指標は貿易シェアと有意なスペルマン順位相関（Spearman rank correlation）を持つが，BMP とは相関しないことを示した．

**貿易シェアと成長**

以上のことから，1990 年代の後半になって，複雑な（そしてしばしば恣意的な）貿易開放度の指標を定義するよりも，より直接的に貿易政策・貿易開放度と関連する関税輸入比率や貿易シェアを説明変数とする研究が増えてきた．

しかし，関税輸入比率にも問題はある．もし輸入をシャットアウトしてしまうような高率の禁止的関税（prohibitive tariff）がかけられていれば，貿易障壁は高いにもかかわらず，関税輸入比率は 0 になってしまう．また，輸出振興政策については無視してしまうこととなる．

したがって，最近の研究では貿易シェアが貿易開放度の指標として使われることが最も一般的である．このときに最も問題となるのが，逆因果関係および同時決定性などの原因による内生性であるが，最近の研究は，貿易シェアの内

生性をさまざまな手法を使うことによって緩和しようとしている.

特筆すべきなのは,Frankel and Romer (1999) の手法である.彼らは,そこでは地理的な要因によって予測された貿易シェアを現実の貿易シェアの操作変数として利用し,2段階最小2乗法 (2SLS) によって式 (3.2) で表されるレベル回帰式を推計している.

より具体的には,まず2国の組み合わせを各標本として,貿易に関する次のような重力方程式を推計する.

$$\ln(\tau_{ij}/\text{GDP}_i) = a_0 + a_1 \ln D_{ij} + a_2 \ln N_i + a_3 \ln A_i$$
$$+ a_4 \ln N_j + a_5 \ln A_j + x'\delta + e_{ij}. \quad (3.3)$$

ここで,$i, j$ は国を表す添え字であり,$\tau$ は貿易総額,$D$ は両国間の距離,$N$ は人口,$A$ は国土面積,$x$ は海に接していない国のダミーや両国が国境を接している場合のダミーなどを含んでいる.この式を推計することで $\tau_{ij}/GDP_i$ の予測値を得るが,これをすべての $j$ について足し合わせたものが $i$ 国の貿易シェアの予測値である.この予測値を操作変数として2段階最小2乗法 (2SLS) によって式 (3.2) を推計した結果,貿易シェアの所得レベルに対する影響は正で有意となった.係数の大きさは,貿易シェアが1%ポイント増加すれば,GDPは2%から3%増加することを示しており,数量的には貿易の影響は非常に大きいことがわかる.

しかし,Rodriguez and Rodrik (2000) は貿易シェアの予測値は操作変数として適切ではないと論じた.その理由は,緯度などの各国の地理的な性質は,所得レベルの重要な決定要因となっているはずであるにもかかわらず,Frankel and Romer (1999) はそれをレベル回帰式 (3.2) の説明変数としては加えていないからである.つまり Frankel and Romer (1999) の推計では,地理的変数による影響は式 (3.2) の誤差項 $\varepsilon$ に含まれてしまうので,地理的な要因によって予測される貿易シェアは誤差項と相関している可能性が高い.この場合には,貿易シェアの予測値は操作変数としての条件を満たさない.この考察を実証するため,Rodriguez and Rodrik (2000) は,式 (3.2) のレベル回帰に Hall and Jones (1999) で使われた緯度などの地理的な変数を説明変数として追加し,操作変数として Frankel and Romer (1999) の貿易のシェア

の予測値を使って 2SLS 推計を行った．その結果，貿易のシェアの係数は有意ではなくなり，たしかに，所得レベルの回帰式において地理的な要因を説明変数として加えなければ，推計が偏ってしまうことが示された[13]．

さらに，Rodrik et al. (2002) は，制度 (institution)[14] の質的レベルが所得レベルに与える影響が大きいことを示した Hall and Jones (1999) や Acemoglu et al. (2001) などの研究成果を踏まえ，説明変数に制度の指標を加えた次のようなレベル回帰式を推計した．

$$\ln y_i = \alpha_0 + \alpha_1 INS_i + \alpha_2 OPEN_i + \alpha_3 GEO_i + \varepsilon_{1i}. \tag{3.4}$$

ここで，$y$ は一人当たり GDP，$INS$ は制度の指標（ここでは，Kaufmann et al. (2002) によって構築された所有権保護・法の支配力の指標），$OPEN$ は貿易のシェアの自然対数，$GEO$ は地理的変数（緯度）である．さらに，$INS$ と $OPEN$ は次のような式によって決定されると仮定した．

$$INS_i = \beta_0 + \beta_1 COL_i + \beta_2 \widehat{OPEN}_i + \beta_3 GEO + \varepsilon_{2i} \tag{3.5}$$

$$OPEN_i = \gamma_0 + \gamma_1 COL_i + \gamma_2 \widehat{OPEN}_i + \gamma_3 GEO + \varepsilon_{3i}. \tag{3.6}$$

ここで，$COL$ は植民地時代の入植者の死亡率の対数，$\widehat{OPEN}$ は Frankel and Romer (1999) の手法による貿易シェアの予測値の対数を指す．植民地時代の入植者の死亡率は Acemoglu et al. (2001) で制度の指標の操作変数として使

---

[13] Frankel and Romer (1999) や Rodriguez and Rodrik (2000) では，入手可能な2国間貿易のデータを使って重力方程式を推計した後，データがない2国間貿易についてもその推計結果を使って貿易量を予測し，操作変数を作成している．これに対して，Noguer and Siscart (2005) は，より多くの2国間貿易のデータをカバーする Feenstra et al. (1997) の貿易データを利用して重力方程式を推計し，Rodriguez and Rodrik (2000) と同様の推計を行った．すなわち，Noguer and Siscart (2005) は Rodriguez and Rodrik (2000) よりも偏りの少ない操作変数を利用しているわけであるが，その結果，地理的変数を説明変数として加えても，貿易シェアの所得レベルに対する影響は正で有意であった．ただし，その大きさは，地理的変数を加えない場合に比べると著しく小さい．

[14] 経済学でいう「制度」とは，政治制度，法制度，経済制度，教育制度などの明文化されたルールによって決まった制度ばかりか，慣習的に作り上げられた制度，明文化されていない制度（例えば談合，終身雇用制度など）も含む．経済成長との関連では，制度の質的レベルが大きい国とは，腐敗のない政府，個人の所有権が保護された社会，法の支配が行き届いた社会などを指すことが多い．

われ,適切な操作変数であることが確かめられている[15]．

地理的要因によって予測された貿易シェアや何百年も前の入植者死亡率は,現在の所得レベルの決定式 (3.4) の誤差項である $\varepsilon_1$ とは相関しないと考えられるので,これを 2SLS によって推計することで内生性・逆因果関係の問題を修正することができる．

この結果,緯度や貿易シェアは所得レベルを向上させる効果はなかったが,制度の指標は所得を向上させる効果があることが見出された．すなわち,内生性をコントロールすれば制度のみが所得レベルを決定していることになる．ただし,式 (3.5) および (3.6) を推計した第 1 段階の結果を見ると,緯度,入植者死亡率,貿易シェアの予測値のいずれもが制度の指標と有意な相関関係にあるため,地理的要因や貿易の開放度は,制度の向上を通じて間接的に所得レベルに影響しているといえる．

内生性を修正する方法として,パネルデータを使って説明変数のラグ値を操作変数とするやり方もある．Dollar and Kraay (2003) は,10 年 1 期の国別のパネルデータを利用し,まず $t$ 期の一人当たり所得が $t-1$ 期の所得に依存するとする次のような動学的なレベル回帰式を考えた.

$$\ln y_{it} = \beta_{0i} + \beta_1 \ln y_{i,t-1} + \beta_2 OPEN_{it} + x'_{it}\delta + \varepsilon_{it}. \tag{3.7}$$

ここで,$OPEN$ は貿易シェアの対数,$\beta_{0i}$ は国ごとに異なる定数項を表す．この両辺の差分をとれば,国別の定数項 $\beta_{0i}$ は消え,次のような成長回帰式が得られる.

$$\ln y_{it} - \ln y_{i,t-1} = \beta_1(\ln y_{i,t-1} - \ln y_{i,t-2}) + \beta_2(OPEN_{it} - OPEN_{i,t-1})$$
$$+ (x'_{it} - x'_{i,t-1})\delta + (\varepsilon_{it} - \varepsilon_{i,t-1}). \tag{3.8}$$

---

[15] Acemoglu et al. (2001) は,入植者死亡率が現代の制度の指標と強く相関することを見出したが,彼らの解釈は次のとおりである．入植者死亡率は,入植者にとっての植民地の生活環境によって決定されていると考えられるが,入植者は生活環境に応じて,植民地経営の手法を搾取的なものか融和的なものかのどちらにするかを決定する．例えば,気候が厳しく生活環境が悪ければ,搾取的な経営を行う．その植民地経営の仕方は,当時の植民地の制度を規定するが,それが長期間にわたって持続し,現代の制度にも大きな影響を及ぼしている．すなわち,彼らの発見は,制度の持続性を表すものである．

ここで，$OPEN_{it}$ が系列相関していれば，$OPEN_{it}$ や $OPEN_{i,t-1}$ は $OPEN_{i,t-2}$ に依存し，したがって $OPEN_{it} - OPEN_{i,t-1}$ は $OPEN_{i,t-2}$ に依存する．しかも，$OPEN_{i,t-2}$ は $t-2$ 期の誤差項とは相関しても，$t-1$ 期以降の誤差項とは相関しないために，$OPEN_{i,t-2}$ は成長回帰式の誤差項 $\varepsilon_{it} - \varepsilon_{i,t-1}$ とは相関しないので，操作変数としての条件を満たす[16]．この推計の結果，貿易シェアの係数はほとんどの場合において正で有意であることが示された．ただし，Rodrik et al. (2002) は，地域 × 年ダミーを入れて Dollar and Kraay (2003) と同様の推計を行い，貿易シェアの正で有意な推計は必ずしも頑健でないことを示した．

さらに Lee et al. (2004) は，逆因果関係の問題を修正するのに，Rigobon (2003) によって開発された不均一分散による同定 (identification through heteroskedasticity, IH) の手法を利用した．IH は，操作変数を使わずに，分散の大きさによってサンプルを分割することで解を識別 (identify) するものである．彼らは貿易開放度の指標として，貿易のシェア，関税輸入比率，BMP などを利用したが，ほとんどの指標では，貿易が成長に与える因果関係は必ずしも頑健ではなく，わずかに BMP のみが頑健で正の効果を持った[17]．

Wong (2004) は，貿易シェアに加えて国際電話通話回数をも説明変数とした推計を行った．貿易量が輸出・輸入品に内在した知識 (embodied ideas) 量と関連しているのに対して，国際電話通話回数はモノに内在しない知識 (disembodied ideas) のやりとりの量を表すと考えられる．Wong (2004) は，Frankel and Romer (1999) と同様の 2SLS 推計を行った結果，貿易シェアは所得レベルに有意な影響がないが，通話回数は概ね正で有意な影響があることを見出した．この結果は，所得レベル向上にとって，モノに内在しない技術の伝播が貿易による技術伝播よりも重要であることを示唆している．

---

[16] Arellano and Bond (1991) の差分 GMM や Blundell and Bond (2000) のシステム GMM では，可能な限りの以前の説明変数 (つまり，この例では $\{OPEN_{i,t-2}, OPEN_{i,t-3}, OPEN_{i,t-4}, \ldots\}$) を操作変数とするが，Dollar and Kraay (2003) では 2 期前の値のみを操作変数として利用している．なお，差分 GMM・システム GMM については，巻末の補章 B を参照していただきたい．

[17] ただし，すでに述べたように BMP は貿易政策の指標としては適切ではない．

### 第2次世界大戦以前の実証結果

これまで紹介した研究は，すべて第2次世界大戦後のデータを基にした分析であった．しかし，Maddison (1982; 1995; 2001) などによって国際価格で測った実質 GDP に関する歴史的なデータがまとめられたために，近年これらのデータを利用して，第2次世界大戦前における貿易と成長の関係についての研究が進んだ．これらの研究によって，戦前にはむしろ貿易障壁を高めることが成長を促進したことが明らかになっている（これらの研究成果は，表3.1 の最後にまとめられている．）．

例えば，Vamvakidis (2002) は，1920-40年，1950-70年，1970-90年の各期間について成長回帰を行い，平均関税率[18]の成長に対する効果を推計した．O'Rourke (2000) は 1875-1914 年のデータを利用して，同様の推計を行った．その結果，関税率は 1970-90 年では成長に対して負の効果があるが，1950-70 年には有意な効果はなく，1875-1914 年，1920-40 年では正の効果があることが見出された．

また，Irwin and Tervio (2002) は，1913年，1928年，1938年および第2次世界大戦後の5時点のデータを利用して，Frankel and Romer (1999) の手法を使って，貿易シェアと所得の関係を推計した．しかし，戦前の3時点においては，貿易シェアと所得の頑健で正の関係は見出せなかった[19]．

Clemens and Williamson (2004) は，最適関税の理論を援用して，関税の効果が第2次世界大戦前と後とでは大きく違うのは貿易相手国の関税率の違

---

[18] 1950-70 年については，関税総額の対輸入額比率を使用した．

[19] Irwin and Tervio (2002) は，その要旨に "we find that the main result of Frankel and Romer is confirmed throughout the whole century" と書いた．Introduction では，"most periods" とトーンダウンしているものの，これらはやや言いすぎであろう．彼らの Table 3 が示すように，Frankel-Romer の手法を用いた場合には，戦前期に貿易のシェアが正で有意な効果を持つのは，Prados de la Escosura (2000) のデータを使ったときの 1913 年の推計しかなく，1928年，1938年については全く有意な効果は得られていない．また，1913 年についても，Maddison (1995) のデータを使った場合には，有意な結果は得られていない．さらに，赤道からの距離を説明変数として加えると，すべての時期で貿易の効果は有意ではなく，戦後期の分析である Rodriguez and Rodrik (2000) と整合的な結果となった．

いによると考えた．つまり，貿易相手国の関税が比較的高かった戦前は自国の関税も上げるのが成長を促進させるが，戦後にはそれが逆となるわけである[20]．これを実証するために，Clemens and Williamson (2004) は成長回帰式の説明変数として，自国の平均関税率だけではなく，貿易相手国の平均関税率（貿易量をウェイトとして各国の平均関税率を平均したもの）とそれらの交差項（両者の積）を加えた．その結果，自国の関税率の係数は負で有意であったが，貿易相手国の関税率は有意でなく，交差項は正で有意であった．すなわち，関税引下げが経済成長に与える効果は，貿易相手国の関税が低ければプラスであるが，相手国の関税が十分に高ければ（彼らの推計によれば 8% 以上であれば）逆にマイナスとなる．

まとめ

これらのさまざまな国単位のデータを使った実証分析をまとめると，少なくとも現時点では，貿易開放度の向上が直接的に成長を促進させると結論づけるのは無理があるように思われる．それでは貿易は成長に対して効果がないかといえば必ずしもそうではなく，間接的には成長促進の効果があると考える．前述した Rodrik et al. (2002) は制度の質の向上を通じた影響を見出したが，次節以降では技術の伝播を通じた効果があるかどうかについて見ていきたい．

### 3.2.2 輸入と技術伝播

貿易のうち特に輸入に焦点を当てた実証研究も数多い．例えば Lee (1995) は，途上国にとっては輸入資本財が国産にくらべて価格が安い傾向にあるため，資本財輸入は資本蓄積の効率性を高めて成長を促進すると考え，国単位のマクロデータ分析によって輸入資本財の対国産資本財比率は一人当たりGDP の成長に寄与することを確かめた[21]．また，Lawrence and Weinstein (2001) は輸入による国内での競争の激化が成長を促進させると考えた．彼ら

---

[20] 最適関税の理論については，国際貿易の教科書，例えば Bhagwati et al. (1998) や Feenstra (2004) を参照せよ．ただし，最適関税の理論はあくまでも静学的な効用についての議論であり，成長について明示的に考慮しているわけではない．

[21] 輸入資本財の対国産資本財比率を説明変数に加えた回帰分析では，輸入額の対 GDP 比率の係数は有意ではなかった．これは資本財以外の輸入は成長に効果がないことを示唆する．

は日本の産業レベルのパネルデータを利用して，ある産業がその産業で中間財として利用する財の輸入（非競争的輸入，non-competing imports）のシェアはその産業の TFP（total factor productivity，全要素生産性）成長率と相関しないが，その産業が生産する財の輸入（競争的輸入，competing imports）のシェアは TFP 成長率と正の相関が見られることを示して，この仮説を実証した．

しかし本節では，特に輸入による技術伝播に焦点を当てた実証研究を紹介していきたい．開発途上国が先進国の新製品を輸入するだけでは，必ずしも新しい技術が得られるわけではないが，その製品を解体し，研究し，模倣する（リバース・エンジニアリング）ことで，製品に内包された知識・技術を学習できる可能性がある．例えば，1935 年に完成したトヨタ（当時は豊田自動織機自動車部）の最初の乗用車である「A1 型」試作品のエンジンはその 1 例である．豊田喜一郎率いる技術陣は，シボレー・セダン 1934 年型のエンジンを買い入れ，それをシリンダー・ブロック，シリンダー・ヘッド，ピストンなどの部品に解体し，それぞれをそのまま模倣することで開発された（本木, 2002）．

このような輸入による技術の伝播の有無を実証した最初の研究は，Coe and Helpman (1995) である．彼らは，外国の研究開発ストックが輸入を通じて自国の TFP を向上させると考え，次のような回帰式を 1971-90 年の OECD 21 ヵ国とイスラエルを含む国単位のパネルデータを使って推計した．

$$\ln TFP_i = \alpha^0 + \alpha^d \ln S_i^d + \alpha^f \ln S_i^f. \qquad (3.9)$$

ここで，$\ln TFP_i = \ln Y_i - \beta_i \ln K_i - (1 - \beta_i) \ln L_i$ で定義される．ただし，$\beta_i$ は $i$ 国における 1987-89 年の平均の資本分配率であり，$Y, K, L$ は 1985 年を 1 とした付加価値額，資本量，労働力量を表す．また，$S_i^d$ は自国の研究開発ストックであり，$t$ 期の $S_i^d$ は

$$S_{it}^d = (1 - \delta) S_{i,t-1}^d + 実質研究開発支出額_{i,t-1} \qquad (3.10)$$

で定義される．研究開発ストックの減耗率 $\delta$ は 5% と仮定されており，最初の期（ここでは 1971 年）の $S_i^d$ は

$$S_{i0}^d = \frac{実質研究開発支出額_{0,t-1}}{全期間の実質研究開発支出の成長率 + \delta}$$

で推計される[22]．また $S_i^f$ は，$i$ 国以外の国の研究開発ストックを $i$ 国の輸入シェアをウェイトとして平均したものである．

$$S_i^f = \sum_{j \neq i} m_j^i S_j^d.$$

ここで $m_j^i$ は，$i$ 国への総輸入額のうち $j$ 国からの輸入のシェアを表し，$\sum_{j \neq i} m_j^i = 1$ である．

この結果，自国の研究開発ストック，外国の研究開発ストックともに TFP に対して，正で有意な効果があることが見出された[23]．これらの結果から，Coe and Helpman (1995) は外国の知識ストックは自国の技術進歩に大きく貢献しており，しかも輸入が外国の技術の流入の手段になっていることを示していると結論づけた．Coe and Helpman (1997) は，途上国のサンプルを利用して同様の推計を行ったが，やはり先進国からの輸入を通じて先進国の技術が途上国に伝播し，生産性を向上させていることが確かめられた[24]．

ただし，これらの結果は Keller (1998) により疑問符がつけられている．彼は，上記の Coe and Helpman (1995) の手法において，$m_j^i$ を実際の輸入シェアのデータを使わずにランダムに発生させて推計するモンテカルロ・シミュレーションを行ったが，ランダムな偽の $m_j^i$ を使っても外国技術の係数 $\alpha^f$ は平均的に正で有意であり，しかもその平均値の大きさは実際の輸入シェアを使った場合にくらべてむしろ大きかった．また，ウェイトを使わずに外国の知識ストックをそのまま足し合わせたものを $S_i^f$ として推計しても，その係数は正で有意であった．さらに Keller (2000) は，OECD 諸国の産業レベルのデータを使って同様の分析を行ったが，やはり実際の輸入シェアとランダムなウェイトのどちらを利用した場合にも，外国の知識ストックが TFP レベルの向上に効果があることが確かめられた．これらの結果は，外国の知識は確かに自国

---

[22] これは，1971 年までの実質研究開発支出の成長率が，それ以降の平均成長率と等しいと仮定して求められている．

[23] 例えば，1990 年の日本を例にとると，自国の研究開発ストックの TFP に対する弾力性は 0.234 であるが，外国の研究開発ストックの弾力性は，それよりかなり小さい 0.027 であった．しかし，1990 年のベルギーのように，自国の研究開発ストックの弾力性 (0.078) のほうが外国の研究開発ストックの弾力性 (0.260) よりも低い国も多く見られた．

[24] 外国の研究開発ストックの弾力性は 0.058 で統計的に有意であった．

のTFPレベルを上昇させるが，そのチャンネルは必ずしも輸入ではないことを示唆している．

さらに，Lumenga-Neso et al. (2005) は，Coe and Helpman (1995) やKeller (1998) の手法は直接の貿易関係による技術伝播のみを考慮し，間接的な貿易関係による技術伝播を排除していることを指摘した．例えば，A, B, Cの3国を想定し，A国・C国はB国とのみ貿易し，A・C間の直接の貿易関係はないとする．このとき，A国はB国の知識をB国からの輸入によって獲得するが，B国はC国からの輸入によってC国の知識も獲得しているはずなので，A国もC国の知識をB国との貿易を通して間接的に獲得できる．B国の貿易はA・C国に均等に配分されているとすれば，A国にとって直接貿易によってアクセス可能な外国知識は，B国のA国における輸入シェア×B国の知識 $= 1 \times S_B^d$ であり，間接貿易によるものはB国のA国における輸入シェア×C国のB国における輸入シェア×C国の知識 $= 1 \times 0.5 \times S_C^d$ となる．

Lumenga-Neso et al. (2005) は，このように求められる直接貿易によって得られる外国知識と間接貿易によって得られる外国知識を別々の説明変数として，Coe and Helpman (1995) と同様の先進国の国単位のデータを利用してTFPに対する効果を推計した．その結果，両者の係数は正で有意であり，その大きさはほとんど変わらなかった．また，この推計における決定係数は，Coe and Helpman (1995) や外国知識ストックの総和を利用したKeller (1998) にくらべて改善されたため，間接貿易による知識伝播は直接貿易によるものと同様に重要であると結論づけられている．

Lumenga-Neso et al. (2005) の指摘した問題は，1国の知識ストックの計測方法を修正することによっても解決できるように思われる．式 (3.10) で表されるように，Coe and Helpman (1995) らが採用したのは研究開発支出額の蓄積である研究開発ストックであり，必ずしも知識ストック量を表すものではない．なぜなら，例えばベルギーやオランダなど人口規模の小さい国の研究開発ストックは，アメリカなどの人口規模の大きい国にくらべて小さくなる傾向にある．しかし，ベルギーが独自の研究開発活動によって開発した知識は少ないかもしれないが，ベルギーもアメリカその他の外国の知識を吸収している

ので，ベルギーとアメリカの知識ストック量は研究開発支出の絶対額を積み上げた研究開発ストックの差ほどの隔たりはないだろう．したがって，例えば $i$ 国の知識ストック量を研究開発ストックではなく TFP で代用することによって，この問題は修正されるかもしれない．

なお，技術の指標として TFP 以外のものを利用して輸入と技術伝播の関係を分析した研究も存在する．例えば，Connolly (2003) は特許データを利用して技術革新（innovation）や技術の模倣（imitation）の程度を計測し，輸入がこれらの指標に与える影響を推計した．Connolly は，$i$ 国における技術革新の程度は，アメリカにおいて $i$ 国の居住者に与えられた特許の数で表され，技術の模倣の程度は，$i$ 国における自国居住者による特許申請数からアメリカにおける $i$ 国居住者による特許申請数を引いたもので表されると考えた．つまり，自国における特許申請のうち，アメリカでは特許申請しなかったものは，革新的な発明ではなく模倣であるとみなしている．

そのうえで，技術革新量や模倣量を被説明変数とする回帰式で，先進国からのハイテク財輸入額の対 GDP 比率[25]，ハイテク財以外の輸入額の対 GDP 比率，人口，知的財産所有権保護の度合い，外国直接投資などの効果を，国単位のデータを使って推計した．技術伝播に要する時間を考慮して，説明変数は1年，2年，または3年のラグをとった結果，ハイテク輸入はいずれのラグを用いても模倣に正で有意な効果があり，技術革新にも1年ラグの場合に正で有意な効果があった．逆に，ハイテク以外の輸入はすべてのケースで負で有意な影響があった．

さらにサンプルを先進国と途上国に分け，それぞれについて推計した結果，先進国と比較した途上国の特徴として，(1) ハイテク輸入による技術伝播の速度がより遅いこと，(2) しかしその効果はより大きいこと，の2点が見出された．したがって，これらの結果は輸入の中でも特にハイテク製品の輸入によって技術が伝播し，途上国における技術革新や技術の模倣が促進されることを示唆している．また，(2) の結果から考えれば，先進国に焦点を当てた

---

[25] ハイテク財とは，Standard International Trade Classifications (SITC) で定義された機械・輸送機械，光学機器・医療機器，時計・その他の工業製品（コンピュータを含む）を指す．

Coe and Helpman (1995) の結果が Keller (1998; 2000) によって頑健ではないことが見出されたのは，先進国においては輸入の効果が小さいためである可能性がある．

以上は，すべてマクロデータを用いた分析であったが，近年になって企業単位のミクロデータを用いた研究も見られるようになった．例えば Pavcnik (1998) は，チリの企業単位のデータを用いて，チリにおける 1980 年前後の貿易自由化が生産性に与えた効果を推計した．その結果，非貿易財産業と輸入財と競合的である産業とを比較すると，後者の産業における企業の生産性は貿易自由化後の 5 年間で 3% から 10% も上昇したことが示された[26]．ただし，この分析からは，貿易自由化の効果が技術伝播によるのか，競争の激化によるのかは判別できない．

この 2 つの効果を区別したのが，関税率と企業レベルの生産性の関係をインドネシアの企業単位のデータによって分析した Amiti and Konings (2007) である．彼らは，中間投入財に対する関税率と最終財に対する関税率とを分けて産業レベルの関税率を計測したうえで，その効果を検証した．投入財に対する関税率を下げると，より多くの中間財を輸入して生産を行うため，輸入による技術伝播があるのであれば，生産性に対して正の効果を持つことが期待される．それに対して，最終財に対する関税率の減少は，より激しい競争にさらすことで国内企業の生産性を上げる効果を持つ可能性がある．Amiti and Konings (2007) の結果は，どちらのタイプの関税率の減少も生産性に対して正の効果があることを見出した．特に投入財に対する関税率の効果は大きく，10% ポイントの関税率の減少は投入財を輸入している企業の生産性を 11% 上昇させた．

これらの研究成果を要約すれば，輸入が技術の伝播を通じて成長に与える効果は，ハイテク製品や中間投入財の輸入や途上国への輸入に限れば大きいといえよう．しかし，先進国の輸入が自国に与える効果は必ずしも頑健ではなく，輸入が常に技術伝播を促進するわけではないことが示唆される．

---

[26] これに対して，輸出財を生産する産業の生産性は貿易自由化によって上昇しなかった．

### 3.2.3 輸出による学習効果

1980・90年代には,輸出志向型戦略（export-oriented strategy）が開発途上国の経済成長を促進するとの議論が多くなされた.貿易の中でも,特に輸出が企業の生産性を向上させる可能性があるのは,次の3つに原因による.まず第1に,輸出によって生産規模が拡大するため,生産に規模の経済がある場合にはその恩恵を享受できる.第2に,輸出市場での競争は国内市場よりも激しいので,競争力を保つために生産性を上げるインセンティブが大きい.第3に,輸出によって外国のバイヤーから新しい技術を導入することができる[27]．

輸出企業とそれ以外の企業をくらべると生産性が高いことはよく知られている（Helpman et al., 2004）．しかし,この事実は必ずしも輸出による学習（learning-by-exporting）によって企業が生産性を向上させることを示すものではなく,生産性が高い企業が輸出に参入するという自己選択（self-selection）のメカニズムを示しているのかもしれない．例えば,Melitz (2003) は多様な企業（heterogeneous firms）を仮定した独占競争モデルを利用して,輸出には固定費用が必要であるために高い生産性の企業だけが輸出を行うことを理論的に示した.輸出による学習と自己選択のどちらの仮説が正しいのかを実証するには,国単位のマクロデータでは困難なため,企業単位のミクロデータを利用することが望ましいが,そのような研究が近年多くなされている．

**自己選択による輸出市場への参入**

まずClerides et al. (1998) は,企業の平均費用と輸出市場への参入が同時に決定されるモデルを考えた.各々の企業は,輸出市場へ参入するときの固定費用（$F$）を輸出による純利益の予測値が上回れば,輸出市場へ参入する.このとき,輸出市場へ参入したときの純利益は,過去の平均費用（$AVC$）やベクトル $x$ で表される資本量や実質為替レートなどによって決定されると仮

---

[27] Egan and Mody (1992) は靴・自転車産業におけるアメリカの輸入業者へのインタビューに基づき,途上国の輸出業者がアメリカの輸入業者から生産技術を獲得していることを明らかにしている.例えば,あるアメリカの靴輸入業者は,台湾のメーカーにイタリア人の靴職人を送り込んで技術指導をさせた.

定しよう．この仮定のもとでは，$t$ 期において企業 $i$ が輸出市場に参入する $(EX_{it} = 1)$ かしない $(EX_{it} = 0)$ かの意思決定は次のように表される[28]．

$$EX_{it} = \begin{cases} 1, & F \leq \underbrace{\sum_{j=1}^{J} \beta_j^c \ln(AVC_{i,t-j}) + \beta^{x\prime} x_{it}}_{\text{輸出による純利益の予測値}} + \eta_{it} \text{ のとき} \\ 0, & \text{上記の条件が成立しないとき} \end{cases} \quad (3.11)$$

また同時に，企業の $t$ 期の平均費用は過去の輸出経験や平均費用およびその他の変数 $z$ によって決定されるとすると，

$$\ln(AVC_{it}) = \sum_{j=1}^{J_Y} \gamma_j^{EX} EX_{i,t-j} + \sum_{j=1}^{J_C} \gamma_j^c \ln(AVC_{i,t-j}) + \gamma^{z\prime} z_{it} + \nu_{it} \quad (3.12)$$

となる．なお，$\eta$ と $\nu$ は誤差項である．

式 (3.11) において $\beta_j^c$ が負であれば，平均費用が低い（すなわち生産性が高い）企業ほど将来的に輸出市場に参入する傾向にあることが示されるので，輸出に関する自己選択仮説が支持される．反面，式 (3.12) において $\gamma_j^{EX}$ が負であれば，過去の輸出の経験によって平均費用が低下することが示されるため，輸出による学習効果が支持される．

Clerides et al. (1998) は，コロンビアおよびモロッコの化学・繊維・衣料産業の企業レベルのデータを使い，国×産業別に式 (3.11)，(3.12) を構造方程式としてとらえ，これらを FIML (full information maximum likelihood) で推計した．その結果，$\beta_j^c$ は概ね負であり[29]，$\gamma_j^{EX}$ は有意でないか，または正で有意であった．これらのことから Clerides et al. (1998) は，輸出による学習効果はなく，生産性の高い企業が輸出に参入していると結論づけた．

同様に，Bernard and Jensen (1999) はアメリカの企業レベルデータを使い，前年の雇用量や TFP レベルが大きい企業が輸出をする可能性が高いこ

---

[28] 厳密には，固定費用 $F$ は過去の輸出経験に依存すると仮定されている．
[29] ただし，ほとんどの場合では統計的に有意でなかった．Clerides et al. (1998) は，この理由として，多くのラグを説明変数として使用しているので，ラグ同士が多重共線性 (multi-collinearity) を起こしているからであるとしている．

と，さらに輸出の経験によって雇用量や TFP レベルが増加するわけではないことを示した[30]．同様に，Isgut (2001) はコロンビアのデータを使い，自己選択仮説を支持する結果を見出した．

さらに Aw et al. (2000) は，台湾と韓国の繊維・衣料・プラスティック・電機・輸送機械産業における，1983 年から 1993 年の間の 2～3 時点の企業レベルデータを使い，TFP 指標のレベルが輸出市場からの退出や参入の経験とどのように相関するかを推計した．台湾に関する推計結果は，輸出市場に参入した企業は参入以前から非輸出企業よりも TFP レベルが高く，輸出市場から退出する企業は輸出を続ける企業よりも TFP が低いことを示し，自己選択仮説を支持した．また，輸出を続ける企業と非輸出企業との TFP の格差は輸出の経験によって広がっていかないことも見出したので，輸出による学習効果を否定した．ただし，韓国に関しては，輸出企業は輸出市場への参入以前に TFP が有意に高かったわけでもなく，参入以降に TFP が有意に向上したわけでもないという結果となり，自己選択，輸入による学習の両方ともが否定された．

Delgado et al. (2002) は，スペインの企業レベルデータにノンパラメトリックの手法を適用し，輸出に参入した企業は参入の前年にすでに非輸出企業よりも生産性が高く，輸出から退出した企業は退出の前年には輸出市場に残留した企業よりも生産性が低いことを見出し，自己選択仮説を支持した．また，輸出後に生産性の成長率が上昇するのは操業年数の少ない企業のみであり，輸出による学習効果が比較的新しい企業にのみ適用されることを示した．

**輸出による学習効果**

以上のように，1990 年代の後半から 2000 年代初めには，輸出による学習効果を否定して自己選択仮説を裏付ける実証結果が数多く提示された．しかし最近になって，輸出による学習効果を支持する実証結果も見出されるようになった．例えば，Van Biesebroeck (2005) はサハラ以南アフリカ 9 ヵ国（ブルンジ，カメルーン，コートジボアール，エチオピア，ガーナ，ケニア，タンザ

---

[30] ただし，Clerides et al. (1998) が構造方程式を FIML で推計したのに対して，彼らはこれらの 2 つの結果を別々の回帰分析によって得た．

ニア，ザンビア，ジンバブエ）の企業単位のデータを使って，次のような生産関数で輸出経験の効果を推計した．

$$q_{jt} = \alpha_{lc}l_{jt} + \alpha_{kc}k_{jt} + \alpha_x EX_{j,t-1} + \omega_{cit} + \omega_{jt} + \epsilon_{jt} \quad (3.13)$$

ここで，$q, k, l$ はそれぞれ生産量，資本量，労働力量の対数値であり，添え字の $jt$ は企業 $j$，時間 $t$ を表す．資本，労働の弾力性は国 $(c)$ によって異なることを仮定しているため，$\alpha_{lc}$，$\alpha_{kc}$ は添え字 $c$ を含む．$EX_{j,t-1}$ は前年に輸出したか $(= 1)$，しなかったか $(= 0)$ を表し，$\epsilon$ は i.i.d. の誤差項である．$\omega_{cit}, \omega_{jt}$ はそれぞれ国×産業 $(i)$ ×時間，企業×時間に対して特有の観測できない生産性レベルを表す．Van Biesebroeck (2005) は，輸出の経験 $EX_{j,t-1}$ と投入量 $l_{jt}, k_{jt}$ とは相関するため，TFP 指標や回帰分析を利用して計測した生産性を被説明変数として輸出の効果を推計すると，推計に偏りが生じることを主張し[31]，次の3つの手法で直接的に生産関数を推計した．

(1) システム GMM (system GMM) 推計

式 (3.13) の $\omega_{jt}$ が次のように自己相関すると仮定する．

$$\omega_{jt} = \rho\omega_{j,t-1} + \nu_{jt}, \qquad |\rho| < 1$$

自己相関を排除するために式 (3.13) を変形すると，次のような式を得る．

$$q_{jt} = \alpha_{lc}(l_{jt} - \rho l_{j,t-1}) + \alpha_{kc}(k_{jt} - \rho k_{j,t-1}) + \alpha_x(EX_{j,t-1} - \rho EX_{j,t-2})$$
$$+ \rho q_{j,t-1} + \omega_{cit}^* + \nu_{jt}^* \quad (3.14)$$

ここで，$\omega_{cit}^* = \omega_{cit} - \rho\omega_{ci,t-1}$，$\nu_{jt}^* = \nu_{jt} + \epsilon_{jt} - \rho\epsilon_{j,t-1}$ である．式 (3.14) を Blundell and Bond (1998) のシステム GMM を使い，パラメタの制約条件を課して推計を行う．システム GMM については，巻末の補章 B を参照されたい．

---

[31] つまり，$\alpha_{lc}, \alpha_{kc}$ をコストシェアから得たり，回帰分析によって推計したりすることで，$q_{jt} - \hat{\alpha}_{lc}l_{jt} - \hat{\alpha}_{kc}k_{jt}$ を生産性レベルとして計測し，それをさらに $EX$ に対して回帰することで，輸出の効果を推計することに異議を唱えた．

(2) 構造方程式の FIML 推計

Clerides et al. (1998) と同様に，輸出市場への参入の決定式と生産量を決定する式 (3.13) とを同時に FIML で推計する[32]．

(3) セミパラメトリック推計

上で述べた輸出経験と投入量の相関を排除するために，Olley and Pakes (1996) のセミパラメトリック法を使って推計を行う．Olley and Pakes (1996) は投資量と企業の生存確率（survival probability）が企業の資本量，生産性，操業年数に依存すると仮定したが，Van Biesebroeck (2005) はそれらが輸出の有無にも依存すると仮定し，操業年数の代わりに輸出の有無を利用した推計を行った．Olley and Pakes (1996) のセミパラメトリック法の詳細については，巻末の補章 A を参照されたい．

その結果，ある年の生産量は前年の輸出経験によって 20% から 38% 上昇するという結果が得られ，しかもいずれの推計でもこれらの効果は統計的に有意であった．また，(2) の推計では前年の生産性が高いほど輸出市場に参入することが示されたため，Van Biesebroeck (2005) は自己選択と輸出による学習効果の両方を支持する結果となった．

さらに Van Biesebroeck (2005) は，輸出による学習効果の原因は規模の経済にあると考え，式 (3.13) を規模に関して収穫一定（$\alpha_{kc} + \alpha_{lc} = 1$）の制約条件を課した推計を行い，制約を課さない推計結果と比較した．ランダム効果推定の結果，収穫一定を仮定しない場合には，$EX_{t-1}$ の係数は 0.22 であり，$\hat{\alpha}_{kc} + \hat{\alpha}_{lc} > 1$ であったが，収穫一定を仮定した場合には $EX_{t-1}$ の係数は 0.45 であった．このことから，Van Biesebroeck は輸出の効果の約半分は収穫逓増の効果から来ていると結論づけている．さらに，収穫逓増の効果があるにもかかわらず企業が輸出市場に参入しない理由として，信用制約（credit constraint）があること，および貿易関連の契約不履行が多く，貿易取引のリスクが高いことを挙げ，それを実証している．

また，Blalock and Gertler (2004) は，1990-96 年のインドネシアのデー

---

[32] ただし，上で述べたように，Clerides et al. (1998) は生産量ではなく平均費用に焦点を当てた．

タを使い，トランスログ生産関数を使った固定効果推計や Olley and Pakes (1996) のセミパラメトリック推計を行った[33]．その結果，やはり輸出企業の生産量は輸出経験によって 5% 程度上昇することが見出された[34]．

まとめ

これまでの研究成果をまとめると，サハラ以南アフリカやインドネシアなど比較的所得レベルが低い国では輸出による学習効果が見られるが，所得レベルが高い国では自己選択によって生産性の高い企業が輸出に参入する傾向があることがわかる．同じ国の中でも，新しい企業は輸出による学習効果が見られるが，古い企業にはそのような効果はないことからも，企業の技術レベルが先進的なレベルから大きく遅れている場合には，輸出によって新しい技術を学習することができるが，企業の技術レベルが十分に高い場合には輸出によって得られる技術は少ないことが示唆されている．

## 3.3 要約と考察

以上のような多くの研究成果から，貿易の成長に対する効果に関して次のように結論づけられよう．

1. 理論的にも実証的にも，貿易に対して開放度を高めることは必ずしも経済成長に直結するわけではない．
2. 理論的には，貿易によって外国の技術の流入が促進されれば，貿易によって経済成長率を向上させることができる．実証的には，所得レベルの低い開発途上国においては，貿易によって技術伝播が促進され，生産性や所得レベルが向上することが認められる．

---

[33] ただし，Blalock and Gertler (2004) は Van Biesebroeck (2005) と異なり，輸出経験が投資量の決定に影響を与えないと仮定したため，Olley and Pakes (1996) の3段階の推計のうち，1段階しか行っていない．
[34] ただし，その他の研究は前年の輸出経験の生産量・生産性に対する影響を推計することが多いが，Blalock and Gertler (2004) は同じ年の輸出経験の影響を推計しているため，生産量と輸入経験の相関が自己選択と輸入による学習のどちらの効果によるものなのかややわかりにくい．

日本の工業化の歴史を振り返れば，これらの結論は直感的に納得がいきやすいかもしれない．江戸末期に鎖国という名の管理貿易体制を自由化したことが，日本の工業化への離陸の糸口となったが，それは貿易そのものの効果というよりも，貿易開放に付随した外国技術の流入によるものであろう．鎖国時代にはオランダのカピタンが幕府に献上する蘭書や世界情勢に関する報告書が，日本にとって外国から流入するほとんど唯一の知識であった．しかし貿易開放後には，留学生派遣やお雇い外国人の雇用，外国商社とのコミュニケーション，外資企業の設立[35]などを通じて，日本は外国の知識を急激に吸収することができ，これによって生産性を大きく向上させたことは疑いない．

つまりこれらの結論は，途上国において貿易開放政策を採用すれば自然に経済成長が達成されるわけではないことを示しているものの，同時に，貿易が技術の流入を促すことで間接的に成長に貢献できることも示唆している．したがって経済成長にとって重要なのは，貿易を呼び水としてより多くの外国技術が流入するような政策をさらに追加して実行していくことであろう．これらの追加的な政策にはどのようなものがあり，それぞれの政策がどのような条件のもとで有効であるのか，次章以下で詳しく見ていきたい．

---

[35] 明治初期には日本にも外資企業は多く，例えば NEC や東芝などの現代の大企業も，明治初期の設立当初は外資企業であった．

83

# 第4章　外国直接投資と経済成長

　開発途上国への外国直接投資（以下，直接投資と表記）や，それに伴う多国籍企業の進出は，1960-70年代には外国による「搾取」を引き起こすものとして途上国の政策担当者に否定的にとらえられる傾向にあったが，1980-90年代になって，直接投資による先進国の技術の伝播や国内の川上産業に対する需要増などのプラス面が評価されるようになった．そのため，開発途上国を含めた世界各国は直接投資を誘致するための優遇税制などの政策手段をとり[1]，その結果，開発途上国全体において直接投資流入額の対GDP比率は1990年には0.9%であったものが，1999年には4.1%，2003年には3.3%と急増した（World Bank, 2003）．本章では，このような途上国向けの直接投資が行われる原因と途上国の経済に及ぼす影響に関するこれまでの理論的・実証的研究を概観する[2]．

## 4.1　外国直接投資の理論

### 4.1.1　外国直接投資の発生要因の理論

　直接投資は，垂直的（vertical）なものと水平的（horizontal）なものの2種類に大別することができる．垂直的直接投資とは，ある国に本社があるが製品の生産は別の国で行われており，その製品は本社の所在する国に輸出され

---

[1] UNCTAD（2001）によると，1991-2000年までに世界の国々で採用された1,185の直接投資関連法のうち，その95%は外国投資を優遇するものであった．
[2] 直接投資による知識・技術の伝播についての研究は，Saggi（2002），Keller（2004），Hoekman et al.（2004），Blomström and Kokko（2003），Görg and Greenaway（2004）などにもまとめられている．これらのいくつかは，貿易による伝播に関する研究も含んでいる．

たり，生産国で販売されたりする場合を指す．それに対して水平的直接投資とは，本社が所在する国でも国内向けの生産を行っているが，別の国でもその国の市場向けの生産が行われている場合を指す（Markusen and Maskus, 2001）．現実の多国籍企業は，垂直的な側面と水平的な側面が入り混じっていることが多いが，開発途上国への直接投資には垂直的な側面が大きいために，本書では垂直的直接投資に焦点を当てる[3]．

そもそも，ある国の企業が自社製品を外国で販売しようとするとき，直接投資によって子会社を設立して外国で生産を行う以外にも，本国で生産して輸出したり，外国の地場企業に生産技術をライセンス供与して生産を委託したり（アウトソーシング）する方法が考えられる．では，どのような条件のもとでは直接投資が選択されるのであろうか．Dunning（1981），Markusen（2002）は次の3つの条件を指摘した．

1. 企業が，外国でも利用することのできる特異な「知識資本」（knowledge capital，例えば新製品の開発技術，卓越した生産・管理技術，ブランド力など）を所有する．
2. 自国よりも外国の方が生産コストが安い．
3. 外国の地場企業に生産を委託するよりも，子会社を設立して生産を「内部化」（internalization）したほうが高い利得が得られる．

上記1で述べた知識資本は，研究開発活動，人的資源投資（社内研修など），マーケティングなどによって獲得される．このような知識は非競合性（nonrivalry）を持つ（Romer, 1990）ため[4]，一度獲得された知識を他国で利用するのに追加的な費用はあまりかからない．例えば，DVDプレーヤーの開発に成功した日本の家電メーカーは，追加的な研究開発投資を必要とせずに，そのDVDプレーヤーを世界各国で生産・販売することができる[5]．このような知

---

[3] 水平的多国籍企業に関しては，Markusen（1984），Brainard（1997），Markusen and Venables（1998, 2000），Helpman et al.（2004）を参照のこと．
[4] 非競合性とは，ある財を同時に複数の人間が利用できるような性質をいう．
[5] 現実には，他国で生産・販売を行う場合の追加的投資は必ずしも小さくない場合も多い．これは，製品に対する嗜好，法規制などが異なるために，それぞれの地域・国でやや異なった生産工程・製品を開発する必要があるためである．これに関しては，第7章で詳述する．

識を持った企業が世界各国で製品を販売する際に，輸出・直接投資・生産委託の3つの選択肢があるが，他国での生産コストが低い場合には輸出は選択されないし，生産を内部化した方が効率がよいのであれば，生産委託は行われない．したがって，上記の1～3が満たされるとき，企業は直接投資を行い，多国籍企業となる．

このような考え方を基本として，直接投資の成立に関する理論は，「新しい貿易理論」を拡張する形で，本社と生産拠点が別の国にある多国籍企業が存在しうるモデルを構築して発展してきた．これは，「新しい貿易理論」が知識資本の形成を理論的に分析するに不可欠な非競争的市場や外部性を考慮しているためである．

**生産コストの差による直接投資**

知識の所有と低い生産コストが垂直的多国籍企業の成立条件となることを示した理論の先駆けは，Helpman (1984)である．彼は，単純労働力 (unskilled labor) と技能労働力 (skilled labor, 高い人的資本を持った労働者と考えてよい) の2つの生産要素を持つ2国モデルを構築し，(1) 生産を開始するためには研究開発などの初期投資を行って知識を生み出す必要がある，(2) そのような知識の生産は財の生産に比べて技能労働集約的である，と仮定した．

このモデルの均衡では，単純労働力と技能労働力の賦存量 (endowment) の比が2つの国で大きく異ならなければ，要素価格均等化が成立し，単純労働者の賃金も技能労働者の賃金も両国で等しくなる．したがって，生産コストは両国で同じとなり（このモデルでは輸送コストはゼロと仮定されている），本社と生産拠点を分ける必要がなく，垂直的多国籍企業は存在しない．しかし，両国の生産要素の賦存量の比が大きく異なる場合には，要素価格均等化が成立せず，技能労働力の賦存量が比較的多い国では技能労働者の賃金が相対的に安く，単純労働者が比較的多い国ではその賃金が相対的に安くなる．したがって，技能労働者の多い国で知識を生み出すための研究開発などを行い，単純労働者の多い国で製品の生産を行う垂直的多国籍企業が発生することとなる．

Markusen (2002, Ch.7) は，2生産要素の2国モデルにおいて，潜在的には垂直的多国籍企業と水平的多国籍企業の両方が存在しうるという，より現実に

近い設定のもとでも，同様の結論が得られることを示している．すなわち，一方の国の規模が小さくしかも技能労働者の割合が多い場合には，国際的に見て技能労働者の賃金は相対的に低く，単純労働者の賃金は相対的に高くなるために，垂直的多国籍企業が発生しやすい．

さらに，Markusen（2002, Ch.8）では，Helpman（1984）ではなされなかった財の輸送コスト（transportation cost）の影響を分析している．輸送コストが低いほど，1国で生産して輸出した方がコストが安いために，1国に生産を集中させて企業内貿易を行う垂直的多国籍企業が増加し，それぞれの国で生産を行う水平的多国籍企業は減少する傾向にある[6]．また，Bhagwati et al.（1992）によれば，関税・数量規制などの貿易障壁も広義の輸送コストを上昇させるものとして考えられるので，本国と投資相手国の両方の貿易障壁が高ければ水平的直接投資が，投資相手国の貿易障壁のみが高ければ垂直的直接投資が行われる．

最近の研究では，理論上の多国籍企業を現実の多国籍企業に近づけるために，より複雑な構造の多国籍企業が理論化されている．例えば Yeaple（2003）では，先進国2国と途上国1国の3国モデルにおいて，技能労働力のみで生産できる中間財と単純労働力のみで生産できる中間財の2種類の中間財を利用して，先進国で消費される最終財が組み立てられると仮定した．

この時，図 4.1 に表されるように，輸送コストの大小によって3種類の直接投資が成り立つ．まず，財の輸送コストが非常に高いと，それぞれの先進国で両方の中間財生産と最終財組み立てが行われる（水平的多国籍企業）．逆に，輸送コストが非常に安いと，ある先進国の多国籍企業は，途上国で単純労働力を使った中間財生産を行い，本国で技能労働力を使った中間財生産と最終財組み立てを行った後，別の先進国に輸出もする（垂直的）．さらに，輸送コストの大きさが中間的であれば，両方の先進国で技能労働力を使った中間財生産をし，途上国で単純労働力を使った中間財生産をする複雑に統合（complex integration）された多国籍企業が出現する．これは，例えば，日本の自動車メー

---

[6] Carr et al.（2001），Markusen（2002, Ch.10）は，このモデル（knowledge-capital model と呼ばれる）をアメリカと各国間の多国籍企業の売上高などを用いて検証し，概ね理論的結論を支持する結論を得た．

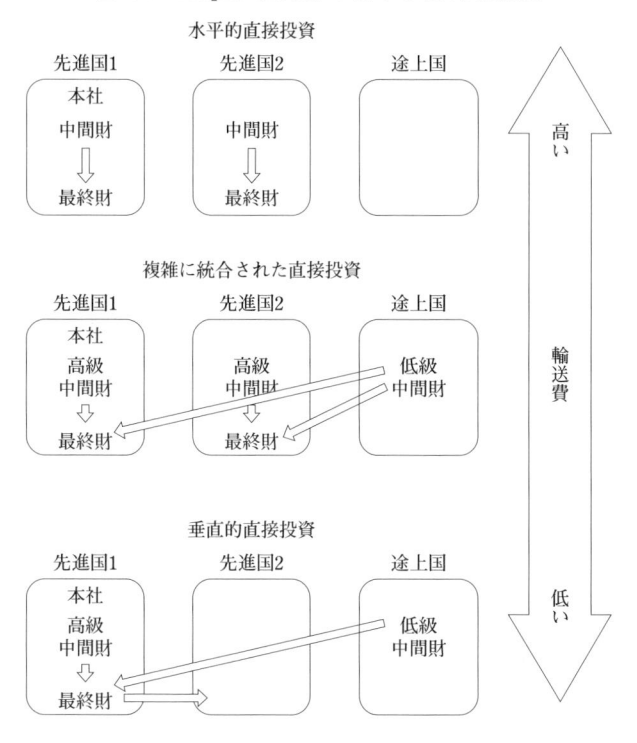

**図 4.1 Yeaple（2003）に見る 3 種の直接投資**

水平的直接投資

先進国1：本社／中間財 ⇒ 最終財
先進国2：中間財 ⇒ 最終財
途上国：

複雑に統合された直接投資

先進国1：本社／高級中間財 ⇒ 最終財
先進国2：高級中間財 ⇒ 最終財
途上国：低級中間財

垂直的直接投資

先進国1：本社／高級中間財 ⇒ 最終財
先進国2：
途上国：低級中間財

輸送費：高い ↔ 低い

カーが日米両国でエンジンなどの高度な技術を要する部品を生産し，タイでライトやシートなどの高度な技術を要しない部品を生産して日米両国に輸出し，完成車の組み立ては日米で行うケースにあたる．

　Yeaple（2003）の重要な発見は，複雑に統合された多国籍企業においては，垂直的な直接投資と水平的な直接投資が補完的な関係にあることである．つまり，垂直的にしろ水平的にしろ，他国で生産をするに当たっては初期固定費用がかかるので，いったん投資をした以上は生産量が多ければ多いほど財を1つ生産するに必要なコストは低くなる（言い方を変えれば，収穫逓増である）．したがって，途上国で単純労働力を使った中間財の生産量を増加させれば，同時に本国以外の先進国で技能労働力を使った中間財の生産量も増加させることとなり，両方の中間財の生産コストが減少する．ただし，輸送コストが十分に

高い（低い）場合には，水平（垂直）的な直接投資のみが行われるので，このような水平的投資と垂直的投資の補完関係は生じない．

さらに，Grossman et al. (2004) は Melitz (2003) の手法を用いて企業レベルの生産性が異なる時に各々の多国籍企業がどのような投資戦略を行うかをモデル化した[7]．彼らは，直接投資の固定費用や輸送コストの違いに加えて企業レベルの生産性の違いが多国籍企業の投資戦略にさまざまなパターンを生じさせることを明らかにし，現実にさまざまな形態の多国籍企業が共存することに対して理論的な説明を与えた．また，Grossman et al. (2004) は Yeaple (2003) と同様に垂直的な直接投資と水平的な直接投資との間に補完性があることをも見出している．

また，Ekholm et al. (2007) は，本国以外の先進国に輸出するために途上国に直接投資（export-platform FDI）を行う多国籍企業の成立要因を分析した．複雑に統合された多国籍企業と同様，輸出目的の直接投資も輸送コストが高すぎず低すぎない時に出現する．なぜなら，輸送コストが高ければ水平的な直接投資が選択されるし，低ければ垂直的な投資が選択されるからである．

## 内 部 化

生産を他社に委託せずに直接投資によって自社で生産する（すなわち，他国での生産を内部化する）のはどのような場合については，Ethier and Markusen (1996) が2期間のゲームを利用して分析している．彼らのモデルでは，A国の企業が研究開発投資によって新製品を開発し，それをB国で販売しようとするが，その際に，(1) A国からの輸出，(2) B国に子会社を作って生産，(3) B国企業とライセンス契約して生産を委託の3つの選択肢がある．ただし，1期目に子会社での生産かライセンス契約を選択すると，新製品生産のための知識がB国労働者に伝播して，2期目にはB国企業で独自に生産を行うことが可能となる．A国企業はB国企業による生産がない限りはB国市場を独占できるが，知識伝播によってB国企業も生産を行った場合には，2

---

[7] このような多様な企業レベルの生産性（heterogeneous productivity）を仮定したモデルは，貿易・直接投資・生産委託に関する企業戦略を分析する理論分野において急速に発展している．これらについては Helpman (2006) のサーベイにまとめられている．

社による寡占状態となりクールノー競争が生じる．ただし，A国企業にしろB国企業にしろ，B国で生産をするためには，工場を立ち上げるための初期投資が必要であるとする．

このゲームのルールとして，A国企業は子会社での生産を選択したとき，子会社の労働者に対して，2期間にわたり本社と子会社で独占の利益をどのように分割するかの契約を提示する．この時，子会社労働者の2期目の取り分が少なすぎると，彼らは1期目に新製品の知識を習得した後，2期目には契約を破棄して，自らが起業して生産を行ってしまう．したがって，A国企業は子会社労働者が契約破棄をしないような契約を提示しなければならない．

A国企業は，このような契約のもとで得られる利益が輸出やライセンス契約による利益よりも大きければ直接投資をして子会社で生産を行う．この時，子会社での生産による利益は，1つには工場設立の初期コストの大きさに依存する．工場の設立コストが小さければ，A国企業にとっては輸出するよりもB国で工場を設立して生産するインセンティブが高まる．しかし同時に，工場の初期投資が小さいと，1期目に子会社が設立された後，2期目に子会社のB国人労働者が起業して独自に生産を行うインセンティブも高まる．したがって，工場の設立コストが非常に小さい場合には，A国企業は子会社労働者の離脱を阻止できる契約を提示することができなくなり，子会社設立ではなく，ライセンス契約を選択する．

この結論を別の角度から理解するために，工場設立の初期コストが小さいことは，いったん新製品が開発されれば，その生産を開始することは比較的容易であることを意味することを理解しよう．つまり，工場の設立コストが小さいことは，新製品開発のための知識の形成が相対的に重要であることを表していると解釈できる．そのため，上に述べた結論は次のように言い換えることができる．知識の形成が比較的重要である時，企業は生産を外部に委託せずに直接投資によって内部化して知識の漏洩を防ごうとする．しかし，知識の価値があまりにも高い場合には，直接投資によって生産を内部化しても，将来的に子会社の労働者がスピンオフして起業することを防ぐことができない．したがって，それを知っている企業は始めから直接投資ではなくライセンスによる生産委託を選択することとなる．

**まとめ**

これらの理論的研究をまとめると，垂直的なものを含めさまざまなタイプの多国籍企業が存在するのは，(1) 生産要素（特に人的資本）の価格の国ごとの違いと財の輸送コストや貿易障壁によって各国の生産コストが異なるため，本国で生産して輸出するより直接投資によって現地生産したほうがコストが低い，(2) 外国の企業に生産を委託するよりも直接投資によって生産を内部化したほうが，知識の漏洩を阻止して独占力を保持できるというメリットが存在するからである[8]．

### 4.1.2　外国直接投資と経済成長の理論

次に，直接投資が投資相手国における経済成長に対してどのような影響を持つかについての理論的研究を紹介する．特に，直接投資が次のような外部性[9]を通して投資相手国に効果を与えるようなモデルに焦点を当てたい．

1. 外資企業の高い知識・技術が地場企業へスピルオーバー（spillover，漏出）すること（技術的外部性，technological externality）．
2. 外資企業が地場企業から中間財を購入することで，国内産業の需要が増加すること（金銭的外部性，pecuniary externality）．

**直接投資による技術のスピルオーバー**

外資企業が地場企業に比べて平均的に生産性が高いことは，途上国のみならず先進国においても観察されている（Blomström and Kokko, 2003）．そもそも高い生産性の企業ほど海外直接投資を行う傾向があり（Helpman et al., 2004），親会社の高い生産性が海外子会社に移転されることで，このような外資企業の

---

[8] この他にも，多国籍企業の成立に影響するものとして，国特有の経済的不確実性がある（Aizenman and Marion, 2004）．

[9] 直接投資の外部性に注目するのは，そもそも直接投資が何らかの外部性を持たない限り，直接投資を殊更に政策的に優遇して誘致するのは投資相手国にとって利益にならないはずだからである．

高い生産性が達成されると思われる[10]．その外資企業の高い知識・技術がさらに地場企業へスピルオーバーすることは，古くからケーススタディによって観察されていた（例えばESCAP/UNCTAD, 1987）[11]．このようなスピルオーバーは，例えば地場企業が外資企業の工場を視察したり，地場企業と外資企業の経営者・技術者が交流したりすることでも起こるし，より直接的には，外資企業労働者の他社への転職や外資企業が国内の取引企業に対して行う技術指導によっても起こる．

このようなスピルオーバーを想定した初期の論文はWang（1990）やWalz（1997）である．彼らは先進国と途上国を想定した動学的2国モデルにおいて[12]，直接投資に伴って途上国企業に技術のスピルオーバーが起こると仮定し，直接投資を誘致することは途上国の一人当たり所得成長率を上昇させるという結論を導いている．

しかし，このような単純な結論は，直接投資からの技術のスピルオーバーが何のコストも必要とせずに自動的に発生するうえ，外国の技術を導入するのに直接投資以外の手段がないという強い仮定に依存している．これらの仮定を変えれば，必ずしも直接投資の優遇・誘致が経済成長に直結するという結論は得られない．以下では，そのような理論的分析を紹介する．

まず第1に，直接投資からの技術のスピルオーバーにはコストがかかるとしてみよう．例えば，Kim and Ma（1997）やLall（2000）は東アジア諸国のケーススタディから，多国籍企業の労働者は生産工程に関する知識を得られても，多国籍企業の持つ高度な技術の根本原理を理解できるわけではないことを指摘している．したがって，多国籍企業からの技術のスピルオーバーを享受するためには，途上国企業は技術導入のための何らかの努力（例えば，社内研修

---

[10] Urata and Kawai（2000）は，日系企業の親会社に対する海外子会社のTFPの比率を企業単位のデータによって計測し，その比率が世界全体の平均で9割程度であり，インドネシア・タイ・マレーシア・フィリピンのASEAN 4ヵ国に限っても5割程度であることを見出した．これらの発見は，親会社から海外子会社への技術移転がなされていることを示唆している．また，Urata et al.（2006）は，多くの海外の日系企業において経営管理技術が親会社から移転されていることを，企業単位のデータによって示した．

[11] ただし，次節で紹介する計量経済学的な実証分析は，直接投資からのスピルオーバーは必ずしも起きないことを示している．

[12] Findlay（1978）は，直接投資からの技術移転を分析した最初の動学モデルである．

や研究開発活動）をする必要がある可能性がある．

　Wang and Blomström (1992) は，外資企業と地場企業が差別化された財を生産する動学的寡占モデルを用いてこのようなケースを分析した．彼らのモデルでは，外資企業は親会社からの技術導入によって財の品質を高める一方，地場企業は自ら生産する財の品質を学習活動によって向上させる．さらに，品質向上のための知識は外資企業から地場企業へとスピルオーバーするが，そのスピルオーバーの程度は，外資企業と地場企業の技術レベルのギャップおよび地場企業の学習活動の程度に従って増加すると仮定した．

　このモデルでは，地場企業との寡占競争にさらされた外資企業は親会社から品質向上のための技術導入を行うが，その技術はさらに地場企業にスピルオーバーしていく．したがって，単に外資企業を優遇してそのプレゼンスを大きくするだけでは，外資と地場企業との競争が緩和される結果，外資企業が親会社からの技術導入を行うインセンティブが少なくなってしまい，地場企業へスピルオーバーする知識量も減ってしまう可能性がある．この場合，外国からの技術の流入のスピードを速めるためには，むしろ教育投資などによって地場企業の学習能力を高めて，外資企業と地場企業の品質競争を激化させたほうがより効果的である．

　第2に，途上国が技術導入のために直接投資以外の手段を持っている場合について考えてみよう．このケースでも，単なる直接投資優遇政策は必ずしも成長を促進しない．極端なケースは，直接投資からの技術のスピルオーバーと途上国企業自身による模倣 (imitation) の2つによる技術進歩を仮定したGlass and Saggi (1999) のモデルである．このモデルでは，途上国が十分に発展しており模倣が可能であるならば，直接投資を誘致することは自国企業の模倣をクラウドアウトしてしまうだけで，途上国の経済成長になんら影響を与えない．ただし，このモデルでは，直接投資は外生的に発生すると仮定されている．

　同様に，Glass and Saggi (1998) は直接投資と模倣が並存するモデルを構築したが，直接投資を内生化することでより一般的な結論を得た．彼らは，品質向上 (quality ladder) による内生成長モデルにおいて先進国と途上国の2国を想定し，途上国では先進国企業の直接投資による親会社からの技術導入また

は自国企業の模倣によって品質向上が達成されると仮定した．さらに，効用関数の異なる2種類の消費者を仮定することで，それぞれの国で同じ財でも品質の違う2種類が消費されることとした．

この設定のもとでは，途上国企業がある品質の財を作っている時，先進国の多国籍企業は，その品質よりも1段階高い品質の同じ財を生産する技術を本国から途上国に導入して，その生産を行う．つまり途上国では，質の高い財は外資企業が，質の低い財は途上国企業が生産を行うこととなる．

この時，途上国企業の技術レベルが高く，途上国企業もそれなりに高い質の財を生産することができれば（言い換えれば途上国の「技術吸収力（absorptive capacity）」が高ければ），先進国企業はそれよりもさらに質が高い財を生産するために，高い技術を途上国に導入する．逆に，途上国企業の技術レベルが低い（技術吸収力が低い）ために，質の低い財しか生産できないのであれば，先進国企業は高い技術を途上国に導入する必要がなく，途上国には比較的劣った技術が導入されることになる．つまり，多国籍企業と途上国の地場企業との品質競争があるために，途上国の技術吸収力と先進国企業が途上国に導入する技術のレベルとは相関している．

したがって，このモデルにおいて，途上国の成長を促進させるためには，途上国の技術吸収力を上げるような政策，例えば模倣への補助金が有効である．このような政策によって，途上国企業による模倣の圧力が高まる結果，先進国企業はより高い技術を途上国に導入することになり，途上国の技術進歩率は上昇する．

反面，直接投資の優遇政策は必ずしも有効ではなく，特に，低いレベルの技術を移転するような直接投資はむしろ成長を阻害する．しかし，高い技術の移転を伴う直接投資を選別して補助金を与えることは成長を促進させるため，Glass and Saggi (1998) は直接投資を一律に優遇するのではなく，直接投資を選択的に誘致することの必要性を説いている．

また Saggi (1999) は2期間の寡占モデルにおいて，先進国企業が途上国に直接投資するか，途上国企業とライセンス契約を結んで生産を委託させるかの選択が，途上国内での技術進歩にどのように影響するかを分析した．

Saggi (1999) のモデルでは，直接投資とライセンスとは次の点で異なる．

(1) 先進国企業と途上国企業の2社が同じ財を生産しているため，先進国企業が直接投資した場合にはクールノー寡占競争が起き，ライセンスした場合には，市場は先進国企業がライセンスした途上国企業によって独占される．(2) 技術をライセンス供与するためには技術移転のコストがかかるが，直接投資の場合にはコストなしで先進国技術を途上国で利用できる．(3) 1期目にライセンスすると，先進国企業の技術は提携先の途上国企業に完全に学習されてしまうが，1期目に直接投資すると，先進国企業の技術は途上国企業にスピルオーバーするものの完全に学習されるわけではない．

このような設定では，直接投資による技術のスピルオーバーの度合いが大きく，ライセンスに伴う技術移転のコストが小さい場合（特に，先進国企業と途上国企業の技術レベルに大きな差がない場合はこのような条件が満たされる），直接投資に伴う技術のスピルオーバーによる先進国企業にとっての将来的な損失がライセンスの技術移転コストを上回るため，1期目にはライセンスが選択される．しかも，1期目にライセンスを選択した場合には，2期目に直接投資をすれば先進国企業と同等の技術レベルを持っている1期目のライセンス相手企業と競争しなければならない．そのような寡占競争をするよりも，再びライセンスをして独占の利益を分け合ったほうが先進国企業にとって利益が大きいので，2期目にもライセンスが選択される．逆に，直接投資による技術のスピルオーバーの度合いが小さく，ライセンスに伴う技術移転のコストが大きいと，両期間で直接投資が選択される．

さらに，このモデルでは2期目の始めにはどの企業も生産コストを下げるような研究開発を行うものと仮定するが，この研究開発投資額は，1期目にライセンス，2期目に直接投資が選択された時が最も大きい．なぜなら，1期目のライセンスで，途上国企業は先進国並みの技術を得ることができ，2期目に寡占競争が起きることで，先進国企業，途上国企業のどちらもが研究開発をより大きな規模で行うことになるからだ．

しかし，市場均衡では前述のように1期目にライセンスが選択されると2期目にもライセンスが選択されるため，このような途上国の技術進歩を最大化する状況は達成されない．したがって，国内でより大きな技術進歩を達成するためには，途上国政府は市場に介入して，外資企業が1期目にはライセンス，

2期目には直接投資をするように誘導しなければならない．しかも，この場合には2期目の独占が回避されるために，両期間でライセンスをするよりも消費者の厚生もより大きくなる．上で述べたように，市場均衡では両期間のライセンスが選ばれるのは，先進国企業と途上国企業の技術レベルに大きな差がない場合であるから，このような政府による介入は，最貧国ではなくそれなりに発展を遂げた新興途上国でより有効であることが示唆される[13]．

また，第6章で詳細に議論されるTodo (2005) は，直接投資と自国での研究開発活動の並存した成長モデルにおいて，直接投資によっては途上国国民の知識レベルは向上しないが，自国での研究開発によっては向上すると仮定した．その結果，直接投資を誘致するのではなく，自国の研究開発活動を奨励するような政策が所得レベルを上げる可能性が大きいことを示した[14]．

Glass and Saggi (1998)，Saggi (1999)，Todo (2005) の研究は，直接投資に依存した経済発展のあり方が必ずしも最適な成長経路ではなく，直接投資の優遇を発展段階に応じて選択的に行う政策や，直接投資による技術導入を起爆剤として自国での技術開発を奨励していくような政策がより有効であることを示唆している．

これらの政策は，実際にいくつかの国で行われ，成果をあげているように思われる．例えば日本と韓国においては，その高度成長期に直接投資が制限されてライセンスによる技術移転が奨励された (Kim and Ma, 1997)．また，現在中国政府は，自動車産業などいくつかの産業の対中直接投資には中国国内での研究開発部門の設立を義務づけている．さらに，中国，シンガポール，タイ，マレーシアといった東アジアの国々は，研究開発を行う企業に対して，法人税の減免や研究開発費の2重控除などの奨励措置を採っている（安積，2005）．

---

[13] 直接投資とライセンスの並存するモデルは，他にも Glass and Saggi (2002) がある．Glass and Saggi (2002) は，2つの先進国を想定した品質向上モデルで，直接投資による生産は，親会社が投資相手国の事情に精通していないためにライセンスと比較して生産コストが高く，直接投資はライセンスよりも品質を向上させるインセンティブが高いことを仮定した．その結果，直接投資に対する補助は品質向上のための技術開発を促進し，技術進歩率を高める効果を持つ．

[14] 最近は，新たに企業を設立するグリーンフィールド投資と，既存の企業の買収を伴う直接投資を区別して，それぞれのタイプの直接投資の誘致の影響を分析したものも多い (Mattoo et al., 2004; Nocke and Yeaple, 2004)．

これらの政策の効果は数量的には必ずしも明らかとなっていないが，これらの国が高成長している（した）経験から判断して何らかの効果があった可能性が高い．

**直接投資による後方連関**

多国籍企業が地場企業から中間財を購入するならば，Hirschman (1958) の提唱するいわゆる後方連関（backward linkages）によって国内の生産物に対する需要が増加し，国内産業ひいては消費者が恩恵を被る可能性がある．

Markusen and Venables (1999) は，途上国において Dixit and Stiglitz (1977) タイプの独占的競争を行う中間財とその中間財から生産される最終財の2つの産業を想定したモデルを利用して，直接投資の後方連関効果を理論的に示している．彼らは，もし最終財産業の多国籍企業の国内での中間財購入量（生産物1単位当たり）が地場企業よりも多いのであれば，多国籍企業の誘致は後方連関効果によって国内中間財産業を育成し，消費者余剰を向上させる効果があることを明らかにした．

Rodriguez-Clare (1996) は，先進国と途上国の2国モデルを利用して，どのような場合に多国籍企業が地場企業よりも強い後方連関効果を持つかをより詳細に分析した．彼のモデルでは，最終財産業は多種の中間財を投入して1種類の最終財を生産する．途上国における最終財産業の地場企業は国内で生産された中間財しか利用できないが，多国籍企業は本国（先進国）から輸入した中間財を使うこともできる．

この条件下では，中間財の輸送コストが高い場合や先進国と途上国とで生産している中間財の種類数があまり違わない場合（すなわち，両国の技術レベルに大きな差がない場合）には，多国籍企業は中間財を途上国内で調達する傾向にある．その結果，多国籍企業の後方連関効果が大きくなり，多国籍企業がない鎖国状態（autarky）に比べれば，多国籍企業を導入することで途上国の所得レベルは上昇する．反面，逆に中間財の輸送コストが低い場合や両国の発展のレベルに大きな差がある場合には，多国籍企業は中間財を本国から輸入して，途上国では組立のみを行う．このような場合には，多国籍企業は地場企業から分断された「飛び地」（enclave）を形成してしまい，多国籍企業の誘致は

所得レベルをむしろ減少させる．

さらに，Lin and Saggi（2005）は後方連関の効果を最終財企業から中間財企業への垂直的技術移転と関連させて考察した．彼らのモデルでは，最終財産業の多国籍企業が途上国内の中間財企業から中間財を購入するときに，2つのオプションがある．1つは，途上国市場において市場価格で購入することであり，もう1つは，途上国の中間財企業に対して技術援助を行うかわりに他の最終財企業とは取引させない排他的な契約を結んで取引をすることである．このような排他的な契約は現実の多国籍企業においてしばしば観察されている．

多国籍企業が排他的契約を中間財企業と結ぶことは，中間財企業間の競争を緩和するために，途上国全体での中間財生産量が減るという途上国の消費者にとってマイナスの効果がある．この効果は，排他的契約を結んだ中間財企業と国内の最終財企業との関係を絶つという意味で連関消失効果（de-linking effect）と呼ばれる．Lin and Saggi（2005）の貢献は，排他的契約に伴う技術援助の正の効果は，連関消失効果による負の効果とトレードオフになっていることを示した点である．ただし，排他的契約に伴って多国籍企業が供与する技術レベルが十分大きいのであれば，技術レベル向上によるプラスの効果は連関消失効果のマイナスの効果を上回り，多国籍企業のある均衡における厚生は，鎖国状態にくらべて大きいことが示されている[15]．

まとめ

本節では，多国籍企業が投資相手国である開発途上国の成長に与える影響について理論的に概観した．単純な理論では，多国籍企業から地場企業への技術伝播や後方連関効果によって，多国籍企業が途上国の成長や厚生に役立つという結論が得られる．しかし，より現実に即した理論によって，多国籍企業の誘致は必ずしも成長や厚生に寄与するわけではなく，発展段階に応じた誘致の時期的なタイミングや，誘致する多国籍企業のタイプが誘致の効果を左右することが示された．

---

[15] ただし，モデルが明示的に解けないために，鎖国状態と比べて多国籍企業の存在する均衡での厚生が大きいか小さいかは，一般的には求まらない．

## 4.2 外国直接投資と経済成長の実証分析

外国直接投資と経済成長との関連に関する実証分析は，国または産業単位のマクロデータを使ったものと，企業または事業所単位のミクロデータを使ったものに分けられる．本節では，マクロデータ，ミクロデータの順に主要な研究を紹介していく[16]．

### 4.2.1 マクロデータによる実証

直接投資の成長効果に関する国単位の実証分析は，主として GDP 成長率（または GDP）を直接投資流入額の対 GDP 比率で回帰することで行われる．国単位のデータを使ったこれまでの既存研究の結果を総合すると，途上国に対する直接投資は必ずしも成長に寄与するわけではなく，直接投資が成長促進効果を持つには，適切な政策や十分な人的資本ストックなどの条件が必要であるということがわかってきている．

例えば，Balasubramanyam et al. (1996) は国単位のクロスセクション・データを使って次のような式を推計した．

$$\Delta \ln y_i = \alpha + \beta FDI_i + x'_i \delta + \varepsilon_i \tag{4.1}$$

ここで，$i$ は国を表し，$\Delta \ln y$ は 1970 年から 1985 年までの一人当たり GDP の成長率を，$FDI$ は直接投資の指標として直接投資流入額の対 GDP 比率（1970 年から 1985 年までの平均値）を，$x$ はその他の変数のベクトルを，$\varepsilon$ は誤差項を表す．彼らは，全 46 ヵ国の開発途上国のデータを使い，直接投資の指標が GDP 成長に正で有意な影響を与えることを見出した．しかし，これらの国を輸出振興 (export promotion) 政策をとっていた国（シンガポール，マレーシア，チリなど）と輸入代替工業化 (import substitution) 政策をとっていた国（バングラデシュ，フィリピン，メキシコなど）に分けた場合，輸出振興した国では直接投資の効果は正であったが，輸入代替工業化を行った国で

---

[16] 本節は，戸堂（2006a）を大幅に加筆修正したものである．

はその効果は有意でなかった.

　Borensztein et al. (1998) は, 1970-79 年と 1980-89 年の 2 期間に分けた 69 ヵ国の途上国のデータを利用し, seemingly unrelated regression (SUR) の手法で Balasubramanyam et al. (1996) と同様の推計式を回帰した. また, 彼らは直接投資流入額の対 GDP 比率だけではなく, それに人的資本ストックを掛け合わせた交差項も説明変数として含め, 人的資本量が直接投資の効果を左右するかを検証した. 人的資本ストックを表す変数としては, それぞれの期間の初年度における 25 歳以上の男性の中等教育における平均就学年数が使われた. その結果, 直接投資の対 GDP 比率そのものの効果は負で有意でないが, 直接投資と人的資本の交差項の効果は正で有意となった. つまり, 直接投資は人的資本ストックの少ない国では経済成長に影響しないが, 人的資本の多い国では成長を促進する. 彼らの推計結果によると, その境界の中等教育就学年数は 0.52 年であり, 1980 年にこれ以上の人的資本レベルを持つ国は 69 ヵ国中の 46 ヵ国であった.

　Borensztein et al. (1998) と同様の枠組みで, Alfaro et al. (2004) と Durham (2004) は, 直接投資の指標と金融市場の成熟度[17]との交差項や腐敗度の指標[18]との交差項は, 一人当たり GDP 成長率に対して正で有意な効果を持つことを示した. 金融市場の成熟度が直接投資の成長に対する効果の大きさを左右するのは, 投資相手国が多国籍企業からの技術伝播を享受するためには, 地場企業が新しい機械を購入したり, 人材を雇ったりする必要があり, そのためには市場で資金を調達する必要があるからであると考えられる. また, 腐敗度で表される経済制度の質が高いほど, 直接投資の成長促進効果が高いのは, 制度の質が高いとより効率的に直接投資が行われるからであると考えられる. つまり, 腐敗した国に対する直接投資はその多くが投資相手国の役人や政治家の懐に入ってしまい, 生産的な活動に使われていない可能性がある.

　Li and Liu (2005) は, Im et al. (2003) の手法を使って一人当たり GDP

---

[17] 例えば, 金融機関の持つ現金・預金・債権の和と GDP の比 (Alfaro et al., 2004), 株式市場の時価総額の対 GDP 比率 (Durham, 2004) などで表されている.

[18] ここでは, Knack and Keefer (1995) による指標が使われている. 数字が大きいほど腐敗度が低い.

や直接投資の流入量などの変数のパネルデータにおける定常性（stationarity）を確かめた後，式（4.1）と同様の式を1970-99年の1年ごとの国別パネルデータをプールしたサンプルで推計した[19]．彼らは直接投資の成長に対する効果が頑健で正であることを見出したが，同時に，途上国のサンプルではアメリカとの所得ギャップが大きければ大きいほど，直接投資の効果が小さくなることを発見した．

ただし，直接投資流入額のマクロ統計は特に途上国において不正確であると批判されることが多く，もしこの批判が正しければ，以上のような直接投資と成長との関連は途上国においては弱いという結果が説得性に欠けるものとなってしまう．そこで，Xu (2000) は比較的正確であると思われるアメリカ政府の統計を利用して，アメリカからの直接投資に絞って，それが受入国のTFP成長に与える影響を推計した．アメリカが世界の技術フロンティアであり，アメリカからの技術伝播によって多くの国が技術進歩を遂げていることを考えれば（Eaton and Kortum, 1999），アメリカからの直接投資の流入に限定するのも正当化できる．Xu (2000) の結果は Borensztein et al. (1998) の結果と整合的であり，途上国における直接投資の成長促進効果は有意でなく，直接投資が成長を促進するためには十分な人的資本が必要であることが示された．

しかし，式（4.1）の推計は，直接投資の指標の内生性のために，OLS推計やパネルの固定効果推計では偏りが生じる可能性がある．したがって，de Mello (1999) は，次のような動学的回帰式を操作変数を利用して回帰することで内生性を修正し，計量経済学的により精緻な推計を行った．

$$\Delta \ln y_{it} = \alpha_i + \delta \ln y_{i,t-1} + \beta FDI_{it} + \varepsilon_{it}$$

ここで，$y$ は一人当たりGDPまたはTFP（全要素生産性）を表し，添え字の $t$ は時間を表す．de Mello (1999) は，この推計式を説明変数のラグ変数とアメリカと比較した一人当たりGDPの割合を操作変数として，操作変数法によって推計した．アメリカと比較した相対的一人当たりGDPを操作変数とし

---

[19] Durbin-Wu-Hausman テストによって，一人当たりGDPの成長率と直接投資流入額-GDP比の間に内生性（endogeneity）が見出された1985-99年の期間については，式（4.1）と直接投資の決定式との同時方程式を推計した．

て加えたのは，所得ギャップは直接投資の流入を左右する資本の限界生産性の差や技術レベルの差を反映していると考えられるからである．また，すべての国を含んだサンプル以外に，OECD 加盟国のみと非 OECD 加盟国のみのサンプルそれぞれについても推計した．その結果，直接投資の一人当たり GDP に対する効果はすべてのサンプルで正で有意であったが，TFP に対する効果は OECD 加盟国では正で有意となったものの，非 OECD 加盟国については有意な結果が得られなかった．

さらに，Carkovic and Levine (2005) は，Arellano and Bond (1991) の差分 GMM の手法を用いて，直接投資の指標の内生性および国別の固定効果 (country-specific fixed effects) による偏りを修正したうえで直接投資の効果を検証した結果，直接投資の効果はおおむね有意ではないことを見出した．しかも，Borensztein et al. (1998) がその効果を見出した，直接投資と人的資本ストックの積についても有意な結果は得られなかった．Carkovic and Levine (2005) 以外の研究では直接投資の内生性や固定効果を考慮していないので[20]，Carkovic and Levine (2005) 以外のいくつかの論文で見出されてきた直接投資の成長促進効果は，これらの推計上の問題による偏りのためである可能性がある．

しかしさらに，Blonigen and Wang (2004) は，Carkovic and Levine (2005) のように先進国と途上国の両方を標本としてプールして推計を行うのは問題が大きいと主張した[21]．前節の理論的考察でも見たように，直接投資の効果は投資相手国の条件によって大きく異なる可能性があるし，そもそも途上国に対する直接投資は垂直的なものが中心で，先進国向けの水平的直接投資とは成長に対する効果が異なるはずである．これを明確に示すために，Blonigen and Wang (2004) は先進国と途上国両方を含んだデータで Borensztein et al. (1998) の提示した式をシステム GMM で推計したが，Borensztein et al. (1998) の結果とは異なり，直接投資そのものも人的資本との積も有意な効果がないことを明らかにした．

---

[20] 上に述べた de Mello (1999) では，Carkovic and Levine (2005) と同様に直接投資の変数の内生性は考慮されているが，国固有の定数項については考慮していない．
[21] Alfaro et al. (2004) や Durham (2004) も先進国と途上国の両方を標本としている．

ただし，Blonigen and Wang（2004）は途上国のみのサンプルを利用してシステム GMM 推計を行うことはしなかった．したがって，Borensztein et al. (1998) の結果と Carkovic and Levine（2005）の結果が異なるのは，内生性を修正したためか，それとも先進国と途上国をプールして推計したためなのかは必ずしも明らかではない．

さて，以上の研究が直接投資が成長に対して及ぼす直接的な影響を推計したのに対して，de la Potterie and Lichtenberg（2001）は Coe and Helpman（1995）の手法を使って（3.2.1 節を参照）直接投資が外国技術が国内に流入するためのチャンネルとなっているかを検証するために，次のような式を推計した．

$$\ln TFP_i = \alpha^0 + \alpha^d ln S_i^d + \alpha^{ff} ln S_i^{ff} + \alpha^{ft} ln S_i^{ft}$$

ここで，$S_i^d$ は自国の研究開発ストック（研究開発支出額を減耗を考慮して足し合わせたもの）であり，$S_i^{ff}$（$S_i^{ft}$）は，$i$ 国以外の国の研究開発ストックを $i$ 国への直接投資流入額（流出額）の $i$ 国での総直接投資額に対する比率をウェイトとして足し合わせたものである．この結果，$\alpha^{ff}$ は有意でないものの $\alpha^{ft}$ は正で有意となり，対内直接投資は外国からの技術伝播のチャンネルとはならないが，対外直接投資はそのチャンネルとなることが示された．ただし，彼らは先進国のみを対象としていること，3.2.1 節で述べたように Coe and Helpman（1995）の手法には批判があることには留意すべきである．

まとめ

以上のようなマクロデータ分析から，直接投資が無条件に経済成長を促進するわけではないことは明らかである．適切な貿易政策・高い人的資本レベル・成熟した金融市場・質の高い経済制度などによって高い技術吸収力（absorptive capacity）を獲得した国のみが，直接投資の成長促進効果を享受できる．特に，技術吸収力の弱い途上国においては直接投資の成長への効果はほとんどないという結果は，ほぼすべての研究において示されている．

## 4.2.2 ミクロデータによる実証

貿易と成長の実証分析の分野と同様，企業レベルのデータベースが各国で整備されてきたことを受けて，1990年代半ば頃よりミクロデータを使った直接投資の成長促進効果の実証分析が激増している．企業レベルデータを使うことで，直接投資がどのようなチャンネルで投資相手国経済に影響を与えるのかをより具体的に分析できる．前節の理論分析から明らかなように，特に重要なのは，直接投資が技術や需要のスピルオーバーによって地場企業の技術レベルや生産量に対して貢献しているか否かである．以下この点に焦点を当てて，直接投資と成長に関するミクロ実証結果を概観する．なお，本書の焦点は途上国にあるが，途上国のミクロデータを使った研究はまだまだ少なく，先進国のミクロデータを使ってさまざまな手法が開発されているので，先進国を対象にした研究成果も合わせて紹介したい．

**明確ではない直接投資からのスピルオーバー効果**

直接投資から地場企業への技術のスピルオーバーを検証しようとする既存の研究では，ある産業における外資企業の規模が，その産業に属する地場企業の生産量・生産性やそれらの成長率に与える影響を推計することが標準的である．つまり，推計式は

$$\Delta \ln y_{it}(\text{または，} \ln y_{it}) = \alpha + \beta FDI_{it} + x'_{it}\delta + \varepsilon_{it} \tag{4.2}$$

で与えられる．ここで，$i$, $t$ は企業および時間を表し，$\Delta \ln y$, $\ln y$ は地場企業の生産量の成長率および大きさを，$x$ はその他の変数のベクトルを表す．$FDI_i$ は企業 $i$ が属する産業[22]における直接投資の規模を表す変数であり，その産業の雇用量や生産量に対して外資企業が占めるシェアによって代用されることが多い．また，被説明変数には地場企業の TFP（全要素生産性）もしくはその成長率が使われることもある[23]．

しかし，このような枠組みでなされた実証研究の結果は多岐にわたってい

---

[22] 1つの「産業」は，3桁または4桁レベルの産業分類によって定義されることが多い．
[23] なお，本節で紹介する論文におけるいくつかの計量経済学的な問題については，章末の補論において議論されている．

る．例えば，Kokko（1994），Chuang and Lin（1999）はそれぞれメキシコ，台湾の企業レベルデータを，Blomström and Sjoholm（1999），Sjoholm（1999），Takii（2005）はインドネシアの企業レベルデータを使って，式（4.2）における $\beta$ が正で有意であること，すなわち直接投資が同じ産業に属する地場企業の生産性の上昇を引き起こすことを示した．これは，直接投資からの技術のスピルオーバーが存在することを示唆している．

しかし，Haddad and Harrison（1993），Kinoshita（2001）はそれぞれモロッコ，チェコのデータを使って推計した結果，直接投資には地場企業の生産性を上昇させる効果はないことを明らかにした．

さらに Aitken and Harrison（1999）は，ベネズエラのデータによって直接投資の効果は負で有意であることを示した．Aitken and Harrison（1999）は，このような直接投資の負の効果は，外資企業が参入することによって競争が激化し，地場企業のシェアが下がってしまうことから起きると考えた．また，外資企業の参入によって労働市場，特に高技術労働者の市場で需要が増え，賃金が増加することで地場企業にとってのコストが増加してしまう可能性もある．前節で紹介した理論のいくつかも，輸入やライセンス生産に比べたときに，直接投資は投資相手国に対してこのような効果があることを指摘している（例えば Ethier and Markusen, 1996; Saggi, 1999）．

このような互いに相反する結果が生じる理由として，例えば既存の研究における推計方法，データの取り扱い方法の相違が考えられる．これを明らかにするために，Görg and Strobl（2001）は企業もしくは産業レベルのデータで直接投資からのスピルオーバーを推計した 21 の既存の論文の結果を標本として，各々の論文中のメインの回帰分析における外資企業のシェアの係数の $t$ 値を被説明変数として，回帰分析結果を左右すると思われるさまざまな変数を説明変数として OLS 推計する，いわゆるメタ回帰分析（meta-regression analysis）[24] を行った．

その結果，サンプルがクロスセクション・データであることを示すダミーの係数が正で有意となった．逆にいえば，パネルデータを使った研究は直接投資

---

[24] メタ回帰分析については Stanley and Jarrell（1989）を参照のこと．

の係数の $t$ 値が低くなる傾向にあるということである．これは，観察できない個々の企業の固定効果が産業レベルの直接投資の大きさと正の相関があることを示唆している．このような相関は，例えば高成長の産業に直接投資が誘引されているような場合に生じる．また，直接投資が雇用量のシェアまたは生産量のシェア以外の変数で表されていることを示すダミーの係数は負で有意となり，直接投資の代理変数の選択によって結果が大きく異なる可能性があることを示唆している．反面，被説明変数が生産量の成長率であるか否かの違いやサンプルが先進国か途上国かの違いなどは，直接投資の効果の推計に大きな影響を与えないという結果が得られた．

**直接投資のスピルオーバー効果 vs 市場侵食効果**

直接投資からの技術のスピルオーバーに関する既存研究の結果が互いに相反するものとなっている理由としてもう 1 つ考えられるものは，欠落変数による推計の偏りである．特に，直接投資には産業内の競争を激化させることにより地場企業の市場を侵食するという負の効果があり（Aitken and Harrison, 1999），式（4.2）のような単純な推計では直接投資からの技術のスピルオーバーがあったとしても，負の市場侵食効果と相殺されて有意な正の効果が認められない可能性も高い．

Haskel et al.（2002）や Keller and Yeaple（2003）は，これを考慮して市場侵食効果を直接投資からのスピルオーバー効果から排除するために，市場における競争の度合いを表す変数，例えば各企業の市場シェア（各企業の生産高と産業全体の生産高の比率）や企業レベルもしくは産業レベルのマークアップの大きさ（売上高と総費用の比率）などを説明変数として加えた．その結果，Haskel et al.（2002），Keller and Yeaple（2003）は（先進国対象であるが）それぞれイギリス，アメリカの企業レベルデータにおいて，直接投資の規模を表す変数の係数は正で有意であることを見出した．すなわち，直接投資の市場侵食効果をコントロールすると，直接投資からのスピルオーバーは検出されたわけである．

また Görg and Hijzen（2004）は，外資企業が輸出をしている場合には国内市場の競争を激化する効果が少ないと考え，国内市場における外資企業のプレ

ゼンスと輸出市場における外資企業のプレゼンスを区別して，それぞれが地場企業の生産に与える効果を推計した．より具体的には，国内市場における外資企業のプレゼンスは，国内供給額（総生産マイナス輸出額）における外資企業のシェア，輸出市場におけるプレゼンスは，輸出額における外資企業のシェアを用いて表された．イギリスのデータを利用した分析の結果，国内市場における外資企業のプレゼンスは必ずしも地場企業の生産に寄与しないが，輸出市場におけるプレゼンスは地場企業の生産を向上させることが示された．この結果は，地場企業と競合しない外資企業からの技術のスピルオーバーは存在することを示唆している．

さらに Bloom et al. (2004) は，知識・技術のスピルオーバーによる効果と競争の激化による効果とを区別するために次のような手法を提示した．（ただし，彼らの分析の焦点は直接投資からのスピルオーバーではなく，地場企業の研究開発活動による他企業へのスピルオーバーである．）ある企業にとって，他企業の研究開発からのスピルオーバーの度合いはその企業との技術の近接性に依存するし，他企業との競争によって被る負の効果の度合いは，その企業との製品の近接性に依存する．つまり，2つの企業が同じような製品（例えば，パソコン用プリンタ）を作っていても，使っている技術が全く異なれば（例えばインクジェットとレーザー），技術のスピルオーバーは起きずに競合による負の効果のみが発生する．逆に，2つの企業が異なる製品を生産しているが，同じような技術を使っている場合には，技術のスピルオーバーのみが発生する．

このような考察のもと，Bloom et al. (2004) は製品市場および技術の近接性を考慮に入れた他の企業の研究開発活動の規模を表す指標を，それぞれ次のように定義した．

$$SPILLSIC_{it} = \sum_{j \neq i} \frac{S_i S'_j}{(S_i S'_i)^{\frac{1}{2}} (S_j S'_j)^{\frac{1}{2}}} R_{jt}$$

$$SPILLTECH_{it} = \sum_{j \neq i} \frac{T_i T'_j}{(T_i T'_i)^{\frac{1}{2}} (T_j T'_j)^{\frac{1}{2}}} R_{jt}$$

ここで，$i$, $t$ は企業および年を表し，$R_{jt}$ は企業 $j$ の研究開発ストックであ

る.また,$S_i = (S_{i1}, S_{i2}, \ldots, S_{ik}, \ldots)$, $T_i = (T_{i1}, T_{i2}, \ldots, T_{ih}, \ldots)$ と定義されるが,$S_{ik}$ は製品 $k$ の総生産量に対する企業 $i$ のシェアであり,$T_{ih}$ は技術分野 $h$ における総特許数に対する企業 $i$ のシェアである.$S'$ は $S$ の転置ベクトルを表すので,例えば $S_i S_j' = \sum_k S_{ik} S_{jk}$ であり,企業 $i$ と企業 $j$ との製品の近接性が高いほど $S_i S_j'$ は大きくなる.したがって,$SPILLSIC$ および $SPILLTECH$ は,それぞれ市場および技術の近接性をウェイトとして他企業の研究開発ストックを足し合わせたものである.

このような指標を使って,Bloom et al. (2004) はアメリカの企業レベルデータを利用して,$SPILLSIC$,すなわち製品市場の近接性を考慮した他企業の研究開発活動レベルは企業の市場価値を上昇させないが,$SPILLTECH$,すなわち技術の近接性を考慮した他企業の研究開発レベルは市場価値を上昇させることを見出した.この結果は,競争を激化する効果を取り除けば,他企業からの技術のスピルオーバーは存在すると解釈できる.なお,この手法はあくまでもアメリカ国内の企業間のスピルオーバーであるが,今後,直接投資からのスピルオーバーの研究にもこの手法が取り入れられることが期待される.

**投資相手国企業の技術吸収力とスピルオーバー効果**

直接投資からのスピルオーバー効果は,地場企業の性質や直接投資の種類の違いによって異なる可能性がある.これは,4.1.2 節の理論的考察からも 4.2.1 節のマクロ実証分析結果からも示唆されている.そこで,近年は直接投資からのスピルオーバー効果を引き起こす要因について,より細かく分析した研究が多く出ている.

例えば,マクロ実証分析でも見られたように,投資相手国企業と外資企業との技術のギャップの大きさが外資企業からの技術のスピルオーバーの大きさを左右する可能性がある.理論的には,技術ギャップが拡大することによって,直接投資からのスピルオーバー効果が大きくなる場合もあれば小さくなる場合もある.例えば,Findlay (1978) は後発性の利益を主張し,ギャップが大きいほど後発国は直接投資からの利益をより多く享受できると考えた.しかし逆に,技術レベルが違いすぎる場合には,投資相手国の技術吸収力が先進的な技術を学ぶには十分ではないために,スピルオーバーが全く起きないこともあり

うる[25]．たとえていえば，高校生がノーベル賞経済学者の授業を受けたとして，その高度な知識から多くのことを学ぶ場合もあれば，逆に難しすぎてチンプンカンプンで何も学べない場合があるようなものである．

実証的にも，この両方の結果が得られている．Kokko (1994) は，産業平均の労働生産性で測った外資企業と地場企業の技術レベルのギャップを外資企業のシェアを掛け合わせた交差項を説明変数とすることで，メキシコにおいて技術のギャップが大きい産業ほど，直接投資からの技術のスピルオーバーが小さいことを見出した．Takii (2005) は，技術のギャップが大きい産業と小さい産業とにサンプルを分けることで，インドネシアにおいて同様の結果を得ている．技術ギャップが大きいことは，途上国の技術レベルが相対的に小さく，したがって技術吸収力が小さいと解釈することができるので，これらの結果は外資企業からの技術のスピルオーバーを受けるためには，地場企業も十分な技術吸収力を持っている必要があることを示唆している．

Girma (2005) は，Hansen (2000) の内生的閾値回帰分析（endogenous threshold regression analysis）を使って，スピルオーバー効果が技術ギャップの大きさによっていろいろと異なることを示した．彼の推計式は次のようなものである．

$$\Delta \ln TFP_{it} = \rho \ln TFP_{i,t-1} + \beta_1 \cdot FDI_{i,t-1} \times I(ABC_{i,t-1} \leq \alpha)$$
$$+ \beta_2 \cdot FDI_{i,t-1} \times I(ABC_{i,t-1} > \alpha) + x'_{i,t-1}\delta + \varepsilon_{it} \quad (4.3)$$

ここで，$ABC$ は技術吸収力（<u>a</u>bsorptive <u>c</u>apacity）を表し，

$$ABC_{i,t-1} = \frac{TFP_{i,t-1}}{\max_{\iota \in i \text{ の所属する産業}} TFP_{\iota,t-1}}$$

と定義される．$I(ABC_{i,t-1} \leq \alpha)$，$I(ABC_{i,t-1} > \alpha)$ はカッコ内の条件を満たすときに 1，それ以外では 0 となる indicator function を表す．Hansen (2000) の手法では，$\alpha$ は外生的・恣意的に与えられるのではなく，残差平方

---

[25] Kokko (1994) はこのような状態を「外資企業が地場企業とかかわりを持たない飛び地（enclave）を形成している」と表現した．

和 (sum of squared errors) $\sum_i \sum_t \varepsilon_{it}$ を最大にする $\alpha$ が選ばれる[26]. また, 式 (4.3) では表記を簡単にするために閾値を 1 つしか考慮していないが, 実際には 3 つまでの閾値を仮定して, それぞれの範囲における直接投資の係数 $(\beta_1, \beta_2, \ldots)$ が互いに等しいかどうかをラグランジェ乗数検定 (Lagrange multiplier test) によって検証し, それぞれの範囲の直接投資の係数が有意に異なる最大の閾値の数を選択している. このような手法をイギリスのデータに適用して, Girma (2005) は閾値が 1 つまたは 2 つ存在し, 技術吸収力がある程度大きい場合 (すなわち技術ギャップが小さい場合) にのみ直接投資の TFP 成長に与える効果が正で有意となることを示した. この結果は, Kokko (1994) および Takii (2005) の結果と整合的である.

しかし反面, インドネシアのデータを利用した Blalock and Gertler (2007) は, Kokko (1994) と同様に技術ギャップと外資企業のシェアの積を説明変数として用いた結果, 技術レベルのギャップが大きいと逆に直接投資からの技術のスピルオーバーの量が大きいことを示した. 先進国の例であるが, Castellani and Zanfei (2003) もイタリア, フランス, スペインのデータによって同様の結果を得ている. したがって, 技術ギャップとスピルオーバー効果の大きさの関係は十分に解明されたとはいえず, 今後もさらなる研究の蓄積が必要である.

途上国企業の技術吸収力を表すものとして, 上記の研究で使われた労働生産性や TFP 以外に例えば研究開発活動の集約度が考えられる. Kinoshita (2001) は, 式 (4.2) に外資企業のシェアと地場企業自身による研究開発支出額の対生産高比率の交差項を追加的な説明変数として用い, その係数が正で有意であることを示した. この結果は, 地場企業による研究開発活動が直接投資からのスピルオーバーを促進することを示唆している.

同様に, Blalock and Gertler (2007) は研究開発を行っている企業に対するダミーを使って, 研究開発活動を行っている途上国企業は, 行っていない企業に比べて直接投資からの技術のスピルオーバーを 3 倍以上多く受けていることを示した. さらに, Blalock and Gertler (2007) は, 大学卒以上の労働者の

---

[26] ただし, Girma (2005) では $\alpha$ は 0.25% 刻みの中から選択されている.

比率で測った企業内の人的資本のレベルが，直接投資からのスピルオーバー効果を促進していることも見出した．これらの結果は，技術の受取側である地場企業の努力が，技術吸収力を上げることで直接投資からのスピルオーバーを呼び込むことを示すものである．

**外資企業のスピルオーバー促進活動**

さらに，技術の受取り側ではなく，技術の発信元である外資企業が研究開発や社内研修といった人的資源開発（human resource development）を行うことがスピルオーバーを促進するかどうかを検証した研究もある．第5章で詳述するTodo and Miyamoto (2006) は，インドネシアのデータを使って，投資相手国で研究開発活動を行っている外資企業とそうでない外資企業とを区別して，それぞれのタイプの外資企業のシェアが地場企業のTFP成長率に与える影響を推計した．また，Todo et al. (2006) は，北京にある中関村科学技術園内の企業のミクロデータを使って，Todo (2006) は日本の企業レベルデータを利用して同様の分析を行った．その結果，3つの論文すべてが，研究開発活動を行っている外資企業は地場企業のTFP成長を向上させるが，研究開発を行っていない外資企業はそのような効果を持たないことを見出した．これは，外資企業の持つ高い技術は生産に従事する労働者（例えば工場労働者）には伝播しないが，研究開発に従事する地元の技術者には伝播し，さらには技術者の転職や技術者同士の情報交換によって地場企業へと伝播することを示唆している．さらにTodo and Miyamoto (2002a) は，インドネシアで人的資源開発（社内研修）を行っている外資企業は地場企業への技術のスピルオーバー効果があるが，行っていない外資企業はスピルオーバー効果がないことを示した[27]．

---

[27] Girma (2005) は，技術習得型直接投資（technology sourcing FDI）と技術利用型直接投資（technology exploiting FDI）とを区別した．前者は研究開発支出額の対生産高比率の低い国からの投資として定義され，これは投資相手国の技術を学ぶための投資であると考えられた．後者は研究開発支出レベルの高い国からの投資であり，投資国の技術を利用して投資相手国で生産をするための投資である．それぞれのタイプの直接投資のスピルオーバー効果をイギリスの企業データを用いて推計した結果，技術習得型直接投資は有意な効果がないか，技術利用型投資よりもはるかに小さな効果しかないことが見出された．ただし，これは先進国に

**地理的距離とスピルオーバー効果**

　直接投資からのスピルオーバー効果を減じてしまうものとして地理的な距離が考えられる．Girma and Wakelin (2001) と Girma (2005) は，各々の標本である地場企業 $i$ と同じ地域（$r$ とする）にある外資企業の産業内シェア（$FDI1_r$）とは別に，$r$ 以外の地域にある外資企業の規模を表す指標を

$$FDI2_{r,t-1} = \sum_{k \neq r} \frac{FDI1_{k,t-1}}{(d_{kr})^2} \tag{4.4}$$

（ただし，$d_{kr}$ は地域 $k$ と地域 $r$ との距離を表す）

と定義して区別することで，これを検証した．イギリスの企業レベルデータを利用して，Girma and Wakelin (2001) と Girma (2005) は $FDI2$ の TFP 成長に対する効果が有意でない，すなわち，距離的に離れている直接投資からのスピルオーバー効果はないことを見出した．

　しかし，ハンガリーのデータを用いた Halpern and Muraközy (2005) は，逆に距離によってスピルオーバー効果が失われることはないことを示した．彼らは，国全体を対象とした産業ごとの外資企業のシェアとは別に，標本の地場企業から 25 km（または 50 km，100 km）以内の隣接した地域内における産業別の外資企業のシェアを説明変数として追加して推計を行い，この隣接した外資企業を表す変数が有意な効果を持たないことを見出したのである．

　したがって，距離とスピルオーバーの効果との関係については決着がついているとはいえない．これは，1 つにはこの問題を検証するための方法論がまだまだ確立されていないためであろう．例えば，Girma and Wakelin (2001) と Girma (2005) では，式 (4.4) に表されているように距離の 2 乗に反比例してスピルオーバー効果が縮小していくことが仮定されているが，必ずしもこの仮定が正しいとは限らない．このような恣意性を排除するために，研究開発活動の国際的なスピルオーバー効果と地理的距離との関係を国単位のデータで分析した Keller (2002) に従い，例えば次のような推計式を提案したい．

---

対する直接投資であり，途上国向けの直接投資には技術利用型は通常ほとんど存在しない．

$$\Delta \ln TFP_{irt} = \rho \ln TFP_{ir,t-1} + x'_{i,t-1}\theta$$
$$+\beta \sum_k e^{-\delta d_{kr}} FDI_{k,t-1} + \varepsilon_{it} \quad (4.5)$$

ここで, $\Delta \ln TFP_{irt}$ は地域 $r$ にある企業 $i$ の TFP 成長率, $FDI_k$ は地域 $k$ の直接投資の大きさを表す変数, $d_{kr}$ は地域 $k$ と地域 $r$ の距離を表す. $\delta$ は直接投資からのスピルオーバー効果に対する距離の弾力性を表しており, 式 (4.5) を非線形回帰分析で推計して $\delta > 0$ となれば, 距離の負の効果が確かめられることになる. 今後, このような枠組みで途上国のデータを使った実証分析が待たれるところである.

### 後方連関によるスピルオーバー効果

これまで紹介した研究はそのほとんどが, ある地場企業が属する産業における外資企業からのスピルオーバー, すなわち産業内スピルオーバー (intra-industry spillovers) に焦点を当てている. しかし, 現実のスピルオーバーは, 産業内ではなく後方連関によって川下産業から川上産業へと産業間 (inter-industry) で起きる可能性も高い. このような後方連関によるスピルオーバーは, 前節で紹介した理論が示すとおり需要増による金銭的外部性によっても起きうるし, 部品企業に対する最終財企業の技術指導による技術的外部性によっても起きうる.

Javorcik (2004) はこのような後方連関によるスピルオーバーの存在を検証した嚆矢となった論文である. リトアニアの企業データを利用したこの論文は, 後方連関によるスピルオーバーは存在するが, 産業内スピルオーバーは存在しないことが示した. Javorcik (2004) では, 産業 $j$ での外資企業の規模を表す変数 $Horizontal_{jt}$ を

$$Horizontal_{jt} = \frac{\sum_{\text{企業 } i \in j} FS_{it} \cdot Y_{it}}{\sum_{\text{企業 } i \in j} Y_{it}}$$

と定義し ($FS_{it}$ は企業 $i$ の $t$ 年における外国資本のシェア, $Y_{it}$ は生産量を表

す),産業 $j$ に属する企業にとって川下産業での外資企業の規模を表す変数 $Backward_{jt}$ を次のように定義した.

$$Backward_{jt} = \sum_{k \neq j} \alpha_{jk} Horizontal_{kt}$$

ここで,$\alpha_{jk}$ は産業 $j$ の生産量のうち産業 $k$ に供給された割合を表す.本来の $\alpha_{jk}$ には,各々の企業の川下の産業 $k$ への供給量と全生産量の比率が使われるべきであるが,データの制約上,Javorcik (2004) は産業連関表から得た産業レベルのデータを利用している.このように定義された $Horizontal_{jt}$ は TFP レベルに有意な効果が見出されなかったが,$Backward_{jt}$ は正で有意な効果があった.Blalock and Gertler (2007) および Liu (2008) は,Javorcik (2004) とほぼ同様の方法で,それぞれインドネシアおよび中国でもやはり産業内スピルオーバーはないが,後方連関スピルオーバーはあることを見出した.Javorcik and Spatareanu (2008) はルーマニアのデータで同様の結論を導き,さらに外国資本比率が 100% の外資企業と 100% 未満の外資企業とに分けた結果,後方連関スピルオーバー効果が前者にはないが後者にはあることを示した.彼らは,100% 外資企業は,(1) 地場企業からの部品調達率が低いこと,(2) 地場企業が学習するには難しすぎる高度な技術を導入する傾向にあることの 2 点がこの結果の背景となっていると考察している.

また,Rodriguez-Clare and Alfaro (2004) は,別の見方から外資企業の後方連関効果を分析している.彼らは,ブラジル,ベネズエラ,チリの企業レベルデータを使い,国内で調達した中間財の量(労働者一人当たり)は外資企業の方が地場企業よりも多い,すなわち外資企業のほうが後方連関の度合いが大きいことを見出した[28].Markusen and Venables (1999) は,多国籍企業が地場企業に比べて後方連関の度合いが大きければ直接投資は投資相手国の効用を増大することを理論的に導いているので,Rodriguez-Clare and Alfaro (2004) の実証結果は,直接投資が投資相手国にとって有益であることの傍証となっている.

---

[28] ただし,メキシコのデータでは外資企業と地場企業とに有意な差異はなかった.

まとめ

　直接投資から地場企業への技術のスピルオーバーが存在するのかを企業単位のミクロデータを使って分析した研究によると，その結果は多岐にわたっており，一概にスピルオーバーが存在するとはいえない．特に，途上国に対する直接投資からは無条件に外国の知識・技術が投資相手国に漏出していくわけではなく，途上国が外資企業からの技術のスピルオーバーを享受するためには，さまざまな条件が存在するようである．例えば，投資相手国の地場企業が研究開発活動や社内研修によって技術吸収力をアップさせたり，逆に投資相手国で研究開発や社内研修を行うような質の高い直接投資を受け入れたりすることで，より多くのスピルオーバーを誘発することができる．また，産業内スピルオーバーではなく後方連関による産業間スピルオーバーが起きていることも示されている[29]．

## 4.3　要約と考察

　以上のような多くの理論的・実証的研究の成果は，途上国が外国直接投資を誘致しさえすれば，自然に高い知識・技術が伝播したり国内需要が増加したりして，経済成長への起爆剤となるわけでは必ずしもないことを示唆している．例えば，部品を輸入して組み立てだけを行い，製品は輸出してしまうような外資企業を税制的に優遇して輸出加工区に誘致するような政策は，そのコストに見合った効果が期待できない可能性が高い．特に，そのような輸出加工区がすでに存在する産業集積地から遠く離れた地域に巨額のインフラ投資を行って建設されるような場合には，外資企業が「飛び地」を形成して，地場企業の需要を引き上げることもなければ，技術を地場企業に伝えることもないという結果

---

[29] ここでは企業の生産や生産性に対する影響を分析した研究に焦点を当てたが，それ以外の方法で直接投資の地場企業への影響を分析した研究も存在する．例えば，外資企業の存在は地場企業の生存確率（survival rate）を上昇させたり（Görg and Strobl, 2003），地場企業の参入率（Görg and Strobl, 2002; Backer and Sleuwaegen, 2003; Barrios et al., 2005; Cai et al., 2007）を上昇させたりすることが示されている．これらはすべて，外資企業が地場企業に技術または需要をスピルオーバーさせているからだと考えられる．

に終わり，国内産業の育成には何の役にも立たないだろう．このような例として考えられるのは，インドネシアのバタム島やビンタン島の工業団地で，これらはジャカルタから1,000キロも離れているが，これはシンガポールから20キロという近接性が評価されて建設されたものである．これらの工業団地は経済的にはむしろシンガポールと密接につながっており，インドネシアから見れば完全に飛び地化している．

　しかし同時に，これらの研究は直接投資を呼び水として国内産業を育成して経済成長を促すことも，やり方によっては可能であることも示唆している．具体的なやり方の第1は，誘致する外資企業を選別することである．例えば，投資相手国で研究開発活動や人的資源開発活動（社内教育・研修）を行う外資企業からはより多くの技術のスピルオーバーが期待できるし，地場企業からの部品調達量が大きい外資企業からはより多くの需要のスピルオーバーが期待できる．第2に，国内の技術吸収力を高めることも直接投資からの便益を拡大する．例えば，国内の教育レベルを向上させたり，地場企業が研究開発や人的資源開発を行ったりすれば，外資企業の持つ高度な技術をより多く吸収することができるからだ．第3に，最終財産業に直接投資を呼び込むとともに，国内の部品産業への直接投資は規制して，逆に外資企業から部品産業への技術移転を奨励することで，国内産業を育成することもできよう．第4に，場合によっては直接投資を規制してライセンス生産を奨励したほうがよい可能性もあることも理論的な結論の1つである．特に，発展の初期段階で直接投資に頼ると，比較的技術のスピルオーバーの起こりにくい直接投資への依存が深まり，地場企業の技術進歩の妨げになってしまう可能性がある．

　戦後の日本や1980年代以降の中国の直接投資に対する政策は，このような結論から見て評価できるものである．日本政府は，第2次世界大戦後1964年までは直接投資を規制し，逆にライセンス生産を奨励した．そのうえ，通商産業省（現在の経済産業省）は個々の日本企業と外資企業のライセンス契約にも介入し，できるだけ多くの技術が地場企業に移転されるような条件で契約が成立するように努力したという（Goto and Wakasugi, 1988; Kim and Ma, 1997）．中国は，自動車産業においては2002年までは外資企業に対して80％の国内部品調達率を義務づけており（Francois and Spinanger, 2004），1980-90年代

には上海フォルクスワーゲンからのスピルオーバー効果により,国内の部品メーカーは飛躍的に発達した（廖・呉, 2004). また,外資企業が国内に研究開発拠点を持つことも奨励され,トヨタ,ホンダ,フォルクスワーゲン,GMなど主だった外資企業は中国に研究開発センターないしは生産技術開発センターを有している（産業研究所, 2003). このような政策は,日本や中国での急速な技術進歩をもたらした要因の1つであると著者は考えている.

## 補論　直接投資のミクロ実証分析に関する留意点

### レベル回帰 vs 成長回帰

本文で述べたように,直接投資からのスピルオーバーに関するミクロ実証分析では,式 (4.2) を推計する場合がほとんどであるが,被説明変数が生産量（もしくは生産性）のレベルかその成長率のどちらであるかは,論文によってまちまちである[30]. しかし,「レベル」回帰（level regression）と「成長」回帰（growth regression）とは,直接投資の効果について大きく異なった仮定をおいていることに注意すべきである. その違いを明確にするために,被説明変数がレベルの場合の推計式の階差をとると,

$$\Delta \ln y_{it} = \beta \Delta FDI_{it} + (\Delta x'_{it})\delta + \Delta \varepsilon_{it} \tag{4.6}$$

となるが（$\Delta a_{it} = a_{it} - a_{i,t-1} \, \forall a$）, これを成長率の場合の推計式

$$\Delta \ln y_{it} = \alpha + \beta FDI_{it} + x'_{it}\delta + \varepsilon_{it} \tag{4.7}$$

と比較してみよう.

ここで,$FDI_{it}$ は $t$ 年における企業 $i$ が属する産業での外資企業のシェアであるから,式 (4.7) は外資企業の存在は地場企業の生産性成長を促進するこ

---

[30] 例えば, Kokko (1994), Aitken and Harrison (1999), Chuang and Lin (1999), Haskel et al. (2002), Keller and Yeaple (2003), Javorcik (2004), Blalock and Gertler (2007), Takii (2005) はレベルを, Haddad and Harrison (1993), Sjöholm (1999), Kinoshita (2001), Todo and Miyamoto (2006) は成長率を利用した.

とを示すが，式（4.6）によれば外資企業のシェアが増大して初めて地場企業の生産性成長率は増大する．言い換えれば，式（4.6）は外資企業のシェアが一定であれば，$\beta$ が正であっても外資企業の増加は地場企業の生産性の増大に影響しないことを示唆している．しかし，外資企業の絶対的規模が増加したとしても，産業全体の規模も同時に増加すれば外資企業のシェアは必ずしも増加するわけではなく，減少することもありうる．したがって，もし絶対的に増加した外資企業から技術がスピルオーバーしたとしても，その効果は式（4.6）では計測できない．したがって，著者には直感的には式（4.7）のほうがより適切な定式化のように思われる．

**外資企業のシェアは適切な説明変数か**

しかしそもそも，外資企業のシェアを説明変数として利用することが不適切ではないかとも著者は考える．理論的には，外資企業の持つ知識ストックの総量の一部または全部が地場企業にスピルオーバーし，その生産性を向上させると考えられるので，直接投資からの技術のスピルオーバーの検証は，外資企業の総知識ストック量と地場企業の生産性レベル（生産性成長ではなく）との相関に基づくべきである．Todo et al. (2006) はそのような考え方を基に，外資企業のシェアではなく各産業における外資企業の総資本ストック量および総研究開発ストック量が地場企業の生産量に与える効果によって，スピルオーバー効果を検証することができると考えた[31]．Todo et al. (2006) の手法の詳細は第5章に記されている．

ただし，外資企業のシェアが直接投資からのスピルオーバーの実証分析において適切な説明変数となる定式化も存在する．まず，次のような生産性の決定式を考えよう．

$$\ln A_{it} = \delta \ln \left( \theta F_{ij,t-1} + D_{ij,t-1} \right) + \beta X_{it} + \varepsilon_{it} \qquad (4.8)$$

ここで，$F_{ij,t-1}$ および $D_{ij,t-1}$ はそれぞれ企業 $i$ の属する産業 $j$ 全体の外資企業の規模（例えば資本ストックや研究開発ストック）および地場企業の規模を

---

[31] Haskel et al. (2002) は，頑健性のチェックの1つにおいて外資企業の総雇用量を説明変数として利用した．

表し，$X$ はその他の生産性の決定要因である．カッコ内の $\theta$ は地場企業に対する外資企業のスピルオーバー効果の比率を表す定数であり，$\theta > (<) 1$ は外資企業のスピルオーバー効果が地場起業に比べて大きい（小さい）ことを表す．つまり，ここでは外資企業と地場企業の両方から技術のスピルオーバーが起きることを仮定しているが，同時にそのスピルオーバー効果の大きさが異なることを想定している．各産業における外資企業のシェアを $S_{jt} \equiv \frac{F_{jt}}{F_{jt}+D_{jt}}$ と定義すれば，1次のテイラー展開により $S = 0$ の近傍では $\ln(\theta F + D) \approx \ln(D + F) + (\theta - 1)S$ が成り立つ．したがって，式 (4.8) は次のように書き換えることができる．

$$\ln A_{it} = \delta \ln(F_{ij,t-1} + D_{ij,t-1}) + \sigma S_{ij,t-1} + \beta X_{it} + \varepsilon_{it} \quad (4.9)$$

ここで $S$ が 0 の近傍であるならば，$\sigma \approx (\theta - 1)\delta$ が成り立つ．したがって，$\theta > (<) 1$ のとき，すなわち外資企業が地場企業よりも大きな（小さな）スピルオーバー効果を持つ場合には，$\sigma > (<) 0$ となる．

以上の議論は，外資企業のシェア $S$ が直接投資から地場企業へのスピルオーバーを計測するためのレベル回帰式に含まれる理論的根拠を与えている．ただし，同時に各産業の規模全体，つまり外資企業と地場企業の規模の和を説明変数として含める必要がある．著者の知る限りでは，このような回帰式を推計しているのは，日本における外資企業からのスピルオーバーを検証した Todo (2006) のみである．これ以外のすべての既存研究では，外資企業のシェアを説明変数として含みながら，各産業の規模を表す変数を含めていないために，欠落変数 (omitted variable) の問題が生じる．特に，もし外資企業からのスピルオーバーが本当に存在し，外資企業のシェアが増大するにしたがってその産業の規模が増大していく傾向にあるならば，産業の規模を変数に含まない場合には外資企業のシェアと誤差項との間に正の相関関係が発生し，OLS 推計は外資企業のシェアの効果を過大評価してしまうことになる．

### 投入量の内生性の修正

直接投資のミクロ実証は，基本的には生産関数の推計の応用なので，投入量の内生性をどのように修正するかが非常に大きな問題となる．最近の研究で

は，貿易と成長のミクロ実証分析と同様に，Olley and Pakes (1996) の手法（巻末の補章 A を参照）によって修正して各企業の TFP レベルを算出したあと，その TFP レベル（または成長率）を使って直接投資の効果を回帰するといった 2 段階の方法がとられることが多い（Girma and Wakelin, 2001; Keller and Yeaple, 2003; Javorcik, 2004; Todo and Miyamoto, 2006）．

また，もしある産業における技術的なショックが各々の企業の生産性にも直接投資の流入にも同方向の影響を与えるのであれば，外資企業のプレゼンスの代理変数も内生性の問題を持つ可能性がある．最近の代表的な研究である Haskel et al. (2002), Keller and Yeaple (2003), Javorcik (2004) は，この問題を直接投資のラグ変数を利用することで回避している．つまり，式 (4.2) のレベルバージョンにおいて $FDI_{it}$ ではなく，$FDI_{i,t-1}$ を説明変数として使っている．

Todo and Miyamoto (2006) では，式 (4.2) においてやはり $FDI_{i,t-1}$ を説明変数として使っているものの，この場合には，被説明変数が $\Delta \ln y_{it} = \ln y_{it} - \ln y_{i,t-1}$ であるために，ラグ変数の利用によっては内生性が修正できない．したがって，Todo and Miyamoto (2006) は，Arellano and Bond (1991) の差分 GMM の手法（補章 B を参照）を活用して，$FDI$ の 2 期以上のラグ（およびその他の内生変数の 2 期以上のラグ）を操作変数として GMM 推定を行っている．

Blalock and Gertler (2007) と Javorcik (2004) は，直接投資の内生性を排除するために，Olley and Pakes (1996) の第 1 段階において直接投資関連の変数を導入した次のような式を推計した[32]．

$$\ln Y_{it} = \beta_L \ln L + \beta_F FDI_{it} + \phi_{it}(\ln I_{it}, \ln K_{it}) + \varepsilon_{it}$$

ここで，$\ln Y_{it}$ は企業 $i$ の付加価値，$\ln I_{it}$ は投資量，$\ln K_{it}$ は資本量であり，$\phi(\cdot)$ は 3 次または 4 次式と仮定して，セミパラメトリックに推計を行う．この方法では，技術的ショックと投資量とは相関していると仮定されているが，$\varepsilon_{it}$ からは技術的ショックが排除されており，仮定により $\varepsilon_{it}$ と $FDI_{it}$ が相関

---

[32] Javorcik (2004) は，この手法を頑健性のチェックとして利用した．

しないため，$FDI_{it}$ の一致推計量（consistent estimator）が得られる．

ただし，以上述べたのはあくまでも資本や労働などの投入量の内生性の修正の手法であり，そもそも直接投資の効果分析には，生産性の高い産業に直接投資が呼び込まれる逆因果関係による直接投資の変数の内生性の問題がある．これをどのように修正するかは，本章の本文中や第5章で議論されている．

# 第5章　外国直接投資による技術伝播のミクロ実証分析

　第4章では，開発途上国への外国直接投資が途上国の経済成長を促進するためには，さまざまな条件が必要であることを理論的・実証的に概観した．本章では，直接投資の中でも特に外国資本企業（以下，外資企業と呼ぶ）が投資先の途上国で行う研究開発活動に注目し，そのような研究開発活動が地場企業への技術のスピルオーバー（spillover, 漏出）の経路となっているという仮説を，インドネシアおよび中国の企業レベルデータによって検証する．結論を先取りすれば，どちらの国においても外資企業が生産を行うだけでは技術は地場企業にスピルオーバーしないが，外資企業が投資相手国で研究開発を行うことで技術のスピルオーバーが起きることが確かめられた．

## 5.1　インドネシアの事例

### 5.1.1　はじめに

　世界銀行によると，インドネシアは2004年における一人当たりGDPは906ドル（2000年価格）であり，東アジア地域の中ではマレーシアの4,290ドル，タイの2,356ドルとくらべて大幅に低いばかりか，中国の1,323ドル，フィリピンの1,085ドルよりも低く，下位中所得国に分類されている．しかし，後で詳述するインドネシアの事業所レベルのデータによれば，1994-96年においてすでに地場企業の約8％が何らかの研究開発支出を行っており，付加価値額に占める研究開発支出額の割合は地場企業全体で0.27％であった．これは，研究開発支出がGDPの約2-3％に上る先進国にくらべれば小規模であるとはいえ，インドネシアでも無視できない規模の研究開発が行われていることを示している．しかも，外資企業（外資比率が0より大きい企業）に限れば，

その約 20% が研究開発活動を行っているし，付加価値に対する研究開発支出額の比率は外資企業では 0.38% にのぼっており，外資企業は地場企業にくらべてより活発に研究開発を行っていることがわかる．

さらに，外資企業が地場企業にくらべて生産性が高いことはしばしば観察されることであるが，後述する企業単位のミクロデータを利用して計算すると，インドネシアにおいても外資企業が地場企業にくらべて平均的に 40% 以上 TFP（全要素生産性）[1] が高い（図 5.1）．さらに，研究開発を行う企業と研究開発を行っていない企業との間には地場および外資企業のどちらにおいても 20% 以上の生産性の格差が存在するものの，研究開発を行っていない外資企業ですら，研究開発を行っている地場企業よりも平均的には高い TFP レベルを持つ．

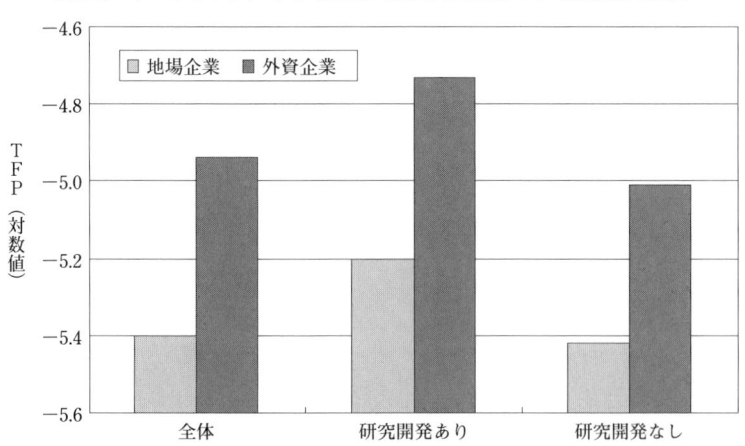

図 5.1 インドネシアにおける地場企業と外資企業の平均生産性の差異

このように，インドネシアではそれなりに数多くの外資企業が研究開発を行っており，研究開発の有無によって外資企業も異なった特徴を持つことが観察される．このような 2 種類の外資企業，すなわち研究開発を行う外資企業と行わない外資企業とでは地場企業への技術のスピルオーバーの程度に差があるのであろうか．この疑問に対して，本節では Todo and Miyamoto（2006）に

---

[1] TFP の計測方法については後で詳述する．

基づき，インドネシアの事業所レベルのミクロデータを利用して検証する．

### 5.1.2 推計手法

本節では，直接投資からのスピルオーバーの有無を検証するために，各企業のTFPを推計した後に，ある産業での直接投資の規模がその産業における地場企業のTFP成長率に与える影響を推計するという，2段階の方法を採用している．

TFPを推計する方法としては，Olley and Pakes（1996）による方法を採用しているが，これはコブ=ダグラス型の生産関数を仮定したうえで，資本と労働の内生性を考慮しつつその弾力性を推計する方法である（詳しくは巻末の補章Aを参照されたい）．Van Biesebroeck（2007）のモンテカルロ・シミュレーションは，Olley-Pakes の手法によって得られる TFP の推計値は，他の TFP 推計の方法（data envelopment analysis [DEA]，多角的生産性指標 [multilateral productivity index]，GMM による資本・労働の弾力性の推計による方法など）によるものとくらべて，比較的信頼性がおけるとの結論を導き出しており，近年さまざまな分野で利用されている．直接投資からのスピルオーバーの実証研究の分野でも，Keller and Yeaple（2003）やJavorcik（2004）がOlley-Pakesの手法を利用している．

より具体的には，企業 $i$ の $t$ 年における TFP を次式の $A_{it}$ によって推計する．

$$\ln A_{it} = \ln Y_{it} - \hat{\beta}_K \ln K_{it} - \hat{\beta}_H \ln H_{it} \tag{5.1}$$

ここで $Y_{it}, K_{it}, H_{it}$ はそれぞれ，この企業の付加価値，資本ストック量，効率労働単位で測った労働投入量を表しており，$\hat{\beta}_K$ と $\hat{\beta}_H$ は Olley and Pakes（1996）の手法によって推計された資本および労働の弾力性である．$H_{it}$ は，Hall and Jones（1999）にしたがってミンサー方程式を適用し，

$$H_{it} = \sum_{u=0}^{21} e^{\psi u} l_{it}(u) du \tag{5.2}$$

で定義される．ここで，$l_{it}(u)$ は $u$ 年の正規教育を受けた労働者の数であり，

パラメータ $\psi$ は教育年数の限界効果を表す．本節のインドネシアのケースでは，Psacharopoulos（1994）に基づいて $\psi = 0.17$ と仮定している．これは，教育を1年間受けることによって労働の効率性が17%増加することを示す．

企業の知識レベルは，同じ産業における外資企業からの知識のスピルオーバーによって向上すると仮定し，

$$\ln A_{it} = \beta_R \ln RS_{i,t-1} + \beta_F FS_{ij,t-1} + \mu_i + \gamma_t + \varepsilon_{it} \quad (5.3)$$

という式を考える．ここで $RS_{i,t-1}$ は企業 $i$ の研究開発によって蓄積された知識ストックを，$FS_{ij,t-1}$ は企業 $i$ の属する産業 $j$ における $t-1$ 年時点での外資企業の知識ストック量を表す．また，$\mu_i$ は企業の固定効果，$\gamma_t$ は年ごとの固定効果，$\varepsilon_{it}$ は誤差項を表す．知識ストックについて1年のラグをとるのは，研究開発活動が企業の知識レベルを向上させたり，外資企業の知識が地場企業にスピルオーバーするのに時間がかかると仮定しているからである．式 (5.3) において，直接投資による知識のスピルオーバーの大きさは $\beta_F$ によって表されている．

さらに，式 (5.3) の1階の階差をとることによって

$$\Delta \ln A_{it} = \beta_R \Delta \ln RS_{i,t-1} + \beta_F \Delta FS_{ij,t-1} + \gamma_t + \Delta \varepsilon_{it} \quad (5.4)$$

という式を得る．ここで，いかなる変数 $x$ に対しても $\Delta x_{it} = x_{it} - x_{i,t-1}$ と定義する．つまり式 (5.4) は，外資企業からの知識のフロー $\Delta FS_{ij,t-1}$ がTFP成長に対して影響を与えていることを示している[2]．式 (5.4) を実際のデータを利用して推計するために，外資企業からの知識のフロー $\Delta FS_{ij,t-1}$ は産業 $j$ の全雇用量における外資企業のシェアで表されるものと仮定する．直

---

[2] 式 (5.4) の右辺に，外資企業からの知識のフロー（厳密にはネットフロー）$\Delta FS_{ij,t-1}$ が含まれるのは，式 (5.3) の右辺が外資企業の知識ストック量の線形関数となっているからである．もし，これが線形ではなく非線形（例えば対数線形や2次関数など）になっていれば，式 (5.4) の右辺に外資企業の知識ストック量が何らかの形で残ってしまい，式 (5.4) を推計するためには外資企業の知識ストック量のデータが必要となる．しかし，Todo and Miyamoto (2006) で利用されたデータは4カ年という短期間しかカバーしていないため，知識ストック量を推計するためには強い仮定が必要となる．したがって，ここでは式 (5.3) のような線形の関数形を仮定している．

接投資からのスピルオーバーの実証研究では，このような外資企業のシェアは外資企業の規模を測るものとして標準的に使われている．ここで，特に雇用量におけるシェアを利用するのは，直接投資からの技術のスピルオーバーが技術者の転職や技術者間の直接的なコミュニケーションのように人間を介して起きる可能性が高いからである[3]．

さらに，インドネシアにおいて，研究開発を行っている外資企業と行っていない外資企業とでは，地場企業へのスピルオーバー効果に差がある可能性を考慮し，式 (5.4) を発展させた次のような式を推計式とする．

$$\Delta \ln A_{it} = \beta_R RI_{i,t-1} + \beta_{F1} R\_FDI_{ij,t-1} + \beta_{F2} NonR\_FDI_{ij,t-1}$$
$$+\beta_M M_{it} + \gamma_t + \Delta \varepsilon_{it} \qquad (5.5)$$

ここで，$RI_{i,t-1}$ は $\Delta \ln RS_{i,t-1}$ の代理変数であり，Griliches (1979, 1980) に代表される研究開発の効果分析の先行研究にしたがい，研究開発支出額の対付加価値比率（いわゆる研究開発集約度，R&D intensity）で表されるものとする．$R\_FDI_{j(i),t-1}$ および $NonR\_FDI_{j(i),t-1}$ は，それぞれインドネシアにおいて研究開発を行っている外資企業および行っていない外資企業の産業 $j$ の全雇用量におけるシェアを表すものとし，

$$(Non)R\_FDI_{jt} = \frac{\sum_{\substack{\text{研究開発を行っている (いない)} i \in j}} H_{it} \times S_{it}}{\sum_{i \in j} H_{it}},$$

で定義される．なお，$S_{it}$ は企業 $i$ の資本における外国人投資家のシェアであり，産業レベルの外資企業のプレゼンスの大きさを表すために外資比率をウェイトにとっていることを示す[4]．さらに，Haskel et al. (2002) および Keller and Yeaple (2003) にしたがい，式 (5.5) は企業 $i$ の産業全体の付加価値に対するシェア $M_{it}$ を含んでいる．これによって，外資企業が参入することによって地場企業の独占力が減少し，売上高が減るために見かけの TFP 成長率

---

[3] Jaffe et al. (2000) は，科学者・技術者間の直接的なコミュニケーションが知識の伝播に大きな役割を果たしていることを見出した．
[4] この手法は Javorcik (2004) でも用いられている．

が減少する効果と，外資企業からの技術のスピルオーバー効果を分離することができる[5]．

式 (5.5) を推計するにあたって最も問題となるのが，外資企業のシェアを表す変数 $R\_FDI$ および $NonR\_FDI$ の内生性である．すなわち，高い TFP 成長率を達成している産業はより多くの外資企業を誘引する可能性があるが，その場合，式 (5.5) 中の $\Delta\varepsilon_{it}$ は $R\_FDI_{ij,t-1}$ および $NonR\_FDI_{ij,t-1}$ と相関する．このとき説明変数の内生性が生じ，OLS（最小2乗法）による式 (5.5) の推計は，$R\_FDI_{ij,t-1}$ および $NonR\_FDI_{ij,t-1}$ の効果を過大評価してしまう．

このような内生性を修正するために，Todo and Miyamoto (2006) は次のようなさまざまなアプローチを用いている．まず第1に，外資企業のシェアと相関しているものの観察することができない，産業に固有な効果を排除するために，産業ダミーを説明変数として加える．

第2に，$R\_FDI_{ij,t-1}$ および $NonR\_FDI_{ij,t-1}$ の代わりに，さらに1年ラグをとった変数 $R\_FDI_{ij,t-2}$ および $NonR\_FDI_{ij,t-2}$ を説明変数として利用して OLS によって推計する．2年前の外資企業のシェアは，$\varepsilon$ が系列相関していない限り式 (5.5) の誤差項 $\Delta\varepsilon_{it} \equiv \varepsilon_{it} - \varepsilon_{i,t-1}$ とは相関せず，したがって内生性は生じにくい．このように，ラグを取ることで内生性の問題を回避する手法は，例えば Keller and Yeaple (2003) などでも使われている．

第3に，ラグをとった説明変数を操作変数として使った GMM 推計を用いる．より具体的には，この分析では 1994-97 年のデータを用いることから，1996 年の $R\_FDI$ および $NonR\_FDI$ を説明変数として利用する場合にはそれらの変数の 1994 年および 1995 年のデータを，1995 年の説明変数に対しては 1994 年のデータを操作変数として用いる．このようにできるだけ多くのラグ変数を操作変数に使うやり方は，Arellano and Bond (1991) による差分 GMM において提唱されているものである[6]．このような操作変数を用いて2

---

[5] なお，本章の分析は Todo and Miyamoto (2006) を基にしているが，Todo and Miyamoto (2006) の推計式には $RI$ および $M$ は含まれておらず，したがって本章の推計結果は初出のものである．ただし，$RI$ および $M$ を含めても主要な推計結果は変わらなかった．

[6] ただし，ここで行った GMM 推計は差分 GMM とは異なる．もともと推計式 (5.5)

ステップ GMM を行うが，その際に操作変数の妥当性について Hansen $J$ 統計量を用いて検定する．Hansen $J$ 統計量とは GMM 推計の際に最小化された目的関数の値であり，操作変数と誤差項が相関しないという仮説のもとではカイ 2 乗分布にしたがう．

さらに，式 (5.3) の推計においては，外資企業の変数の内生性以外にも不均一分散（heteroscedasticity）や自己相関（autocorrelation）による偏りが問題となる．この偏りを抑えるために，OLS 推計では産業別にクラスターした標準誤差を利用し，GMM 推計では Windmeijer (2005) による頑健な (robust) 標準誤差を利用している．

### 5.1.3 データ

本節の分析は，インドネシア統計局（Bureau of Statistics）が毎年収集している事業所レベルのデータのうち，1994-97 年のものを基にしている．この事業所レベルデータは，従業員数 20 人以上のすべての事業所を対象にしたサーベイに基づいており，最近ではカバーしている事業所数は毎年約 3 万にのぼる．そのうえ，RAND のウェブサイト[7]によれば，少なくとも 1975 年から存在しているようであり，著者の知る限りでは 1990 年からは十分な情報量とパネル分析に耐えうる質を兼ね備えている．また，他国の企業レベル・事業所レベルデータにくらべると比較的入手しやすいため，多くの研究者がこのデータセットを利用した研究を行っている（Blomstrom and Sjöholm, 1999; Sjöholm, 1999; Blalock and Gertler, 2004, 2007; Takii, 2005）．特に，1994-96 年のサーベイでは，研究開発に対する支出および従業員の教育レベルに関する詳細な質問項目があり，本節の分析ではこの期間のデータを利用している．

---

は，式 (5.3) の 1 階差分から導かれたものであり，式 (5.5) 中の $R\_FDI$ および $NonR\_FDI$ は式 (5.4) 中の $\Delta FK$ の代理変数である．したがって，差分 GMM をそのまま適用すれば，操作変数として差分をとる前のストック変数 $FK$ を使うことになるが，前述したように外資企業の知識のストック量のデータを得ることは難しい．逆に $R\_FDI$ および $NonR\_FDI$ を年度をさかのぼって足し上げていくことで $FK$ の代理変数を作成することも可能ではあるが，外資企業のシェアを足し上げた変数には直感的な意味を見出しにくい．したがって，ここでは差分 GMM をそのまま適用せずに，説明変数のラグ変数をそのまま操作変数として利用する．

[7] http://www.rand.org/labor/bps.data/webdocs/statistik_industri/si_main.htm

本節の分析では，外資比率が 0 より大きい事業所を外資事業所（または外資企業），それ以外の事業所を地場事業所（または地場企業）と定義する[8]．表 5.1 は，インドネシアにおける外資企業のプレゼンスの大きさについて産業別および年代別にまとめたものである．1994-1996 年におけるインドネシア全体でみると，外資企業が全企業の雇用（厳密には労働の効率単位）に占める割合は 14.4% であり，年々その割合は微増している．また，研究開発を行っている外資企業（研究開発支出が 0 より大きい企業）[9]は全外資企業数の 20.8% であり，全雇用に占める割合は 3.6% である．

表 5.1 には，外資企業および研究開発を行う外資企業のプレゼンスの大きさが産業別に大きく異なっていることも示されている．外資企業の産業別雇用量に占める割合は，機械・電気機械・輸送機械・精密機械などのいわゆるハイテク産業では軒並み高いが，ローテク産業でも靴・衣料・飲料など外資企業のシェアが高い産業もある．外資企業のうち研究開発を行う企業の割合は，化学・食品・石油製品・ゴム産業において特に高く，外資企業のプレゼンスの高いハイテク産業では必ずしも高くないのが特徴的である．

元のデータセットには，企業の付加価値額，有形固定資産残高，有形固定資産当期取得（購入）・除却（売却）額，および初等から高等教育まで 8 段階にわたる教育レベル別の従業員数が含まれている．TFP の算出式 (5.1) における $Y$ は付加価値を産業別小売価格指数によって実質化したものであり，$K$ は実質化した有形固定資産およびその当期取得・除却額を利用して，恒久棚卸法 (perpetual inventory method) によって推計したものである．$H$ は，前述のとおり $\psi = 0.17$ と仮定して，教育レベル別の従業員数を式 (5.2) に代入することで得る．

なお，表 5.2 はこのようにして作成された $Y, K, H$ を用いて Olley-Pakes の手法によって得られた資本および労働の弾力性（$\beta_K$ および $\beta_L$）の推定値を各 2 桁産業ごとに示したものである．参考までに，OLS による弾力性の推計

---

[8] 事業所と企業とは本来は異なるが，表現を簡単にするために本章では必ずしも両者を厳密に区別しない．なお，外資企業と地場企業の境界を外資比率 0% ではなく 20% としても主要な結果に差異は見られない．

[9] 研究開発を行っていない企業は研究開発支出が 0 に等しい企業であり，研究開発支出を回答していない企業はサンプルより除いている．

表 5.1　産業別・年別の外資企業のプレゼンス

| 3桁産業 | 産業コード | 外資企業数 | 全外資企業のうち，研究開発を行う企業の割合（％） | 各産業・年における全企業の総労働の効率単位中に占める割合（％） | |
|---|---|---|---|---|---|
| | | | | 外資企業 | うち研究開発を行う外資企業 |
| 食品 | 311-312 | 216 | 35.6 | 6.8 | 2.9 |
| 飲料 | 313 | 54 | 13.0 | 16.7 | 3.0 |
| タバコ | 314 | 21 | 33.3 | 2.2 | 1.8 |
| 繊維 | 321 | 234 | 12.4 | 7.8 | 2.1 |
| 衣料 | 322 | 175 | 9.1 | 17.1 | 1.3 |
| 革製品 | 323 | 3 | 0.0 | 4.2 | 0.0 |
| 靴 | 324 | 107 | 24.3 | 36.9 | 12.1 |
| 木製品 | 331 | 112 | 10.7 | 5.6 | 1.1 |
| 家具 | 332 | 70 | 7.1 | 5.7 | 0.8 |
| 紙製品 | 341 | 41 | 7.3 | 14.9 | 0.6 |
| 印刷 | 342 | 17 | 11.8 | 1.1 | 0.1 |
| 工業化学 | 351 | 154 | 34.4 | 12.1 | 4.4 |
| その他化学 | 352 | 163 | 38.7 | 15.7 | 5.6 |
| 石油精製 | 353 | 2 | 0.0 | 0.0 | 0.0 |
| 石油製品 | 354 | 7 | 71.4 | 7.6 | 4.0 |
| ゴム製品 | 355 | 66 | 30.3 | 12.5 | 4.9 |
| プラスチック製品 | 356 | 93 | 14.0 | 8.7 | 2.4 |
| 磁器 | 361 | 24 | 12.5 | 11.6 | 0.1 |
| ガラス製品 | 362 | 20 | 20.0 | 7.6 | 0.7 |
| セメント | 363 | 39 | 25.6 | 7.3 | 2.2 |
| 陶器 | 364 | 15 | 13.3 | 3.0 | 0.0 |
| その他の非金属製品 | 369 | 2 | 0.0 | 3.6 | 1.6 |
| 鉄・鋼鉄製品 | 371 | 31 | 19.4 | 11.1 | 5.3 |
| 非鉄金属 | 372 | 24 | 12.5 | 24.2 | 16.4 |
| 金属製造 | 381 | 133 | 16.5 | 14.8 | 4.0 |
| 機械 | 382 | 95 | 22.1 | 25.6 | 5.0 |
| 電気機械・電子製品 | 383 | 243 | 16.9 | 42.7 | 8.1 |
| 輸送機械 | 384 | 98 | 23.5 | 20.9 | 4.2 |
| 精密機械 | 385 | 20 | 5.0 | 29.8 | 3.3 |
| 年 | | | | | |
| 1994 | | 670 | 21.8 | 13.6 | 3.4 |
| 1995 | | 768 | 20.7 | 14.3 | 3.7 |
| 1996 | | 841 | 20.1 | 15.1 | 3.7 |
| 総計または総平均 | | 2,279 | 20.8 | 14.4 | 3.6 |

注：Todo and Miyamoto（2006）の Table 3 を基に作成した．

値も示している．理論的には，Olley-Pakes の手法による $\beta_H$ の推計値は OLS による推計値よりも小さく，$\beta_K$ の推計値は逆に Olley-Pakes によるものの方が大きいことが示唆されているが (Levinsohn and Petrin, 2003, p.319)，表 5.2 により確かにそれが成立していることが見てとれる．

表 5.2 資本・労働の弾力性の推計値

| 2 桁産業コード | 31 | | 32 | | 33 | |
|---|---|---|---|---|---|---|
| | $\beta_K$ | $\beta_L$ | $\beta_K$ | $\beta_L$ | $\beta_K$ | $\beta_L$ |
| OLS | 0.359 | 0.820 | 0.254 | 0.858 | 0.263 | 0.840 |
| Olley-Pakes | 0.375 | 0.776 | 0.282 | 0.809 | 0.290 | 0.796 |
| 企業数 | 2,507 | | 1,661 | | 1,228 | |

| 2 桁産業コード | 34, 36 | | 35 | | 37, 38 | |
|---|---|---|---|---|---|---|
| | $\beta_K$ | $\beta_L$ | $\beta_K$ | $\beta_L$ | $\beta_K$ | $\beta_L$ |
| OLS | 0.298 | 0.850 | 0.376 | 0.739 | 0.300 | 0.869 |
| Olley-Pakes | 0.341 | 0.762 | 0.383 | 0.694 | 0.319 | 0.825 |
| 企業数 | 1,334 | | 1,063 | | 953 | |

注：Todo and Miyamoto (2006) の Table 1 を基に作成した．各 2 桁産業ごとに OLS および Olley-Pakes の手法で推計した資本および労働の弾力性を示す．

推計式 (5.5) における説明変数 $R\_FDI_{ij,t-1}$ および $NonR\_FDI_{ij,t-1}$ は産業レベルの変数であるが，本章では表 5.1 に示された 3 桁レベルの産業分類に基づいて「産業」を定義する．したがって，$R\_FDI_{ij,t-1}$ および $NonR\_FDI_{ij,t-1}$ は，それぞれ 3 桁産業 $j$ の全効率労働単位に占める研究開発を行う外資企業のシェアおよび研究開発を行わない外資企業のシェアを表す．

なお，推計に利用するサンプルは，異常値を取り除いた後，1994-97 年のすべての年で $Y, K, H$ のデータが入手できる地場企業に限定した欠損値のないパネル (balanced panel) であり，各年 6,073 企業で構成されている．

### 5.1.4 推計結果

5.1.2 節で示された内生性の修正方法にしたがい，式 (5.5) を (1) 産業ダミーを含んだ OLS，(2) 産業ダミーを含み，しかも説明変数は 2 年のラグをとった OLS，(3) 産業ダミーを含まない GMM，および (4) 産業ダミーを含

むGMMの4つの方法で推計を行う．

まず，これまでの先行研究にしたがい，研究開発を行う外資企業と行わない外資企業を区別することなしに，外資企業の産業シェアが地場企業のTFP成長に与える影響を分析する．表5.3の列 (1)-(4) はその結果を示しているが，自らの研究開発集約度（研究開発支出額の対付加価値比率）は正で有意（少なくとも10％水準で）な効果を持つ．なお，研究開発集約度のTFPもしくは生産の成長率に対する効果は研究開発の収益率と解釈できるものであるが，この大きさはMairesse and Sassenou (1991) のサーベイが示すように多くの先進国で0.5以下であり，それにくらべて本節での結果は非常に大きい[10]．これは，インドネシアのような開発途上国においても企業の研究開発活動は生産性向上に効果があるだけではなく，その効果は先進国におけるよりもかなり大きいことを示唆している．

反面，外資企業のシェアは表5.3の列 (1)-(3) で有意な効果がなく，列(4) では負で有意な効果を持っている[11]．これら結果は，外資企業から地場企業への技術のスピルオーバーが一般的には観察できないことを示唆するものである．なお，列 (3)・(4) をはじめ，本節のすべてのGMM推計において，Hansen $J$ 統計量の $p$ 値は5％を上回り，使われた操作変数が誤差項と相関しないという帰無仮説を棄却することができないため，操作変数は適切であったと判断できることを指摘しておきたい．

次に，研究開発を行う外資企業と行わない外資企業とを区別して，それぞれの産業シェアの効果を推計した結果を表5.3の列 (5)-(8) に示した．研究開発を行う外資企業のシェアがTFP成長に対して及ぼす効果は，産業ダミーを含み説明変数として2年ラグをとったものを利用した列 (6) のOLS推計，および産業ダミーを含まないがラグ変数を操作変数として内生性を修正した列

---

[10] Todo and Shimizutani (2008a) が指摘するように，Mairesse and Sassenou (1991) に引用されている初期の研究は内生性の問題を修正していなかったために研究開発の効果を過小評価していた可能性があるが，日本の企業レベルデータを利用してて内生性を修正した推計を行ったMairesse and Sassenou (1991) においても，研究開発の収益率は約1との結果を得ており，本章のGMM推計の結果はそれをはるかに上回るものである．

[11] 列 (4) の結果が他の結果と大きく異なるのは，次で述べる多重共線性のためと思われる．

### 表 5.3 基本的な推計結果

被説明変数：TFP 成長率

| 推計方法 | (1) OLS | (2) OLS | (3) GMM | (4) GMM |
|---|---|---|---|---|
| 研究開発集中度 | 0.974 | 0.975 | 3.745 | 3.732 |
|  | $(0.512)^+$ | $(0.512)^+$ | $(1.753)^*$ | $(2.007)^+$ |
| 市場シェア | 0.011 | 0.011 | −0.003 | −0.002 |
|  | $(0.003)^{**}$ | $(0.003)^{**}$ | (0.003) | (0.002) |
| 産業全体の雇用に対する外資企業のシェア | −0.393 | 0.073 | 0.038 | −14.839 |
|  | (0.581) | (0.891) | (0.063) | $(7.018)^*$ |
| 外資企業変数と被説明変数とのラグの長さ | 1 年 | 2 年 | 1 年 | 1 年 |
| 産業ダミー | Yes | Yes | No | Yes |
| 標本数 | 12,146 | 12,146 | 12,146 | 12,146 |
| $R^2$ | 0.03 | 0.03 |  |  |
| Hansen $J$ 統計量（$p$ 値） |  |  | 0.25 | 0.73 |

| 推計方法 | (5) OLS | (6) OLS | (7) GMM | (8) GMM | (9) GMM |
|---|---|---|---|---|---|
| 研究開発集中度 | 0.971 | 0.975 | 3.808 | 3.729 | 4.033 |
|  | $(0.510)^+$ | $(0.511)^+$ | $(1.811)^*$ | $(1.899)^*$ | $(2.017)^*$ |
| 市場シェア | 0.011 | 0.011 | −0.003 | −0.003 | −0.003 |
|  | $(0.003)^{**}$ | $(0.003)^{**}$ | (0.003) | (0.002) | (0.003) |
| 産業の全雇用に対する |  |  |  |  |  |
| 　研究開発を行う外資企業のシェア | 1.823 | 2.450 | 0.977 | −4.949 | 5.604 |
|  | (1.184) | $(1.119)^*$ | $(0.325)^{**}$ | (3.975) | $(3.275)^+$ |
| 　研究開発を行わない外資企業のシェア | −0.367 | −0.022 | −0.172 | −9.508 |  |
|  | (0.602) | (0.896) | $(0.090)^+$ | $(3.078)^{**}$ |  |
| 外資企業変数と被説明変数とのラグの長さ | 1 年 | 2 年 | 1 年 | 1 年 | 1 年 |
| 産業ダミー | Yes | Yes | No | Yes | Yes |
| 標本数 | 12,146 | 12,146 | 12,146 | 12,146 | 12,146 |
| $R^2$ | 0.03 | 0.03 |  |  |  |
| Wald 統計量（$p$ 値） | 0.05 | 0.00 | 0.00 | 0.06 |  |
| Hansen $J$ 統計量（$p$ 値） |  |  | 0.07 | 0.81 | 0.10 |

注：カッコ内は標準誤差を示す．**，*，+ はそれぞれ 1%，5%，10% レベルで有意であることを表す．すべての推計は年ダミーを含む．

(7) の GMM 推計では正で 5% 水準で有意であった[12]．

しかし，列 (7) の手法に産業ダミーを加えた列 (8) の GMM 推計においては，結果が列 (6)・(7) と大きく異なっており，研究開発を行う外資企業のシェアが有意ではないものの負の効果を持つ．この列 (8) の結果が特に列 (7) と大きく異なるのは，研究開発を行う外資企業の産業シェア，行わない外資企業の産業シェア，産業ダミーの 3 つの変数間の多重共線性（multicollinearity）による可能性が高いと考えられる．なぜなら，列 (8) の推計において，説明変数として利用したデータは 2 年分であり，各々の産業において外資企業のシェアの年ごとの変動幅が大きくなければ，これらのシェア変数と産業ダミーとが強く相関するからである．特に，外資企業のシェアが 2 種類ある列 (8) の推計では，外資企業のシェアが 1 つしかない列 (4) の推計にくらべてこの多重共線性の問題は深刻となる．

したがって，この多重共線性の問題を緩和するために，研究開発を行わない外資企業のシェアを説明変数から除いて GMM 推計を行ってみた．その結果は表 5.3 の列 (9) に表示されているが，列 (6)・(7) の結果と同じく，研究開発を行う外資企業の産業シェアは正で有意な効果を持ち，さらにその効果の大きさは他の結果とそれほど大きく変わらなかった．列 (8) と (9) の結果が大きく異なることは，列 (8) の推計では多重共線性によって推計値が真の値とかけ離れたものとなってしまっている可能性を示唆しており，列 (7) と (8) の結果の違いをもって，産業ごとの特徴を考慮すれば外資企業の効果が消滅すると結論づけるべきではない．

なお，研究開発を行わない外資企業のシェアはいずれの推計でも有意な正の効果がないばかりか，列 (7)・(8) の推計では負で有意な効果が見られた．下から 2 段目に示された Wald 統計量の $p$ 値は 2 種類の外資企業のシェアの係数が等しいという帰無仮説を検定するものであるが，列 (6)・(7) では両者の係数が 5% 水準で有意に異なるという結果が示されている．

したがって，これらの結果を総合的に判断すれば，研究開発を行う外資企業

---

[12] 産業ダミーを含むが説明変数にラグが 1 年しかとられていない列 (5) の OLS 推計では有意ではない．しかし，この結果は説明変数に十分なラグがとられていないために内生性の問題が発生しているためとも考えられる．

は地場企業の TFP 成長に正の効果を持つが,研究開発を行わない外資企業は有意な効果を持たないと結論づけることができる.この結果は,研究開発を行う外資企業から地場企業へと技術のスピルオーバーが起きるものの,研究開発を行わない外資企業からのスピルオーバーはないということを示唆している.なおここでは詳しく書かないが,推計の手法をやや変更してさまざまな方法で推計しても基本的な結果は維持されており[13],これらの結果は頑健であると結論づけられる.

最後に,本節で示された研究開発を行う外資企業からのスピルオーバー効果は,定量的にも非常に大きなものであることを強調しておきたい.研究開発を行う外資企業の産業シェアの平均は 3.7% であるために,列 (7) の GMM 推計の結果を使えば,平均的な産業において地場企業は外資企業からの技術のスピルオーバーによって毎年 TFP を 3.6% ($3.7 \times 0.977$) 上昇させていると解釈することができる.TFP 成長率の平均値は 3.8% であるので,外資企業からの技術のスピルオーバーは,インドネシア企業の生産性成長のかなりの部分を担っているともいえる.

**本当に研究開発がスピルオーバーの源泉なのか**

図 5.1 から明らかなように,研究開発を行う外資企業はそうでない外資企業にくらべて平均的に TFP レベルが高い.したがって,前節の結果は研究開発を行う外資企業から技術がスピルオーバーするのではなく,TFP レベルの高い外資企業から技術がスピルオーバーすることを示唆している可能性もある.

この仮説を検証するために,地場企業の上位 10% の TFP レベルよりも TFP の高い外資企業のシェアを説明変数として追加して,これまでと同様の推計を行った.表 5.4 の列 (1)-(3) に示された結果によると,TFP の高い外資企業のシェアの効果は有意でない一方,研究開発を行う外資企業のシェアの効果はこれまでどおり正で有意であった.

---

[13] これらの頑健性のテストの手法は Todo and Miyamoto (2006) に詳述されているが,主な方法は次のとおりである.(1) Unbalanced panel を使う.(2) Levinsohn and Petrin (2003) の手法を使って TFP を推計する.(3) 2 段階法をとらずに,生産関数の 1 階差分式を直接推計する.(4) 資本の稼働率を考慮する.(5) 式 (5.2) における $\psi$ を 0.1 と仮定する.

### 表 5.4 TFP の高い外資企業からのスピルオーバー

被説明変数：TFP 成長率

|  | (1) OLS | (2) OLS | (3) GMM | (4) OLS | (5) OLS | (6) GMM | (7) GMM |
|---|---|---|---|---|---|---|---|
| 研究開発集中度 | 0.972 | 0.970 | 4.044 | 0.975 | 0.969 | 3.875 | 3.439 |
|  | $(0.510)^+$ | $(0.509)^+$ | $(1.983)^*$ | $(0.512)^+$ | $(0.509)^+$ | $(1.824)^*$ | $(1.746)^*$ |
| 市場シェア | 0.011 | 0.011 | $-0.003$ | 0.011 | 0.011 | $-0.003$ | $-0.003$ |
|  | $(0.003)^{**}$ | $(0.003)^{**}$ | (0.003) | $(0.003)^{**}$ | $(0.003)^{**}$ | (0.003) | (0.003) |
| 産業の全雇用に対する研究開発を行う外資企業のシェア | 2.251 | 2.056 | 0.913 |  |  |  |  |
|  | $(1.193)^+$ | $(0.528)^{**}$ | $(0.426)^*$ |  |  |  |  |
| TFP の高い外資企業のシェア | $-0.048$ | $-1.270$ | $-0.220$ | $-0.324$ | $-0.906$ | 0.091 | $-1.844$ |
|  | (0.230) | $(0.387)^{**}$ | (0.226) | (0.626) | (0.938) | (0.156) | (1.242) |
| TFP の低い外資企業のシェア |  |  |  | $-0.447$ | 0.826 | 0.000 |  |
|  |  |  |  | (0.583) | (0.826) | (0.125) |  |
| 外資企業変数と被説明変数とのラグの長さ | 1 年 | 2 年 | 1 年 | 1 年 | 2 年 | 1 年 | 1 年 |
| 産業ダミー | Yes | Yes | No | Yes | Yes | No | Yes |
| 標本数 | 12,146 | 12,146 | 12,146 | 12,146 | 12,146 | 12,146 | 12,146 |
| $R^2$ | 0.03 | 0.03 |  | 0.03 | 0.03 |  |  |
| Wald 統計量（$p$ 値） | 0.09 | 0.00 | 0.07 | 0.63 | 0.00 | 0.72 |  |
| Hansen $J$ 統計量（$p$ 値） |  |  | 0.02 |  |  | 0.12 | 0.53 |

注：カッコ内は標準誤差を示す．\*\*，\*，+ はそれぞれ 1％，5％，10％ レベルで有意であることを表す．すべての推計は年ダミーを含む．Wald 統計量は，2 種類の外国企業のシェアの係数が等しいという帰無仮説を検定するものである．

さらに，外資企業を TFP が高い企業と低い企業とに二分して，それぞれのシェアを説明変数として加え，かつ研究開発を行う外資企業のシェアを除いた推計も行った．しかし，表 5.4 の列 (4)-(7) が示すとおり，いずれの場合にも TFP の高い外資企業から技術がスピルオーバーするという結果を得ることはできなかった．これらの結果から，外資企業からの技術のスピルオーバーを促すものは外資企業における研究開発活動であり，外資企業の技術レベルの高さではないことが確かめられた．

## 5.2 中国中関村科学技術園の事例

### 5.2.1 はじめに

中国の北京にある中関村[14]科学技術園(以下,科技園と表記)は,シリコンバレーの成功に触発されて,北京大学・精華大学・中国科学院を擁する北京郊外にハイテク産業を集積させることを目的として,1988年に中国ではじめての「新技術産業開発試験区」として設立され,1999年に科学技術園と改称されたものである.中関村はもともとは北京市海淀(Haidian)区内の1つの「村」に過ぎないが,中関村科技園は中関村のみならず北京市内のそれ以外の広範な地区にも設置されているもので,総面積は370平方キロメートル(西澤・古田,2001),すなわち東京23区の半分以上の大きさを持つ広大な科学技術振興のための経済特区である.中関村科技園には2002年時点ですでに10,000社近い企業が存在し,40万人以上が働き,総生産額は1870億元(2002年時点のレートで約2兆8000億円)にのぼる.また,北京市全体の工業生産成長のうち約2/3は中関村科技園の貢献によるものである(Li et al., 2005).

中関村科技園には,企業,特にハイテク企業を誘致するためのさまざまな優遇措置が設けられている.最も重要なものは法人税に関わるもので,通常の法人税が33%であるのに対して中関村科技園内では15%であり,さらに新規参入企業に対しては最初の3年間は法人税が免除され,その次の3年間は税率が半分となる.また,科技園内の技術進歩を促進するために,研究開発活動,技術移転,コンサルティングに関わる費用に対してはさらに税の免除や控除が設けられている.さらに,中関村科技園内の企業の従業員に対しては自動的に北京市の戸籍が与えられるが,これは中国の戸籍制度においては異例のことであり,優秀な人材を雇用するのに有効である(Li et al., 2005).このような政策の結果,中関村科技園内に研究開発拠点を設けている企業は多く,外資系企業についてもマイクロソフト,IBM,松下電器,富士通,NECなど日

---

[14] 中関村は,中国語ではZhongguancun(ジョングアンチュン)と読むが,日本語では「ちゅうかんそん」と読むのが一般的である.

本を含む世界の代表的 IT 企業の多くが科技園内で研究開発を行っている（7.1節では，より詳細に中関村における外資企業の研究開発について述べている）．

中関村科技園内の企業は，毎年ごとに管理委員会に対して報告書を提出する必要がある．管理委員会は科技園内の企業の技術進歩に重大な関心を持っているために，この報告書には，各企業の財務データの他，研究開発支出や特許取得数などの研究開発活動に関するデータ，従業員の教育レベル・海外経験などの人的資本に関するデータが含まれる．本節は，この報告書に基づくデータを利用して外国直接投資からの技術のスピルオーバーを分析した Todo et al. (2006) を紹介する．

中国の企業レベルデータを利用して研究開発を通じた直接投資からのスピルオーバーを分析する意義は大きい．なぜなら，中国政府は外資企業を優遇する政策を行っているが，特に外資企業に対して，研究開発拠点を設立することを政策的に奨励しているからである (Long, 2006)[15]．そのような政策が地場企業の技術進歩に貢献しているのかを検証することは，学術的に技術伝播の経路を明らかにするだけではなく，開発途上国の今後の直接投資・技術政策に対して有用な示唆を与えるものである．

### 5.2.2　外資企業からの技術伝播の経路の事例

著者は北京大学の Li-An Zhou, Hongbin Cai 両氏と中関村科技園内の地場企業および外資企業数社のインタビュー調査を行い，現実にどのような経路で外資企業から地場企業へと技術がスピルオーバーするかを観察した．その結果は Cai et al. (2007) にまとめられているが，外資企業から地場企業への技術伝播の経路として次の 3 つを指摘したい．

まず第 1 に，中国人エンジニアは外資企業の研究開発部門で働くことで知識を獲得した後に起業することが多い．この事実は，外資企業に対するインタビューでも確かめられたし，インタビューした地場企業のいくつかの創業者ら

---

[15] 北 (2002) によると，次のような優遇税制がある．(1) 外資企業が研究開発に利用する設備や部品を輸入する場合には関税は免除される．(2) 研究開発の成果物を譲渡した場合の収入に対する営業税は免除される．(3) 研究開発費が前年比 10% 以上増加すると，研究開発費の 50% を課税対象額から控除できる．

は実際に外資企業での経験を持っていた．例えば，ある携帯電話用ソフトウェア企業は，モトローラで働いていた創業者が同僚エンジニアを伴って起業したものである．このような外資企業からのスピンオフは，おそらく最も重要な地場企業への技術のスピルオーバーの経路である．

第2に，外資企業は地場の企業や研究機関（大学や政府機関）と提携して研究開発を行うことが多く，そのような共同研究の過程で地場企業への技術伝播が促されているようである．外資企業がより高い技術レベルを有しながらも地場の企業や研究機関と共同研究を行うのは，地場の機関がより現地の嗜好や政策的動向[16]に精通しており，共同研究によってそのような情報を得ることができるからである．

第3に，外資企業は研究開発の一部を地場企業に委託（アウトソース）することがある．これはおそらく比較的難易度の低い研究開発を委託することでコスト削減を図っているのであろうと推察されるが，そのようなアウトソーシングに伴って，外資企業が地場企業に技術者を派遣して技術指導を行っていることがしばしば観察されている．例えば，情報マネジメントなどの分野でITソリューションを提供するある企業はIBMからのアウトソースを引き受けているが，同時にIBMによる技術研修を受けている．

これらの事例は，外資企業から地場企業への技術のスピルオーバーが確かに存在し，しかもそれは外資企業が投資相手国で研究開発活動を行うことで増幅されていることを示唆している．

### 5.2.3 推計方法

中関村科技園における外資企業からの技術のスピルオーバーを推計するために，Todo et al. (2006) は次のような生産関数を仮定した．

$$\ln Y_{it} = \beta_K \ln K_{it} + \beta_L \ln L_{it} + \beta_R \ln RDS_{it} + \delta FDI_{ij,t-1}$$
$$+ x'_{it}\gamma + \alpha_i + \nu_t + \varepsilon_{it}, \tag{5.6}$$

ここで，$Y_{it}, K_{it}, L_{it}$，および $RDS_{it}$ は，それぞれ企業 $i$ の $t$ 年における付加

---

[16] 例えば，DVDや携帯電話の規格が決定されるに当たって政府の意向は無視できないため，それを把握することは効率的な研究開発を進めるうえで不可欠である．

価値量，資本ストック量，労働力量，および研究開発ストック量を表す．後述するように，研究開発ストック量とは研究開発支出を恒久棚卸法でストック化した変数である．また，$\alpha_i, \nu_t, \varepsilon_{it}$ は，それぞれ企業および年特有の固定効果，および誤差項である．

$FDI_{ij,t-1}$ は企業 $i$ が属する産業 $j$ における外資企業の規模を表し，したがって，その係数 $\delta$ が外資企業からの技術のスピルオーバーの大きさを示している．前節のインドネシアに関する分析と同様に，外資企業の技術が地場企業にスピルオーバーするのに，1年のラグが必要であると仮定している．さらに，外資企業の生産活動と研究開発活動からのスピルオーバーを区別するために，2種類の $FDI$ 変数を定義する．1つは産業 $j$ における外資企業の総資本ストック量 $FK_{ij,t-1}$ の対数値であり，もう1つは産業 $j$ における外資企業の総研究開発ストック量 $FRDS_{ij,t-1}$ の対数値である．ここで，$FK_{ij,t-1}$ は外資企業の生産活動の規模を表しているが，$FRDS_{ij,t-1}$ は外資企業の研究開発活動の規模を表していると想定している．

変数ベクトル $x_{it}$ はその他の説明変数を表す．前節と同様に，Haskel et al. (2002) および Keller and Yeaple (2003) にしたがって，企業 $i$ の産業 $j$ における売上高のシェア $SHARE_{it}$ を説明変数として加え，外国直接投資による技術のスピルオーバー効果と市場侵食効果を区別している[17]．

また，$x_{it}$ は各産業における売上高に対する輸出額のシェア $EXP_{ijt}$ も含む．これは，生産性の高い産業ではより多くの輸出が行われる可能性が高いことから，産業による生産性の違いを考慮するために加えるものである．この輸出シェアは同じ産業においても年によって異なるために，前節で利用した産業ダミーよりも適切に産業ごとの生産性の差異をコントロールできる可能性がある．

前節のインドネシアの分析では，式 (5.6) と同様の生産性の決定式 (5.3) の1階差分をとることによって，生産性成長率を左辺とする式 (5.5) を導き，

---

[17] ただし，本節の分析は中関村科技園内の企業のデータを基にしているため，ここで用いられた各企業の市場シェアは，科技園内のシェアを表し，必ずしも中国全体における市場シェアではないことは付記しておかなければならない．ただし，すでに述べたように中関村科技園が中国経済全体に占める割合は大きく，科技園内のシェアは中国全体のシェアの代理変数として用いることができると考えられる．

各産業における外資企業のシェアが生産性成長率に与える効果の推計を行った．しかし Todo et al. (2006) では，式 (5.6) の1階差分をとらずに各産業ごとの外資企業の資本・研究開発ストック量を構築し，それを利用して式 (5.6) を直接推計する方法をとるが，それはそもそも本来は後者の方法がより自然であるからだ．前節において，外資企業の産業シェアを説明変数として利用して式 (5.5) を推計したのは，4年間の短いパネルデータでは外資企業の知識ストックを構築することが困難であったからである．したがって，次善の策として，外資企業の知識ストックの1階差分を外資企業のシェアで代用した推計をせざるをえなかった．しかし，Todo et al. (2006) の分析に利用された中関村科技園のデータはやはり4年の短期のパネルであるものの，後述するように研究開発に関するデータに比較的信頼性があり，しかも新規に参入した企業が非常に多いために，研究開発支出から比較的信頼できる研究開発ストックを推計することが可能である．したがって本節の分析では，式 (5.6) を直接推計する手法を採用している[18]．

式 (5.6) を推計するに当たって，計量経済学的な主要な問題は前節と同様に2つある．1つは外資企業および直接投資の変数の内生性であり，もう1つは観察されない企業固有の効果である．特に，高い生産性を持つ産業が直接投資を引きつけているのであれば，式 (5.6) の誤差項と直接投資の変数との間に逆相関関係に基づく内生性が発生する．このとき，OLS 推計で直接投資の変数と地場企業の付加価値との間に相関が見出されたとしても，それは外資企業からの技術のスピルオーバーによって地場企業の生産性が上昇していることを示すわけではない可能性がある．

したがって，Todo et al. (2006) では Blundell and Bond (1998) のシステム GMM を利用している（システム GMM については，巻末の補章 B を参照）．特にここでは，$z = (\ln K, \ln L, \ln RDS, SHARE, EXP, \ln FK, \ln FRDS)$ について $\Delta z_{i,t-1} \equiv z_{i,t-1} - z_{i,t-2}$ およびそれ以前の $\Delta z_i$ をレベル回帰式における操作変数として，$z_{i,t-2}$ を1階差分式における操作変数として利用する．なお，本章で利用するデータは 2000 年から 2003 年までの 4 年間のものである

---

[18] 成長回帰とレベル回帰の差異，および外資企業のシェアを外資企業からのスピルオーバーを推計するための説明変数とすることについての問題点は，第 4 章の補論を参照のこと．

ので，実際に説明変数，被説明変数として利用するのは 2002 年と 2003 年のデータであり，2000 年と 2001 年のデータは操作変数として利用するのみである．

### 5.2.4 データ

#### データセットの概略

Todo et al. (2006) の分析で利用されているのは，5.2.1 節で紹介した中関村科技園における全数調査に基づく企業レベルデータである．なお，中関村科技園はハイテク産業育成を目的としており，製造業のみならずコンピュータ関連のサービス業，特にソフトウェア開発および技術コンサルタントなどを行う企業が約半数を占める．しかし，これらのサービス産業における中間財投入量は計測が難しく，またサービス産業は製造業とは異なる生産関数を持つ可能性が高いために，Todo et al. (2006) では分析の対象を製造業に限定している．

製造業に限定しても，科技園内の企業はハイテク産業に偏在している．表 5.5 によれば，科技園内の 2000-03 年の全期間にわたる製造業企業数のべ 19,460 社のうち，28% は通信機械・電子計算機・電子機器産業に属しており，それ以外にも化学・医薬品・特殊機械・精密機械などのハイテク産業がそのほとんどを占める．

すでに述べたように，Todo et al. (2006) の回帰分析はシステム GMM を利用するが，その際に 1 階の差分をとるうえ，ラグ変数を操作変数として利用するために，長期にわたるデータが必要となる．したがって，回帰分析に利用されたのは地場企業[19]のうち，連続 3 年以上の期間にわたって必要なデータが存在する 768 社（のべ 1,426 社）である．

本節で扱う中関村のデータが，直接投資からのスピルオーバーに関する他の同様の企業レベルデータよりも優れている点は 2 つある．まず第 1 に，科学技術園の企業のデータという特色上，研究開発活動に関する比較的信頼できる企業レベルデータが豊富に含まれている．開発途上国[20]において，このよう

---

[19] 外国資本のシェアが 0 の企業と定義される．
[20] 北京周辺の経済を開発途上経済と称するには大きな違和感を覚えるが，中国全体で見ると一

表 5.5　中関村科技園における産業別データ

| 産業 | コード | 全企業数に対する各産業のシェア (%) | 外資企業のシェア (%) | | |
|---|---|---|---|---|---|
| | | | 売上 | 資本ストック | 研究開発支出 |
| 食品加工 | 13 | 1.1 | 14.1 | 26.0 | 11.1 |
| 食品製造 | 14 | 1.1 | 1.1 | 0.2 | 0.1 |
| 石油精製・石油製品製造 | 25 | 0.8 | 0.6 | 0.6 | 3.0 |
| 化学 | 26 | 6.6 | 9.4 | 4.2 | 5.1 |
| 医薬品 | 27 | 9.3 | 11.9 | 12.9 | 12.0 |
| 化学繊維 | 28 | 0.3 | 0.0 | 0.0 | 0.0 |
| ゴム製品 | 29 | 0.4 | 38.0 | 44.5 | 40.6 |
| プラスティック製品 | 30 | 0.9 | 6.1 | 4.2 | 1.0 |
| 非金属 | 31 | 3.5 | 11.5 | 7.5 | 4.1 |
| 鉄鋼 | 32 | 0.3 | 0.0 | 0.0 | 0.0 |
| 非鉄金属 | 33 | 0.8 | 6.3 | 31.3 | 0.8 |
| 金属製品 | 34 | 2.6 | 4.1 | 8.8 | 2.3 |
| 一般機械 | 35 | 5.3 | 16.8 | 17.2 | 13.2 |
| 特殊機械 | 36 | 14.7 | 20.7 | 15.5 | 7.6 |
| 輸送機械 | 37 | 2.9 | 13.8 | 4.2 | 0.3 |
| 電気機械 | 39 | 6.0 | 21.4 | 14.6 | 9.6 |
| 通信機械・電子計算機・電子機器 | 40 | 27.8 | 52.8 | 31.2 | 33.3 |
| 精密機械 | 41 | 13.6 | 27.4 | 22.1 | 10.7 |
| その他 | 42 | 2.2 | 1.5 | 11.4 | 4.1 |
| 全期間・全産業平均 | | | 13.5 | 13.5 | 8.4 |

注：Todo et al. (2006) の Table 2 より作成した．産業コードは，『中国国民経済行業分類表』による．

な企業レベルデータはなかなか取得することが難しい．第2に，中関村科技園という比較的地理的に狭い地域の企業のみを対象としているために，スピルオーバーの距離的な影響を排除することができる．Jaffe et al. (1993)，Jaffe and Trajtenberg (1998, 1999)，および Keller (2002) などが明らかにしているように，技術の伝播には地理的な距離が大きな阻害要因となる．したがって，これまでの既存研究の多くが利用したような国全体の企業レベルデータの分析では，もしスピルオーバー効果が観察できなかったとしても，それはスピルオーバー効果が起こっているにもかかわらず，距離による負の影響を受け

---

人当たり所得からいって開発途上国と呼んでも差し支えはないであろう．

て,見かけ上観察できないだけかもしれない.本節で利用されるデータは,地理的に近接した企業群の豊富な研究開発データを用いることができるという点で,研究開発を通じた直接投資からのスピルオーバーを分析にするには非常によい条件がそろっている.

**研究開発ストックの推計**

ここでは,本節の回帰分析において重要な変数である企業および産業レベルの研究開発ストックの推計方法について述べる.物的資本ストックの推計と同様,研究開発ストックとは各年の研究開発支出(フロー)が蓄積されてできると考えて,初期の研究開発ストックと各年の研究開発支出を用いて恒久棚卸法によってストックを推計することが一般的である.このとき,既存研究では研究開発ストックの償却率として15%を用いることが標準的である.しかし,しばしば問題となるのは初期時点での研究開発ストックが得られないことで,まずこれを推計するために,データが得られる以前の研究開発支出の成長率を何らかの方法で仮定しなければならない.初期の研究開発支出を $R_0$ とおき,それ以前の研究開発支出が成長率 $g$ で増加しているのであれば,初期の研究開発ストックは,

$$RDS_0 = \sum_{\tau=0}^{\infty} \left(\frac{1-\delta}{1+g}\right)^{\tau} R_0 \approx \frac{R_0}{g+\delta} \tag{5.7}$$

で求めることができるからだ.ただし,ここで $\delta$ は研究開発ストックの償却率を表す.

この手法で難しいのは,各企業の $g$ の推計である.例えば,インドの企業単位のデータ分析を行った Basant and Fikkert (1996) は,マクロ統計から得られる産業ごとの研究開発支出の増加率が各企業の研究開発支出の増加率に等しいと仮定した.しかし,本章で用いるデータは中関村に限定した企業データであり,もし中国全体の産業ごとの研究開発支出増加率が得られたとしても,それをそのまま中関村の企業や産業の研究開発支出に適用するのは問題が多いと思われる.したがって,本章では2000年から2003年の間の各企業・各産業の研究開発支出の増加率を,そのまま2000年以前にも適用する.

つまり，名目の研究開発支出を National Bureau of Statistics of China (NBSC, 2005) の投資価格指数のデータを利用して実質化した後，各企業の実質研究開発支出の対数を年に関して OLS 回帰して，その平均的な成長率 $g_i^{RD}$ を推計する．そのうえで，初期時点，つまり本章のデータでは 2000 年における企業 $i$ の研究開発ストックを

$$RDS_{i,2000} = \sum_{t=0}^{2000-T_i} R_{i,2000}\, e^{-(0.15+g_i^{RD})t}.$$

によって推計する．ただし，$T_i$ は企業 $i$ の設立年，もしくはその企業が 1994 年以前に設立されている場合には $T_i = 1995$ とする．つまり，企業が 1994 年以前に設立されている場合でも，1994 年以前の研究開発支出は 2000 年以降の研究開発ストックに影響を与えないと仮定されていることになる．この仮定はやや強いが，2000-03 年の研究開発支出の増加率を 1994 年以前にも適用することによって，推計された研究開発ストック量が実際のストック量から大きく乖離してしまうことを防ぐための，次善の策として採用されたものである．ただし，2000 年にデータセット上に存在した企業のうち，65% は 1995 年以降に設立されており，この強い仮定が及ぼす影響は限定的であると思われる．むろん，企業 $i$ が 2000 年以降に設立されている場合には，上の式によらず設立年の研究開発ストックは設立年の実質研究開発支出に等しいと考える．

産業ごとの外資企業の総研究開発ストックの推計も同様である．まず，外資企業を資本における外国人所有者の割合が 30% 以上の企業と定義し，かつ産業を中国国民経済活動産業分類の 2 桁産業として定義する．そして，産業ごとの総研究開発支出を求め，各企業の研究開発ストックを求めたのと同様の方法で各産業の研究開発ストックを推計する．

**その他の変数の構築方法**

式 (5.6) に含まれる変数のうち，研究開発ストック以外の変数は次のように構築する．まず，$Y$ は実質付加価値額であるが，これはデータに含まれる名目工業生産額を NBSC (2005) の産業別の生産デフレータによって実質化したものから名目工業投入額を投入デフレータによって実質化したものを引い

て計算する．資本ストック量 $K$ を構築するためには，まず初期（2000年）の $K$ を，固定資本の簿価を NBSC（2005）からとった投資デフレータで割ったものと定義する．次に，各年の（グロス）投資量をその年の固定資本の簿価から前年の固定資本の簿価を引き，前年の減価償却額を足したものとして定義した後，投資デフレータで実質化する．その後，2000年の実質資本ストック額，各年の実質投資額および実質原価償却額を使って，恒久棚卸法で2001-03年の資本ストックを計算する．労働力量 $L$ は，総労働者数から研究開発活動に従事する労働者数を引いたものである．これは，研究開発ストックの基となる研究開発支出には研究開発活動に従事する労働者の給与を含んでいるために，研究開発活動に従事する労働者が，重複して式（5.6）の説明変数にカウントされるのを防ぐためである．

**外資企業の実態**

中関村科技園における外資企業のプレゼンスは2000-03年の期間において増加している．図5.2は外資企業が中関村科技園全体の売上高・資本ストック・研究開発支出に占めるシェアを示したものであるが，そのいずれもが増加傾向にある．特に，2001年から2002年にかけて外資シェアの大幅な増加が

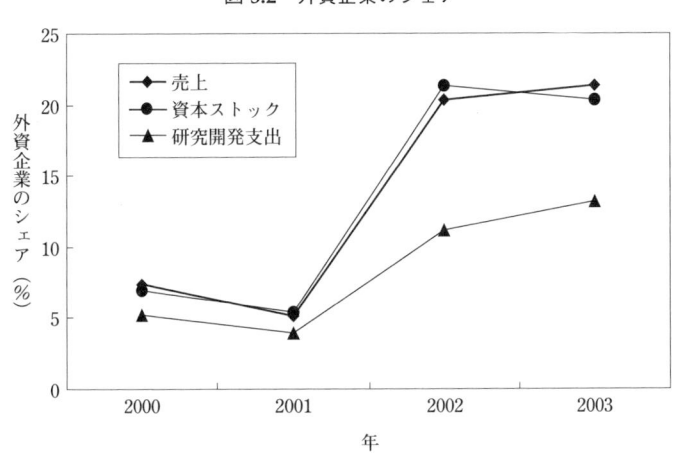

図 **5.2** 外資企業のシェア

注：Todo et al.（2006）の Table 2 より作成．

表 5.6　外資企業の国別シェア

|  | 資本ストック | | | 研究開発支出 | | |
| --- | --- | --- | --- | --- | --- | --- |
|  | 日本企業 | アメリカ企業 | 華人企業 | 日本企業 | アメリカ企業 | 華人企業 |
| 2000 | 50.1 | 6.0 | 30.6 | 21.2 | 35.5 | 24.7 |
| 2001 | 36.5 | 6.5 | 40.9 | 12.9 | 49.1 | 18.2 |
| 2002 | 47.4 | 7.0 | 15.9 | 4.7 | 3.7 | 59.5 |
| 2003 | 46.9 | 8.8 | 18.3 | 11.9 | 5.8 | 63.2 |
| 期間平均 | 45.2 | 7.1 | 26.4 | 12.7 | 23.5 | 41.4 |

注：Todo et al. (2006) の Table 3 を基に作成した．企業の国籍は最大株主の国籍によって決定される．華人企業とは，香港，マカオ，台湾の企業をさす．

見られるが，これは 2001 年 12 月における中国の WTO 加盟に伴うものであると推察される．なお，いずれの年においても研究開発支出における外資のシェアは売上・資本ストックにおけるシェアよりも小さい．これは，外資企業が地場企業よりも研究開発を消極的に行っていることを示している．すでに述べたような外資の研究開発に対する優遇措置があるものの，外資企業は，優秀なエンジニアが不足していることや知的財産所有権保護制度が未整備であることにより（西澤・古田，2001），地場企業と同程度まで中国で研究開発を行うことは躊躇しているようである．また，表 5.5 は外資企業が各産業の売上・資本ストック・研究開発支出に占めるシェアを表しているが，ハイテク産業の中でも通信機械・電子計算機・電子機器産業では比較的外資企業のシェアが高く，化学・医薬品・機械産業においては外資シェアが低いことがわかる．

さらに，外資企業を最大株主の国籍によって分類し，外資企業の中での国籍別のシェアを示したものが表 5.6 である．これによると，外資企業の中で香港・マカオ・台湾からの出資によるもの（以下，このような企業を華人企業と呼ぶ）が大きなシェアを占めており，2000-03 年の平均で外資企業の資本ストックに占める華人企業のシェアは 26%，研究開発支出では実に 41% にのぼる．日系企業は資本ストックでほぼ半分（45%）のシェアを持つが，研究開発支出では 13% となっており，日系企業は外資企業の中でも特に研究開発を消極的に行っていることが見てとれる．

次に，地場企業と外資企業との生産性の差異を見るために，それぞれの企業群の平均 TFP を図 5.3 に示した．なお，TFP は Buettner (2003) の手法

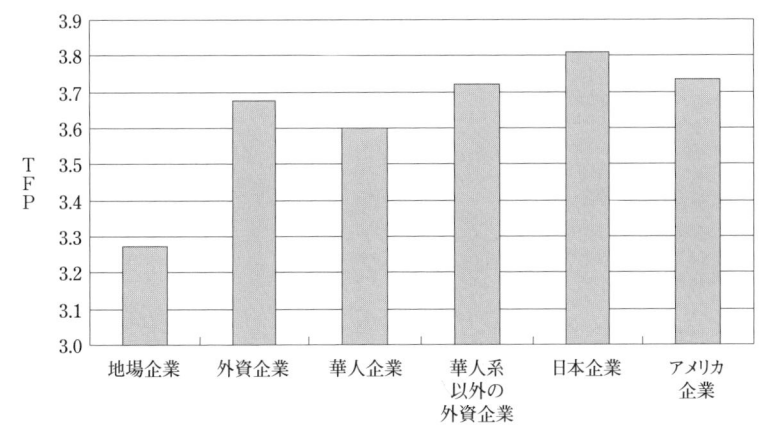

図 5.3 地場企業・外資企業別の生産性

注：Todo et al.（2006）の Table 7 より作成．

を利用して作成したものである．この図によると，地場企業は外資企業にくらべて平均で 40% 程度 TFP が低いが，外資企業が地場企業よりも高い生産性を持つことは前節のインドネシアの研究をはじめ多くの研究が明らかにしていることである．さらに，外資の中でも華人企業はその他の外資企業にくらべて 12% ほど低く，最も平均 TFP レベルが高いのは日系企業であり，アメリカ企業がその後に続く．

### 5.2.5 推計結果

**基本的な推計結果**

前節で述べた中関村科技園の企業レベルデータを使って，式 (5.6) を OLS およびシステム GMM で推計した Todo et al. (2006) の結果が，表 5.7 に示されている．なお，産業全体の外資企業の資本ストック（$\ln FK$）と研究開発ストック（$\ln FRDS$）とは強い相関関係にあるため[21]，表 5.7 の列 (1)・(2) の推計では $\ln FK$ のみを，列 (3)・(4) の推計では $\ln FRDS$ のみを，列

---

[21] 相関係数は 0.88 であった．

表 5.7 外資企業からの技術のスピルオーバー

| | | 被説明変数：付加価値額（対数値） | | | | | |
|---|---|---|---|---|---|---|---|
| | | (1) OLS | (2) GMM | (3) OLS | (4) GMM | (5) OLS | (6) GMM |
| $\ln K$ | 資本ストック（対数値） | 0.116 (0.018)** | 0.393 (0.105)** | 0.117 (0.018)** | 0.275 (0.093)** | 0.118 (0.017)** | 0.274 (0.102)** |
| $\ln L$ | 労働力量（対数値） | 0.620 (0.043)** | 0.419 (0.219)+ | 0.621 (0.043)** | 0.673 (0.207)** | 0.620 (0.043)** | 0.721 (0.222)** |
| $\ln RDS$ | 研究開発ストック（対数値） | 0.303 (0.027)** | 0.229 (0.057)** | 0.299 (0.026)** | 0.240 (0.053)** | 0.298 (0.025)** | 0.184 (0.050)** |
| $SHARE$ | 市場シェア | 5.116 (1.485)** | 3.011 (3.056) | 5.419 (1.505)** | 5.055 (4.274) | 5.371 (1.466)** | 4.342 (2.589)+ |
| $EXP$ | 産業全体の輸出／売上比率 | −0.003 (0.598) | 0.486 (1.540) | −0.188 (0.473) | −2.401 (1.681) | −0.023 (0.529) | 0.488 (1.022) |
| $\ln FK$ | 産業全体の外資企業の資本ストック（対数値） | 0.018 (0.019) | −0.052 (0.042) | | | −0.052 (0.044) | −0.022 (0.045) |
| $\ln FRDS$ | 産業全体の外資企業の研究開発ストック（対数値） | | | 0.028 (0.014)+ | 0.106 (0.047)* | 0.068 (0.034)+ | 0.055 (0.038) |
| 標本数 | | 1,426 | 1,426 | 1,426 | 1,426 | 1,426 | 1,426 |
| $R^2$ | | 0.62 | | 0.62 | | 0.62 | |
| Hansen $J$ 統計量（$p$ 値） | | | 0.25 | | 0.30 | | 0.14 |

注：Todo et al.（2006）の Table 4 より作成した．カッコ内は標準誤差を表す．
　　**，*，および + はそれぞれ 1%, 5%，および 10% レベルで有意であることを示す．

(5)・(6) では両方の変数を説明変数として用いた．最下段に示された Hansen $J$ 統計量の $p$ 値から判断して，列 (2)・(4)・(6) の GMM 推計において用いられた操作変数が誤差項と相関するという帰無仮説は常識的な有意水準で棄却される．つまり，これらの操作変数は GMM 推計の条件を満たしているため，以降は GMM の推計結果を中心に議論する．

まず，産業全体の外資企業の資本ストック量の効果は，すべての推計（列 (1)・(2)・(5)・(6)）において統計的に有意でなかった．この結果は，外資企業の生産活動は地場企業の生産性に影響を与えない，すなわち外資企業の技術は，その生産活動を通じては地場企業にスピルオーバーしないということを示唆している．

反面，産業全体の外資企業の研究開発ストックの効果は列 (3) の OLS 推

計では正で 10% 水準で有意であり，さらに列（4）の GMM 推計では正で 5%
水準で有意であった[22]．このような結果が得られたのは，外資企業の技術が
その研究開発活動を通じて地場企業にスピルオーバーし，地場企業の生産性を
向上させたからであると考えられる．

なお，この研究開発を通じた外資企業のスピルオーバー効果は量的にも大
きなものである．産業全体の外資企業の研究開発ストックの対数値の平均は，
2000 年から 2003 年にかけて 2.91 増加したが（つまり，研究開発ストックは
約 4 倍になった），表 5.7 の列（4）の推計値を使えば，この外資の研究開発ス
トックの増加によって，地場企業の生産性はこの 4 年間で平均的に 31%（＝
2.91 × 0.106）上昇したとみなすことができる．

さらに，推計方法やデータの構築方法を変えてさまざまな方法で回帰分析を
行ってみたが，表 5.7 の結果と同じく，産業全体の外資企業の資本ストックは
地場企業の生産性に対して有意な効果がなく，外資の研究開発ストックは正
で有意な効果があった．追加的に行った推計方法は以下のようなものである．
(1) Griffith et al. (2004) にならい，生産関数を直接推計するのではなく，ま
ず前節で用いた Olley and Pakes (1996) の拡張版である Buettner (2003) の
方法で TFP を計算し[23]，外資企業の資本・研究開発ストックが地場企業の
TFP レベルに与える効果を推計する．(2) Javorcik (2004) にならい，各産
業の外資企業の資本・研究開発ストックを構築する際に，外資比率をウェイ
トとして外資企業の資本・研究開発ストックを足し上げる．(3) 1999 年以前
の研究開発支出のデータがないために，2000 年の研究開発ストックを 2000
年の研究開発支出と等しいと仮定する（すなわち，1999 年以前の研究開発支
出は 2000 年以降の研究開発ストックに影響しないと仮定する）．(4) 誤差項
の自己相関（autocorrelation）による影響を緩和するために，1 期前の被説明
変数を説明変数として加え，動学パネルデータモデル（dynamic panel data
model）を推計する．(5) 研究開発ストックの償却率を 5% または 25% と仮

---

[22] 列 (6) の GMM 推計ではその効果は有意ではないが，これはおそらく $\ln FK$ と $\ln RDS$
との強い相関による多重共線性（multicollinearity）が影響しているためと思われる．

[23] Buettner (2003) の手法の詳細は補章 A を参照のこと．この方法によって推計された資
本・労働の弾力性はそれぞれ 0.275, 0.673 であった．

定する．(6) 外資企業の定義を外資比率が0より大きい企業とする．これらの結果はスペースの関係上ここには示さないが，表5.7で示された結果は特定の推計方法・データ構築手法に依存しておらず，非常に頑健なものであることが確認された．

華人企業からのスピルオーバー効果

　表5.6および図5.3で見たように，華人企業（香港，マカオ，台湾からの投資）はその他の外資企業にくらべて研究開発活動をより活発に行っているものの，TFPレベルは平均的に低い．そのような低い技術レベルを持つ華人企業は，高い技術レベルの外資企業にくらべてより小さなスピルオーバー効果を持つ可能性がある．

　この仮説を検証するために，Todo et al. (2006) は次のような2つの定式化（specification）を考えた．

$$\ln Y_{it} = \beta_K \ln K_{it} + \beta_L \ln L_{it} + \beta_R \ln RDS_{it} + \beta_S SHARE_{it}$$
$$+ \beta_E EXP_{ijt} + \delta_1 \ln FRDS^c_{ij,t-1} + \delta_2 \ln FRDS^{-c}_{ij,t-1}$$
$$+ x'_{it}\gamma + \alpha_i + \nu_t + \varepsilon_{it} \tag{5.8}$$

$$\ln Y_{it} = \beta_K \ln K_{it} + \beta_L \ln L_{it} + \beta_R \ln RDS_{it} + \beta_S SHARE_{it}$$
$$+ \beta_E EXP_{ijt} + \delta \ln \left( \theta FRDS^c_{ij,t-1} + FRDS^{-c}_{ij,t-1} \right)$$
$$+ x'_{it}\gamma + \alpha_i + \nu_t + \varepsilon_{it} \tag{5.9}$$

ここで，$FRDS^c$ および $FRDS^{-c}$ はそれぞれ産業全体の華人企業およびその他の外資企業の研究開発ストックを表す．式 (5.8) では，華人企業とそれ以外の外資企業の研究開発レベルの変数が，完全に分離した形で推計式に含まれる．また，式 (5.9) のカッコ内の $\theta$ はその他の外資企業に対する華人企業のスピルオーバー効果の比率を表す定数であり，$\theta < (>) 1$ は華人企業のスピルオーバー効果がその他の外資企業にくらべて小さい（大きい）ことを表す．ただし，式 (5.9) は非線形の推計式なので，線形近似を試みる．全外資企業の研究開発ストックにおける華人企業のシェアを $S_{jt} \equiv FRDS^c_{jt}/FRDS_{jt}$ と定義すれば，1次のテイラー展開により $S = 0$ の近傍では $\ln(\theta FRDS^c +$

$FRDS^{c-}) \approx \ln(FRDS) + (\theta - 1)S$ が成り立つ．したがって，式 (5.9) は次のように書き換えることができる．

$$\ln Y_{it} = \beta_K \ln K_{it} + \beta_L \ln L_{it} + \beta_R \ln RDS_{it} + \beta_S SHARE_{it}$$
$$+ \beta_E EXP_{ijt} + \delta \ln FRDS_{ij,t-1} + \sigma S_{ij,t-1}$$
$$+ x'_{it}\gamma + \alpha_i + \nu_t + \varepsilon_{it} \quad (5.10)$$

ここで $S$ が 0 の近傍であるならば，$\sigma \approx (\theta - 1)\delta$ が成り立つ．したがって，$\theta < (>) 1$ のとき，すなわち華人企業がその他の外資企業よりも小さな（大きな）スピルオーバー効果を持つ場合には，$\sigma < (>) 0$ となる．

式 (5.8) および (5.10) をこれまでと同様の OLS とシステム GMM を利用して推計するが，参考のために華人企業の研究開発ストックのみを説明変数として利用した推計も行う．その結果は表 5.8 に示されているが，列 (1)-(4) では産業全体の華人企業の研究開発ストックが地場企業の付加価値に対して与える効果は有意でないか，負で有意である．また，列 (5)・(6) においては産業全体の外資企業の研究開発ストックに占める華人企業のシェアは負で有意な効果を持っている．ここで $\sigma \approx (\theta - 1)\delta$，すなわち $\theta \approx \dfrac{\sigma}{\delta} + 1$ であるので，GMM による推計値を用いれば，$\theta$ の推計値は $-8.1$ $(= -0.559/0.079 + 1)$ となり，列 (3)・(4) の結果と同様に華人企業は負のスピルオーバー効果を持つことが示唆されている．華人企業に負のスピルオーバー効果があるのは，Aitken and Harrison (1999) が指摘したような，華人企業の参入によって地場企業の市場が縮小する負の効果があるからかもしれない．この負の効果は市場シェア（$SHARE$）を説明変数に加えることによって除去されているはずであるが，何らかの理由で華人企業の参入の負の効果を $SHARE$ 変数が捉えきれていない可能性がある．いずれにせよ，表 5.8 の結果を総合的に判断すれば，華人企業は他の外資企業とは異なり，地場企業に対して技術のスピルオーバー効果を持たないと結論づけることができる．

**地場企業からのスピルオーバー効果**

Todo et al. (2006) は，さらに外資ではなく地場企業の研究開発活動から他の地場企業に対して技術のスピルオーバー効果があるかどうかを検証してい

表 5.8 華人企業からの技術のスピルオーバー

| | | 被説明変数：付加価値額（対数値） | | | | | |
|---|---|---|---|---|---|---|---|
| | | (1) OLS | (2) GMM | (3) OLS | (4) GMM | (5) OLS | (6) GMM |
| $\ln FRDS$ | 産業全体の外資企業の研究開発ストック（対数値） | | | | | 0.023 (0.014) | 0.079 (0.032)* |
| $\ln FRDSC$ | 産業全体の華人企業の研究開発ストック（対数値） | 0.008 (0.011) | 0.006 (0.017) | $-0.027$ (0.014)+ | $-0.025$ (0.015)+ | | |
| $\ln FRDS^{C-}$ | 産業全体の非華人系外資企業の研究開発ストック（対数値） | | | 0.052 (0.015)** | 0.087 (0.022)** | | |
| $FRDS^C/FRDS$ | 産業全体の外資企業の研究開発ストックに占める華人企業のシェア | | | | | $-0.304$ (0.095)** | $-0.559$ (0.178)** |
| 標本数 | | 1,426 | 1,426 | 1,426 | 1,426 | 1,426 | 1,426 |
| $R^2$ | | 0.62 | | 0.62 | | 0.62 | |
| Hansen $J$ 統計量（$p$ 値） | | | 0.28 | | 0.32 | | 0.37 |

注：Todo et al.（2006）の Table 8 より作成した．カッコ内は標準誤差を表す．
\*\*，\*，および + はそれぞれ 1%，5%，および 10% レベルで有意であることを示す．
なお，スペースを節約するために，他の説明変数の推計結果は省略している．

る．すでに述べたように，中国では外資の研究開発は地場企業の研究開発よりも税制上で優遇されている．このような優遇措置は，外資企業が地場企業よりも大きな技術のスピルオーバーすなわち正の外部性を持つ場合にだけ正当化されるため，地場企業からのスピルオーバー効果の推計は政策的に大きな意味を持つ．

そこで，産業全体の外資企業の資本・研究開発ストックと同様の方法で，地場企業の資本・研究開発ストックを構築し，その効果を OLS およびシステム GMM 推計によって分析した．表 5.9 に示された結果によると，地場企業の資本・研究開発ストックは，ともに地場企業の付加価値に対して正の効果を持たない．すなわち，地場企業から他の地場企業への技術のスピルオーバーは起き

表 5.9 地場企業からの技術のスピルオーバー

| | | 被説明変数：付加価値額（対数値） | | | |
|---|---|---|---|---|---|
| | | (1) OLS | (2) GMM | (3) OLS | (4) GMM |
| $\ln DK$ | 産業全体の地場企業の資本ストック（対数値） | 0.023 (0.023) | −0.085 (0.102) | | |
| $\ln DRDS$ | 産業全体の地場企業の研究開発ストック（対数値） | | | 0.067 (0.019)** | 0.094 (0.070) |
| 標本数 | | 1,426 | 1,426 | 1,426 | 1,426 |
| $R^2$ | | 0.62 | | 0.62 | |
| Hansen $J$ 統計量（$p$ 値） | | | 0.09 | | 0.24 |

注：Todo et al.（2006）の Table 9 より作成した．カッコ内は標準誤差を表す．
**，*，および + はそれぞれ 1%，5%，および 10% レベルで有意であることを示す．
なお，スペースを節約するために，他の説明変数の推計結果は省略している．

ていないと結論づけることができる．図 5.3 に示されているように，地場企業は華人企業にくらべても TFP レベルが低い．5.2.5 節で華人企業からのスピルオーバーすらも観察できなかったわけなので，地場企業からのスピルオーバーが観察できないのはごく自然な結果といえよう．

## 5.3 結　論

本章は，開発途上国における外国直接投資が外資企業から地場企業への技術のスピルオーバーを促し，地場企業の生産性を向上させるかどうかを，インドネシアの事業所レベルデータを用いた Todo and Miyamoto（2006）および中国中関村科技園の企業レベルデータを用いた Todo et al.（2006）を基に検証した．

その結果，どちらのケースでも，**投資先で研究開発を行う外資企業は地場企業の生産性の向上に寄与するが，研究開発を行わない外資企業にはそのような効果がない**ことが見出された．これらの結果は，外資企業が生産を行うだけでは，外資企業の知識・技術は国内の労働者にはブラックボックスのままであり，技術のスピルオーバーは起きないことを示唆している．このような，外資企業の知識がブラックボックス化することや，それを「開封」することが

途上国の技術進歩にとって重要な課題であることは，Kim and Ma（1997）が日本・韓国・台湾の経験を基に指摘したことでもある．本章の分析は，外資企業が研究開発活動を投資先で行うことによって，外資企業の知識・技術が「開封」され，それが国内の技術者に伝わってさらには他の地場企業へも伝播していくことを示している[24]．

さらに Todo et al.（2006）は，中国中関村において外資企業の研究開発活動からの技術のスピルオーバーは観察されるが，地場企業の研究開発活動から他の地場企業へのスピルオーバーは観察できないことを示した．これによって，外資企業に対して研究開発拠点を設立することを奨励する中国の政策（北，2002; Long, 2005）が正当化できる根拠が示されたことになる．さらには，一般的な外国直接投資を誘致するための優遇政策は，その国が国内貯蓄不足かつ国外からの信用制約（借入制約）に陥っている場合を除けば，正当化される根拠に欠けることも示唆されている．

近年，東アジア諸国において，外資企業を誘致するのみならず外資企業の研究開発活動に対して優遇措置を与える傾向が強まっている．シンガポールは，1991年より国家主導で科学技術立国を目指して強力な研究開発振興政策を行っているし，タイやマレーシアでも，外資企業の研究開発活動に対して優遇税制を供与している（安積，2005）．本章の結論は，これらの政策的な傾向を計量経済分析に基づいて正当化するものである．なお，この結論は成長著しい中進地域である中国中関村のデータのみならず，やや発展の遅れた下位中所得国であるインドネシアのデータを用いても得られており，新興途上国だけではなく貧困国においても，外資企業の研究開発に対する優遇措置は技術進歩・経済成長にとって有効である可能性が高いことは強調しておきたい．

---

[24] なお，本書の著者は Todo（2006）において，Todo et al.（2006）と同様の方法を日本の企業レベルデータに適用し，日本においても，(1) 外資企業の研究開発ストックは地場企業の生産性に寄与するが，外資企業の資本ストックは寄与しないこと，(2) 地場企業の研究開発ストックも他の地場企業の生産性に寄与するが，その寄与の度合いは外資企業にくらべて非常に小さいことを見出した．この結果は，外資企業の比率が先進国の中では極端に小さい日本において（OECD, 2003），外資をより積極的に導入することで外国の先端知識・技術を学び生産性を向上させることができることを示唆しており，政策的な意義は大きいと考える．しかし，本書は開発途上国を対象としているために，Todo（2006）についてはこれ以上詳しく触れない．

ただし，本章での分析にもいくつかの欠点があることも指摘しておかなければならない．まず第 1 に，Todo and Miyamoto (2006) と Todo et al. (2006) とが利用したデータは 4 年間という短期間のパネルデータであり，GMM を利用したパネル推計をするには必要最小限の長さを満たしているとはいえ，パネルの期間が短いことは否めない．

第 2 に，本章の分析は生産関数の推計に依存しているために，直接投資の一般均衡的な効果を分析しているわけではない．つまり，例えば外資企業の研究開発に対する優遇政策によって研究開発活動が活発となった結果，研究者・エンジニアに対する需要が増大し，その賃金が高騰してしまうかもしれない．このような研究開発のコストの増加は研究開発活動を抑制する効果を持つので，研究開発に対する優遇政策が技術のスピルオーバーを通じてもたらす正の効果を低減させてしまう可能性がある．しかし，残念ながら本章の分析ではこのようなコスト増大を通じた効果は明確な形では検証できない．

最後に，Todo and Miyamoto (2006) と Todo et al. (2006) の分析は，すべて産業内の技術のスピルオーバー，いわゆる水平的なスピルオーバーの有無を検証したものである．反面，Javorcik (2004)，Blalock and Gertler (2007)，および Kugler (2006) は川下の外資企業から川上の地場産業への垂直的な技術のスピルオーバーは，外資企業の研究開発活動に依存せずに起きていることを企業レベルデータで示している（第 4 章を参照）．このような垂直的なスピルオーバーは Todo and Miyamoto (2006) と Todo et al. (2006) では考慮していないため，本章の分析は外資企業の生産活動（研究開発活動ではなく）による技術の垂直的なスピルオーバーを否定したものではないことを特筆しておきたい．

なお，TFP は観測誤差などを含んだ「残差」(residual) にすぎず，必ずしも技術レベルを適切に表していない可能性があるとして，本章で用いたような TFP による実証分析は技術に関する分析に適さないとする考え方がある．確かに，国単位の TFP 成長率の推計においては，同じ国同じ期間であっても論文によって推計値が大きく異なることも多い[25]．このような TFP 推計値の

---

[25] 例えば，Young (1995) は東アジアの新興国における TFP 成長率がそれほど高くなく，特にシンガポールではマイナスであったことを示したが，Hsieh (2002) や Klenow and

不正確さを受けて，Jaffe et al. (1993) を嚆矢として，より直接的に技術伝播を計測するために特許の引用データを使う研究が発達してきている．すなわち，各々の特許にはその特許が知識・技術的に依拠した先行する特許が明記されているが，そのような特許の引用元をたどることでどのように技術が伝播していったかを分析することができる．直接投資による技術伝播についても，Branstetter (2006) が企業レベルの特許の引用データを用いて，日本企業のアメリカへの直接投資がアメリカから日本への技術伝播を促進させることを示している．

しかし，TFP が技術レベル以外にも観測誤差などの「ゴミ」を含んでいるとしても，回帰分析における被説明変数として TFP を利用するのは，TFP レベルや成長率の数値そのものを国単位や企業単位で比較するのにくらべて問題は少ない．なぜなら，そもそも右辺に誤差項を考慮しているので，各々の説明変数が TFP に与える効果を推計するためには，TFP に「ゴミ」が含まれていてもかまわないからだ．「ゴミ」が説明変数と相関する場合にも，本章の分析のように適切な操作変数法を利用することで偏りのない推計量が得られるはずである．しかも，そもそも途上国には特許データは十分に整備されておらず，整備されていたとしても新しい技術や知識が特許として登録されない[26]ことも多い．したがって，途上国での技術伝播の実証は，TFP や生産関数を利用した手法に頼らざるをえないのが現状である．

---

Rodriguez-Clare (1997) の推計値は，Young (1995) よりもかなり大きいものであった．
[26] これは途上国だけではなく，先進国についても起こる．よくいわれる典型的な例は，コカ・コーラの製法である．

# 第6章 途上国での研究開発活動と技術導入：理論と実証

## 6.1 はじめに

　開発途上国が技術進歩を成し遂げるには，自らが革新的な技術開発を行うのはあまり現実的ではなく，先進国ですでに開発された技術や知識をいかに効率よく導入できるかがカギとなる．このような先進国からの新技術の導入 (technology adoption) には，本書のこれまでの議論を踏まえて，次のような2つの方法が考えられる．1つは先進国企業の直接投資を誘致して生産を行うことで新しい生産技術・生産手法を取り入れるという方法であり[1]，もう1つは途上国内での研究開発活動を通じて新しい技術・知識を獲得するという方法である．後者の場合には，途上国内の研究開発活動を行う主体は，外資企業の場合もあれば地場企業の場合もある．地場企業による研究開発は，輸入品のリバースエンジニアリングによるものや（例えば，第4章で紹介したトヨタの最初の乗用車の例），先進国企業から技術ライセンス契約を結び，その契約のもとで技術指導を受けつつ行うもの（例えば，第5章で紹介した高度成長期の日本や韓国の石油化学産業の例）がある．

　第5章では，特に直接投資に焦点を当てて，投資相手国での研究開発活動を伴う外国直接投資と，生産活動のみを行う直接投資とを区別して，前者には国内の地場企業への知識のスピルオーバー効果があるが，後者にはないことを実証的に示した．この結果は，国内での研究開発による新技術導入と生産のみの直接投資による新技術導入では，地場産業に対する効果が決定的に異なることを示唆している．つまり，生産活動のみの直接投資は，これまで地場の技術

---

[1] 直接投資以外にも，資本財の輸入などによっても新しい生産技術・手法を利用することができるが，ここでは特に直接投資に焦点を当てる．

では生産できなかった製品を生産できるようになるという意味では,新しい技術を途上国にもたらすものであるが,その技術は Kim and Ma (1997) の言う「ブラックボックス」に封印されていて,地場企業の技術者によって習得されない可能性が高い.反面,途上国内での研究開発によっては,先進国の技術は「開封」されて途上国の技術者に伝播すると思われる[2].

このように,2つの新技術導入の手段が国内の地場企業に対する影響が異なるため,どちらの手段に依存して新技術を導入するかによって,開発途上国における長期的な技術レベルや所得レベルに大きな差が生じる可能性がある.本章は,この問題を Todo (2005) に基づく経済成長モデルを利用して理論的に分析する.

途上国が先進国から技術を導入することを組み入れた経済成長モデルは数多く,例えば Grossman and Helpman (1991) や Barro and Sala-i-Martin (1997; 2004) は途上国の研究開発を通じた模倣による技術導入を,Findlay (1978),Walz (1997),Fosfuri et al. (2001) は直接投資による技術導入を仮定した.しかし,これらのモデルは複数の技術導入の手段を考慮していない.また,Ethier and Markusen (1996) や Glass and Saggi (2002) は,直接投資と技術ライセンスという2つの技術導入の手段を仮定したが,彼らのモデルでは,この2つの手段が上記に述べたような地場企業への技術のスピルオーバー効果の違いを持つことは考えられていない.Saggi (1999) は,直接投資と技術ライセンスの両方を想定し,技術のスピルオーバー効果が技術ライセンスの方が大きいことを仮定しており,本章の問題意識に近い.しかし,Saggi (1999) は2期の寡占競争モデルを基にしており,1国における長期的な所得レベルについて分析することはできない(上に挙げた文献の詳細については 4.1.2 節を参照のこと).

さらに Todo (2005) は,国単位のマクロデータを用いて,理論モデルの結論が確かに現実の世界でも成り立っていることを示した.以下,理論モデルとその解,実証分析の順に詳細に議論していきたい.

---

[2] なお,外資企業と同様に,地場企業のリバースエンジニアリングやライセンス契約などを通じた研究開発によっても他企業への技術のスピルーバーが起きると考えられるため,本章では外資企業と地場企業による研究開発を特に区別せず,一括して国内での研究開発と称する.

## 6.2 理論モデル

**基本構造**

 本章の理論モデルは，Acemoglu et al.（2006）や Aghion and Howitt（2005）の品質向上による成長モデル（quality-ladder growth model）を改変したものであり，小国である技術後進国が外生的に進歩する技術先進国[3]の技術を導入することを仮定している[4]．また，これは世代重複モデル（overlapping generations model）であり，時間 1 から始まる離散的な時間をもち，技能労働者（skilled labor）・単純労働者（unskilled labor）と呼ばれる 2 種類の労働者を仮定する．技能労働者は高い人的資本を有する労働者であり，品質向上のための新技術導入に従事し，単純労働者は低いレベルの人的資本を有し，生産活動に従事する．これらの技能・単純労働者の数は一定であり，それぞれ $H$ および $L$ で表す．すべての労働者は 2 期間生きるが，1 期目に非弾力的に 1 単位の労働力を提供し，2 期目には引退して働かない．

**最終財・中間財の生産関数と市場構造**

 この経済には多様な種類の中間財が存在するが，それらの中間財を 0 から 1 の連続的な指標で表すことができるとし，また中間財の種類の総数は一定であるとする．最終財は 1 種類しかなく，中間財によって生産され競争的市場で

---

[3] このモデルでは，技術後進国（technology follower）は技術フロンティアで開発された知識・技術を導入する国と定義されているために，開発途上国よりも広い範囲の国を対象としている．例えば，Eaton and Kortum（1999）はイギリス，ドイツ，日本，フランスですら，その技術進歩の多くをアメリカをはじめとする外国からの知識導入に依存していることを示している．これらの先進国も技術後進国と定義するのはやや行き過ぎかもしれないが，少なくとも G7 以外のいわゆる先進国もこのモデルの枠組みでは技術後進国と考えるべきであろう．したがって，本章での技術先進国とは G7（アメリカ，イギリス，イタリア，カナダ，ドイツ，日本，フランス）などの世界の技術フロンティアに位置する国を想定している．

[4] 後で示すように，定常状態における技術後進国の一人当たり所得成長率は外生的な技術先進国の技術進歩率に等しい．この意味では，本章のモデルは内生成長モデル（endogenous growth model）ではなく，新古典派成長モデルのような外生成長モデルであるが，一人当たり所得レベルは内生的に決定される．

売買されるが，その生産関数は

$$Y_t = \left[ \int_0^1 (A_t(i)x_t(i))^\alpha \, di \right]^{1/\alpha}, \tag{6.1}$$

で表される．ここで，$A_t(i)$ および $x_t(i)$ はそれぞれ中間財 $i$ の $t$ 期における品質および投入量であり，$\alpha \in [0,1]$ と仮定する．最終財は保存することができないために，毎期毎期その生産物は完全に消費される．

中間財の生産における投入要素は単純労働者のみであり，1 単位の単純労働力によって種類・品質レベルにかかわらずあらゆる中間財が 1 単位生産されるとする．

また，中間財の市場構造は次のとおりである．次で詳述するように，中間財の品質は新技術の導入によって向上させることができる．$t$ 期に中間財 $i$ の品質を向上させた企業は，$t$ 期にのみ有効な特許が与えられるため，中間財 $i$ の市場を $t$ 期には独占できる．しかし，品質向上から 1 期経過すると特許は消滅し，また品質向上のための技術は他企業にも伝播すると仮定する．したがって，$t$ 期に品質向上をした企業は $t$ 期には市場を独占できるが，そのままでは $t+1$ 期には独占力を失ってしまう．言い換えれば，$t$ 期にはこの企業に市場を独占されていた中間財 $i$ の品質を，$t+1$ 期に別の企業が向上させることによって，$t+1$ 期にその市場を独占することは可能である．ただし，$t$ 期に中間財 $i$ の品質向上をすでに行った企業が $t+1$ 期に中間財 $i$ の品質をさらに向上させるためのコストは，学習効果のためにそれ以外の企業にとっての品質向上コストより小さいと仮定する．この結果，このモデルでは初期（第 1 期）に中間財 $i$ の品質向上を行った企業は，品質向上による利益が正である限りにおいて（後で示すように，この条件はある一定の仮定のもとでは満たされる），毎期毎期継続して中間財 $i$ の品質を向上させ，その市場を永久に独占することになる．

**品質向上のための技術導入**

中間財の品質は，技能労働者を使って新技術を導入することによって向上させることができるが，技術導入の方法には，研究開発によるものと研究開発に

## 6.2 理論モデル

よらないものの2種類があると仮定する．ここで，研究開発によらない技術導入とは，現実に当てはめれば，外国直接投資によって新しい機械や品質管理方法が導入されることを想定しているが，モデルでは，外国資本の導入が明示的に描写しているわけではない．しかし，モデルと現実とのかかわりの理解を深めるため，本章では理論モデルにおける研究開発によらない技術導入を「外国直接投資による技術導入」と呼称することにする．

研究開発による技術導入と直接投資による技術導入は，次の2つの点で異なる（表 6.1 を参照）．第1に，直接投資による技術導入は，技術後進国の技能労働者の知識を必要としないが，研究開発による技術導入においては，品質向上の程度は技術後進国の技能労働者の知識レベルに依存する．なぜなら，直接投資による技術導入では，技能労働者は技術者というよりもどちらかというと管理者として，新しい機械や品質管理方法を技術先進国から導入する作業を行うからである．したがって，技能労働者は技術先進国で作成されたマニュアルを読んで正しく理解できればよく，必ずしも高い技術的な知識を必要としない．その意味では，このモデルにおける技能労働者の持つ人的資本とは，「読み書き（外国語を含めて）そろばん」の能力と理解してもかまわない．しかし，技能労働者自身が技術者・科学者として研究開発によって品質向上を図ろうとする場合には，彼らが読み書きそろばんを越えた科学技術的知識を持っていなければならない．

第2に，ある企業が研究開発によって品質を向上させた場合には，その企

表 6.1　2種類の技術導入の比較

|  | 研究開発による技術導入 | 研究開発によらない技術導入（直接投資による技術導入と便宜上呼称） |
| --- | --- | --- |
| 現実の例 | リバースエンジニアリング・技術ライセンス・研究開発を伴う直接投資 | 生産活動のみの直接投資 |
| 技術導入に際して国内技能労働者の知識レベルは必要か？ | 必要 | 不要 |
| 他の地場企業に対する知識のスピルオーバー | あり | なし |

業の技能労働者らは自分自身の知識レベルを向上させるが，次の期にはその知識が他の企業にもスピルオーバーし，技術後進国の技能労働者全体の知識レベルをも向上させる．しかし，直接投資による品質向上には，そのような知識レベルを向上させる効果はない．

なお，本書を通じて「技術」と「知識」という 2 つの言葉をことさらに区別をせずに使ってきたが，本章のモデルではこれらは明確に区別されなければならない．例えば，直接投資によって先進国から最新の機械が輸入されても，技術後進国自身の研究開発によって先進国の機械が模倣によって後進国技術者の手でつくられても，それらは後進国への「技術」の導入である．しかし，前者のケースでは後進国の労働者はその機械の操作方法を知っていてはいても，それを設計して造り上げることはできないので，「知識」レベルが向上したわけではない．反面，後者のケースでは技術導入と同時に「知識」レベルも向上している．

このような設定のもと，中間財 $i$ の $t$ 期における品質 $A_t(i)$ は，直接投資によって獲得された品質と研究開発によって獲得された品質の和として，次のような式で決定されると仮定する．

$$A_t(i) = \underbrace{\eta \left( \frac{H_t^M(i)}{\bar{H}} \right)^\mu \bar{A}_{t-1}}_{\text{直接投資による技術導入}} + \underbrace{(1+g) \left( \frac{H_t^R(i)}{\bar{H}} \right)^\rho \tilde{A}_{t-1}^\phi \bar{A}_{t-1}^{1-\phi}}_{\text{研究開発による技術導入}} \quad (6.2)$$

ここで，

$H_t^M(i) =$ 直接投資による品質向上に従事する技能労働者の数
（$M$ は多国籍企業 [multinational enterprise] を表す）
$H_t^R(i) =$ 研究開発による品質向上に従事する技能労働者の数
（$R$ は研究開発 [R&D] を表す）
$\bar{H} =$ 技術先進国における技能労働者の総数
$\bar{A}_{t-1} = t-1$ 期における技術先進国での品質レベル
（技術先進国の知識レベルとも解釈できる）
$\tilde{A}_{t-1} = t$ 期における国内の知識レベル（$t-1$ 期の国内の品質レベルを利用し，以下の式 [6.3] で定義される）

である．また，$\mu \in (0,1), \rho \in (0,1), \phi \in (0,1)$ であり，先進国の知識レベル $\bar{A}_{t-1}$ は外生的に年率 $g$ で増加していくと仮定する（つまり，$\bar{A}_t = (1+g)\bar{A}_{t-1}$）．

式 (6.2) の右辺の第 1 項は直接投資の導入によって達成された品質レベルを表している．ここでは，直接投資によって技術先進国の品質のうちのある割合（$\eta(H_t^M/\bar{H})^\mu$）が技術後進国で達成されるが，その割合は投入された技能労働者の量に依存すると仮定されている．また，式 (6.2) の右辺の第 2 項は研究開発によって達成された品質レベルを表しているが，それは投入された技能労働者の量，国内の技能労働者の知識レベル，および技術先進国の品質レベル（知識レベル）に依存すると仮定されている[5]．

もし，どのような手段で品質を向上させても，その技術は国内企業にスピルオーバーして国内の知識レベルが上昇するのであれば，$t-1$ 期に達成された品質レベルを集計したものが $t$ 期の国内の知識レベル $\tilde{A}_{t-1}$[6] に等しい（$\tilde{A}_{t-1} = \int_0^1 A_{t-1}(i)\,di$）．しかし，このモデルでは研究開発による品質向上によって国内の知識レベルは上昇するが，直接投資による品質向上では国内の知識レベルは上昇しないことを仮定する．したがって，$t$ 期の国内の知識レベル $\tilde{A}_{t-1}$ は，$t-1$ 期における研究開発による達成された品質レベルを集計したもので表されると仮定し，

$$\tilde{A}_{t-1} \equiv \int_0^1 \underbrace{A_{t-1}(i)}_{\substack{達成された\\品質レベル}} - \underbrace{\eta\left(\frac{H_{t-1}^M(i)}{\bar{H}}\right)^\mu \bar{A}_{t-2}}_{\substack{そのうち直接投資によって\\達成された品質レベル}} di \qquad (6.3)$$

と定義する．

以上のような仮定のもと，中間財 $i$ の生産を独占する企業は，$t$ 期の生産による利潤から品質向上のコストを除いた純利益 $\pi_t(i)$ を最大化するために，$\tilde{A}_{t-1}$ および $\bar{A}_{t-1}$ を所与として，生産量および研究開発・直接投資による品質向上に投入する技能労働者の数，すなわち $x_t(i), H_t^M(i), H_t^R(i)$ を決定する．

---

[5] $\eta, \bar{H}, 1+g$ といった項は，特別なケースにおけるつじつまを合わせるために加えられたパラメタにすぎず，ここでは説明を省略する．

[6] $\tilde{A}_t$ でないのは，知識のスピルオーバーに 1 期間かかると仮定しているからである．

$$\max_{\{x_t(i),\, H_t^M(i),\, H_t^R(i)\}} \pi_t(i) = \bigl(p_t(i) - w_t^L\bigr)x_t(i) - w_t^H\bigl(H_t^M(i) + H_t^R(i)\bigr) \quad (6.4)$$

ここで $w_t^L$ および $w_t^H$ はそれぞれ単純労働者および技能労働者の賃金を表す．また，$p_t(i)$ は中間財 $i$ の価格であるが，これは後で述べるように最終財セクターの利潤最大化によって導かれる需要関数により，$x_t(i)$ の関数となっている．

**消費**

消費者はその人的資本のレベルにかかわらずリスク中立的な効用関数を持ち，割引率を $r$ と仮定する．$t$ 期に生まれた消費者は，その期に働いて賃金を受け取って消費するが，$t+1$ 期にも消費するために，賃金の一部は貯蓄して中間財企業の株式を購入する．次の $t+1$ 期には，式 (6.4) で表される各中間財企業の純利潤 $\pi_{t+1}(i)$ が，$t$ 期に株式を購入した株主に対する配当となる．さらに，老年期の消費者は所有する株式をすべて若年期の消費者に売却するために，老年期の消費量は株に対する配当と株式の売却額の和となる．

## 6.3　複数の定常状態を持つ均衡

**動学的均衡と定常状態**

均衡の詳細な導出は Todo (2005) で示されているが，ここでは要点だけを述べよう．まず最初に，式 (6.4) で表される最大化問題の1階の条件によって，中間財企業に関する対称性が導かれる．つまり，すべての中間財企業は同じ数の技能労働者を研究開発および直接投資による品質向上のために雇用し，結果として同じ品質レベルを達成する．すなわち，$J = M, R$ について $H_t^J(i) = H_t^J \equiv \int_0^1 H_t^J(i)\,di$，また $A_t(i) = A_t \equiv \int_0^1 A_t(i)\,di$ と表せる．この対称性と $\int_0^1 x_t(i)\,di = L$ を組み合わせることによって，

$$Y_t = A_t L, \quad (6.5)$$

すなわち国全体の生産量は中間財の平均的な品質レベルと比例するという関

係が導かれる. さらに,技術先進国の品質と比較したこの技術後進国の相対的な品質レベルを $a_t \equiv A_t/\bar{A}_t$ とし, $M_t(H_t^R) \equiv \left((H - H_t^R)/\bar{H}\right)^\mu$, $R_t(H_t^R) \equiv \left(H_t^R/\bar{H}\right)^\rho$, $X'$ は任意の関数 $X$ の1階の微分係数を表すと定義すると,

$$a_t = \frac{\eta}{1+g}\left(M_t + \frac{M_t'}{R_t'}R_t\right) \tag{6.6}$$

となる. すなわち,相対的品質レベル $a_t$ は研究開発に従事する技能労働者数 $H_t^R$ の関数として表されることが示される. さらに計算を進めると,次のような $H_t^R$ に関する差分方程式を $t \geq 2$ について得る.

$$\frac{M_t'}{R_t'} = \left(\frac{1+g}{\eta}\right)^{1-\phi}\left(\frac{M_{t-1}'}{R_{t-1}'}R_{t-1}\right)^\phi \tag{6.7}$$

初期の解である $H_1^R$ は

$$\frac{M_1'}{R_1'} = \frac{1+g}{\eta}a_0 \tag{6.8}$$

で与えられるが,これは $H_1^R$ が外生的に与えられる初期の相対的品質レベル $a_0$ に関して単調増加であることを示す. つまり,初期時点での技術後進国の知識レベルが大きいほど,研究開発活動のレベルも大きい.

なお,この技術後進国における単純労働者の数が十分に大きく,$L \geq \mu$ および $L \geq \rho$ が成り立つならば,中間財企業の純利潤 $\pi_t(i)$ が正となることが示されるので,本章ではこの条件が成り立つものとし,したがってすべての中間財は毎期毎期品質向上を絶え間なく行う.

ここで,このモデルにおける均衡を次のように定義しておこう.

(**動学的均衡および定常状態**) 動学的均衡における $H_t^R$ は,$a_0$ を所与として式(6.7)および(6.8)によって与えられる. また,動学的均衡における $a_t$ は,$H_t^R$ と式(6.6)によって与えられる. 定常状態とは $H^{R*} = H_T^R = H_{T-1}^R$ かつ $a^* = a_T = a_{T-1}$ を満たす状態であり,定常状態の $H^R$ および $a$ をそれぞれ $H^{R*}$ および $a^*$ で表すものとする.

このような動学的均衡および定常状態は,$H_t^R$ を $H_{t-1}^R$ の関数と考えた

図 6.1 動学的均衡および定常状態の図解

ケース(i)：$\phi+\rho<1$

ケース(ii)：$\phi+\rho>1$ かつ $H>\theta$

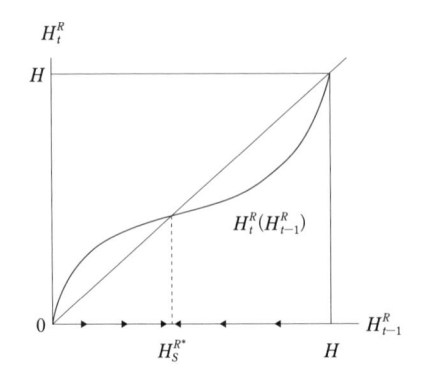

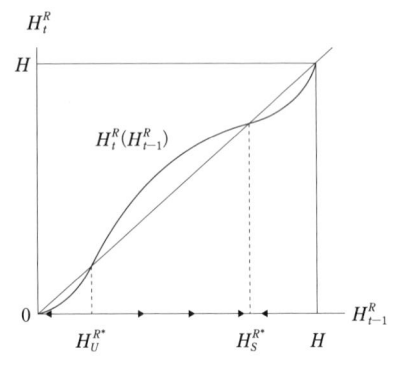

ケース(iii)：$\phi+\rho>1$ かつ $H<\theta$

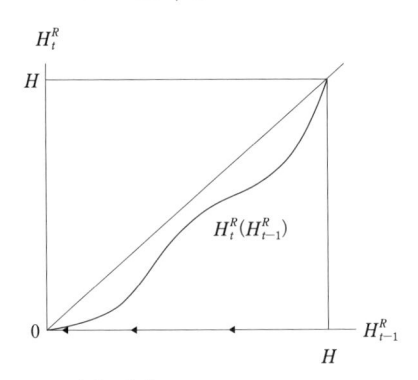

注：Todo (2005) の Figure 1 を基に作成.

$H_t^R(H_{t-1}^R)$ の形状によって図を利用して分析することができるが，図 6.1 に表されるように，$H_t^R(H_{t-1}^R)$ は $\phi, \rho, H$ の大きさに依存して3種類の形状が考えられる．この図において，$H_t^R(H_{t-1}^R)$ と 45 度線の交点が定常状態を示すが，特にその交点における $H_t^R(H_{t-1}^R)$ の接線の傾きが 45 度よりも小さい場合には安定的な定常状態である．したがって，このような安定的な定常状態がいくつあり，$H_t^R$ が長期的にどのような状態に収束していくかは，次の3種類のケースが考えられる．

**ケース (i)**

　$\phi + \rho < 1$ であるケース (i) においては，図6.1 (i) 中の $H_S^{R*}$ が唯一の安定的な定常状態であり，初期の $H_t^R$ が何であれ，長期的には $H_t^R$ は正の値である $H_S^{R*}$ に収束していく．つまり，技術後進国は，低い研究開発レベルから出発しても徐々にそのレベルを増加させ，長期的には研究開発が一定程度行われているような状態で落ち着く．

　なお，$\phi$ は研究開発における国内の知識レベルの重要性を表すため (式 [6.2] を参照)，このケースは国内の研究開発において国内の知識レベルがあまり重要でない場合に成り立つ．このとき，国内企業への知識のスピルオーバーに起因する外部性は，均衡に大きな影響を持たない．言い換えれば，国内の研究開発における外部性の影響が弱い場合に，このような唯一の定常状態を持つケースが成り立つ．

**ケース (ii)**

　$\phi + \rho > 1$ かつ $H > \theta$ が成り立つケース (ii) においては[7]，安定的な定常状態は $H_t^R$ が，0 および図中の $H_S^{R*}$ の2つの場合がある．したがって，$H_1^R$ が十分に小さく $H_1^R < H_U^{R*}$ を満たせば $H_t^R$ は 0 に収束し，$H_1^R$ が十分に大きければ $H_t^R$ は正の値である $H_S^{R*}$ に収束する．

　パラメタの条件式から判断して，ケース (ii) はケース (i) にくらべて研究開発における国内知識の重要性 ($\phi$) が大きく，かつ人的資本レベル ($H$) が十分に大きい場合に起こる．このように国内知識が研究開発にとって重要な場合には，初期の国内の知識レベルが高ければ初期時点から活発に研究開発が行われ，それ以降の知識レベルは知識のスピルオーバーによってさらに向上し，さらに活発に研究開発が行われる．このような好循環によって，定常状態にお

---

[7] ただし，$\theta$ は
$$\theta \equiv [\rho - (1-\phi)\mu] \left[ \frac{\bar{H}^{\rho+\phi-1} + \frac{\mu}{\rho}\frac{\eta}{1+g}^{1-\phi}}{(\rho+\phi-1)^{\rho+\phi-1}\{(1-\mu)(1-\phi)\}^{(1-\mu)(1-\phi)}} \right]^{\frac{1}{\rho-(1-\phi)\mu}}$$
で定義される．

ける研究開発のレベルは正となる．

しかし，初期の国内の知識レベルが十分に高くない場合には，この技術後進国は研究開発よりもむしろ外国投資に依存して技術導入を図る．このような直接投資への依存は知識のスピルオーバーを引き起こさないので，国内の知識レベルは停滞し，直接投資への依存はさらに強化されてしまう．このような悪循環のために，長期的にはこの国では研究開発は全く行われず，技術導入は直接投資に完全に依存することとなる．

なお，詳しい導出は省略するが，$\partial a/\partial H_t^R > 0$ となり，式 (6.5) が示すように一人当たり所得は品質レベル $A_t$ に比例するため，高い $H_t^R$ （高い研究開発活動のレベルといってもよいだろう）は高い所得レベルに帰結する．したがって，$H_t^R$ が正である場合は 0 である場合にくらべて，定常状態における相対的品質レベル $a$ が高く，そのために所得レベルも高い[8]．したがってこのケースにおいて，初期条件の高い技術後進国が到達する，自国での研究開発を伴う定常状態は，いわゆる「良い均衡」(good equilibrium) であるのに対して，その他の条件が同じでも初期条件の低い技術後進国の到達する，自国での研究開発が一切存在しない定常状態は「悪い均衡」(bad equilibrium) である．言い換えれば，貧困国は貧困であるがゆえに長期的にも貧困から逃れられないという，「貧困の罠 (poverty trap)」に陥ってしまう可能性があることを示唆している[9]．

**ケース (iii)**

$\phi + \rho > 1$ かつ $H < \theta$ であるケース (iii) は，$H_t^R = 0$ のみが定常状態であり，どのような初期条件を持っていても必ず研究開発のない定常状態に収束する．つまり，この場合には与えられた人的資本のレベルが低すぎるために，いくら高い国内知識レベルから出発しても上記で述べた研究開発と知識レベルの好循環を呼び起こすことができずに，$H_t^R$ は 0 に収束してしまう．

---

[8] ただし，どの定常状態においても相対的品質レベルは一定となるので，品質レベルおよび国全体の所得の成長率は外生的に与えられた技術先進国の技術進歩率 $g$ に長期的には収束する．
[9] ただし，この場合でも長期的な所得成長率は技術先進国の成長率 $g$ に等しいために，正確には「相対的貧困の罠」というべきかもしれない．

以上を要約すれば，研究開発による技術導入のみに知識のスピルオーバー効果があるために，スピルオーバーによる外部性の影響が強い場合には直接投資による技術習得と国内の知識レベルの停滞の好循環や悪循環が生じる．悪循環の場合には，直接投資による技術習得のみに依存して，国内では全く研究開発が行われない状況が生じる可能性があることが理論的に示された．またそのような悪循環は，初期の知識レベルや人的資本レベルが低いことによって生じることも明らかになった．

**研究開発に対する補助金**

このモデルには動学的な外部性が仮定されているために，政府の介入によって消費者の所得レベルや効用が向上する可能性がある．そこで，研究開発に対する補助金，特に研究開発に従事する技能労働者に賃金に対する補助金が，定常状態における国全体の総所得に及ぼす効果[10]について考察してみよう．

研究開発に従事する技能労働者の賃金に対する補助金の賃金に対する比率を$\tau$とすれば，式 (6.6) は次のように書き直すことができる．

$$a_t = \frac{\eta}{1+g}\left(M_t + (1-\tau)\frac{M_t'}{R_t'}R_t\right). \tag{6.9}$$

それに伴い，$H_t^R$ の差分方程式は

$$\frac{M_t'}{R_t'} = \left(\frac{1+g}{\eta(1-\tau)}\right)^{1-\phi}\left(\frac{M_{t-1}'}{R_{t-1}'}R_{t-1}\right)^{\phi}, \tag{6.10}$$

となる．このような修正により，補助金のあるケースでは図 6.1 は図 6.2 のように置き換えられる．図 6.2 において，点線が図 6.2 で示された補助金のないケース，実線が補助金のあるケースの $H_t^R(H_{t-1}^R)$ を表す．

---

[10] このモデルでは 2 種類の労働者が存在するので，社会的効用関数を定義するためはそれぞれの労働者の効用をウェイト付けする必要があり，どうしても恣意性が入ってしまう．したがって，ここでは社会的効用関数を明示的に定義せずに，研究開発に対する補助金が定常状態の国全体の所得レベルを向上させるかどうかにしぼって考え，技能労働者・単純労働者間の所得分配については考慮しない．すべての消費者はリスク中立的であり，すべての生産物はそれぞれの期に消費されつくされるので，定常状態における総所得の向上は，何らかの所得分配政策を伴えばすべての消費者の厚生を改善させるはずである．

図 6.2 研究開発に補助金が与えられたときの均衡の図解

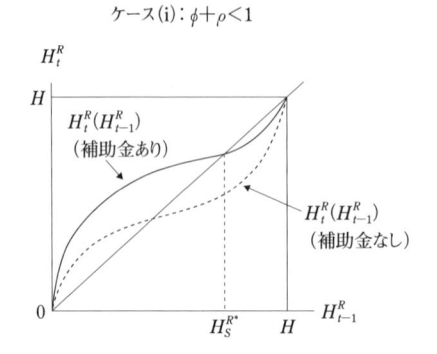

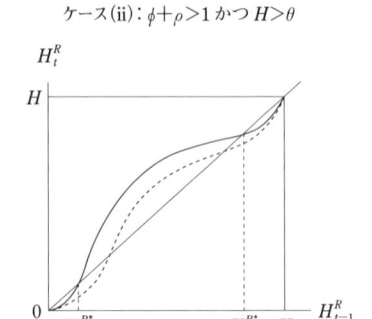

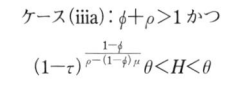

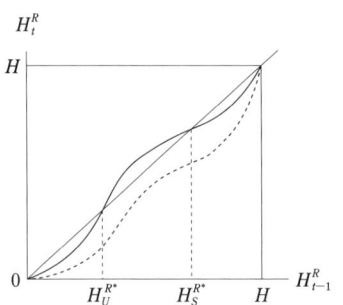

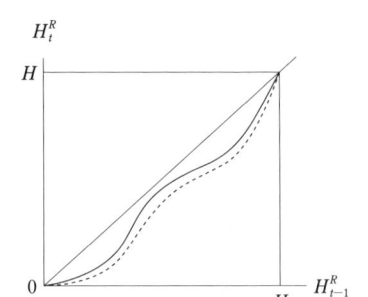

ケース(i)：$\phi+\rho<1$

ケース(ii)：$\phi+\rho>1$ かつ $H>\theta$

ケース(iiia)：$\phi+\rho>1$ かつ
$(1-\tau)^{\frac{1-\phi}{\rho-(1-\phi)\mu}}\theta<H<\theta$

ケース(iiib)：$\phi+\rho>1$ かつ
$H<(1-\tau)^{\frac{1-\phi}{\rho-(1-\phi)\mu}}\theta$

注：Todo (2005) の Figure 2 を基に作成．

　ケース (i) では，補助金を供与することにより唯一の安定的な定常状態における $H_t^R$（図中の $H_S^{R*}$）が右にシフトしていることがわかる．したがって，補助金によって定常状態での研究開発活動はより活発となり，相対的品質レベルは向上し，国全体の所得も上昇する．

　ケース (ii) でも，同様に $H_S^{R*}$ が右にシフトするために，研究開発活動が行われる定常状態に収束する場合には，補助金によって総所得が向上する．さらに，不安定な定常状態における $H_t^R$（図中の $H_U^{R*}$）は補助金の供与によって左にシフトする．したがって，これまでは初期の国内の知識レベルが低い

ために，研究開発を行わない「悪い均衡」に収束していた国も，研究開発への補助金によって研究開発を行う「良い均衡」に収束するようになる可能性がある．この場合には，研究開発に対する補助金は，長期的な総所得を劇的に増加させることができる，いわばビッグプッシュ的な政策であるといえる．

ケース (iii) では，補助金率 $\tau$ の大きさによって2つの場合が考えられる．ケース (iii) の市場均衡では，$H_t^R(H_{t-1}^R)$ が45度線と交わらないために安定的な定常状態は $H_t^R = 0$ のみであったが，補助金率が十分に大きいと，$H_t^R(H_{t-1}^R)$ が45度線と交わるようになり，$H_t^{R*} > 0$ となる安定的な定常状態も生まれる（図 6.2 のケース [iiia]）．つまり，技術後進国において初期の知識レベルが十分に大きいにもかかわらず，人的資本レベルが低いために市場均衡では長期的には研究開発活動が衰退してしまうような場合においても，研究開発に対する補助金によって研究開発を活性化し，総所得を増加させることができる．ただし，補助金率が小さい，もしくはあまりにも人的資本レベルが小さい場合には，補助金をかけても定常状態は $H_t^R = 0$ のみであり，長期的な総所得に変化はない（ケース [iiib]）．

なお，ケース (i), (ii), (iiia) においては，補助金率 $\tau$ が $\phi$ に等しいときに総所得が最大化される．上述したように $\phi$ は品質向上における国内知識の重要性であり，外部性の影響の大きさの指標でもあるので，この結果は外部性の影響が大きいほど最適な補助金率も大きいことを示す．

## 6.4 複数の定常状態の実証分析

本節では，前節の理論で導かれた次のような仮説を国単位のマクロデータを使って検証する．

**仮説** 初期の知識レベルおよび人的資本レベルが十分に大きい国は研究開発活動を行う定常状態に収束するが，そうでない国は研究開発活動がなく技術導入を直接投資に依存する定常状態に収束する

フォーマルな回帰分析を行う前に，グラフを使って大まかにこのような結

論が支持されているのかを見てみよう．図 6.3 において，1 本の線分は 1 つの国を表し，1980 年代から 1990 年代にかけて外国直接投資の流入額の対 GDP 比率と研究開発支出額の対 GNP 比率の平均値がどのように推移したかを示すものである．1 つの線分の 2 つの終点のうち，3 文字の国コードのついた線分の終点は 1980 年代の平均を，国コードのない終点は 1990 年代の平均を表す．また，全世界の国々を TFP（全要素生産性）レベル（知識レベルの代理変数）と中等以上の教育を受けた労働者の割合（人的資本レベルの代理変数）で 4 つのグループに分けて表示している．本節で利用する国単位のデータの詳細に関しては章末の補論を参照されたい．

図 6.3 の右上は TFP・人的資本ともに高い国を示している．これらの国は概して研究開発支出額の対 GNP 比が大きく，1980 年代から 1990 年代にかけて安定的に推移している．左上および右下の図はそれぞれ低 TFP・高人的資本，高 TFP・低人的資本の国，すなわち大まかにいって中進国を表す．これらの図では，国コードが左下にある右上がりの線分が多い．これは，これらの国が 1980 年代から 1990 年代にかけて研究開発支出，外国直接投資の流入ともに増加したことを示す．しかし，低 TFP・低人的資本国を示す左下の図では，右下がりの線分が多い．これは，これらの国が 1980 年代から 1990 年代にかけて外国直接投資の流入が増加したものの，研究開発支出は減少していることを示す．実際，これら 12 ヵ国の中で研究開発支出額の対 GNP 比を増加させた国はわずか 2 ヵ国（MYS = マレーシア，IND = インド）である．したがって，図 6.3 は上記の仮説を概ね支持しているといえる．

このような仮説を回帰分析によってフォーマルに実証するに当たっての困難は，研究開発ありの定常状態に収束している国と研究開発なしの定常状態に収束している国を明確に区別する方法がないことである．例えば，研究開発支出額の対 GNP 比が増加している国を前者，減少している国を後者とおくことでは，2 種類の国を正しく区別しているとはいえない．これは，観察できないショックや観測誤差があるためである[11]．したがって，Todo (2005) は Quandt (1972) の開発した「レジームの観察できないスウィッチング回帰モ

---

[11] 例えば，研究開発ありの定常状態に収束している国が，われわれには観察できない何らかのショックのために一時的に研究開発支出を減少させる可能性がある．

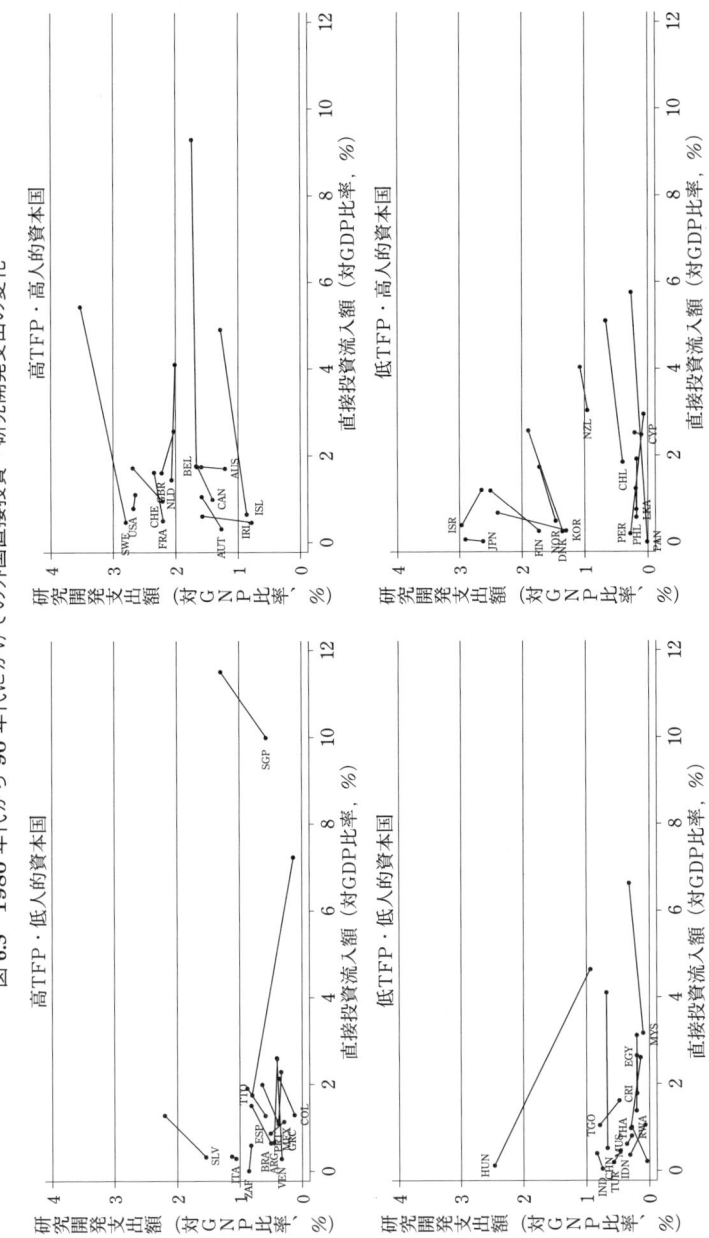

図 6.3 1980 年代から 90 年代にかけての外国直接投資・研究開発支出の変化

注：ローマ字 3 文字の国コードのついた点が 1980 年代の平均値，国コードのない点が 1990 年代の平均値を表す．
出所：UNESCO, *Statistical Yearbook*; Heston et al. (2002); Penn World Table 6.1; Barro and Lee (2001)．

デル」(switching regression model with unobservable regime change) を利用して実証分析を行った．この推計モデルの要は，各国がどちらの定常状態に収束するかは各国の持つ条件にプラスして確率的にも決定されると仮定することで，各国を二分法的に分類することによる恣意性を排除したところにある．

具体的には，本節における回帰モデルは次のような3つの式から成り立っている．まず，各国のレジーム（つまり，研究開発ありなしのどちらの定常状態に収束するのか）は潜在変数 (latent variable) $z^*$ が正か負によって決定されるが，$i$ 国の $t$ 期（実際のデータでは1990年代）における $z_{it}^*$ は，$t-1$ 期（1980年代）の知識レベル $a_{i,t-1}$ と人的資本レベル $H_{i,t-1}$，および確率的に決定される要因を表す誤差項 $\xi_{it}$ によって決定されるとする．ただし，知識レベルはアメリカと比較した相対的TFPレベルで，人的資本レベルは中等以上の教育を受けた労働者のシェアで表される．

$$z_{it}^* = \eta_0 + \eta_1 a_{i,t-1} + \eta_2 \ln H_{i,t-1} + \xi_{it} \tag{6.11}$$

次に，$z^*$ の大きさによって，$i$ 国の $t$ 期の研究開発支出額の対GNP比率（以降，これを研究開発集約度と呼び，$R\&D_{it}$ で表す）の増加率 $\Delta \ln R\&D_{it}$ が次の2通りの式で決定されると仮定する．

(1)研究開発ありの定常状態に収束するケース（$z_{it}^* \geq 0$ の場合）

$$\Delta \ln R\&D_{it} = \gamma_0 + \gamma_1 \ln R\&D_{i,t-1} + \gamma_2 \ln H_{i,t-1} + \varepsilon_{it} \tag{6.12}$$

(2)研究開発なしの定常状態に収束するケース（$z_{it}^* < 0$ の場合）

$$\Delta \ln R\&D_{it} = \zeta_0 + \zeta_1 \ln R\&D_{i,t-1} + \zeta_2 \ln H_{i,t-1} + \nu_{it} \tag{6.13}$$

ここで，誤差項 $\xi$, $\varepsilon$, および $\nu$ は正規分布にしたがうものとする．式 (6.12) および式 (6.13) は，それぞれ研究開発ありおよび研究開発なしの定常状態に収束するタイプの国の研究開発集約度のダイナミクスを表す．

前節の理論からこれらの式の係数に関して次のように予測できる．まず第1に，知識レベルや人的資本レベルによって研究開発を行う定常状態に収束する可能性が高まるので，式 (6.11) において $\eta_1 > 0$ および $\eta_2 > 0$ が予測される．第2に，標準的な収束 (convergence) の考え方から，式 (6.12) および

(6.13) において $\gamma_1 < 0, \zeta_1 < 0$ となると考えられる．第3に，このモデルはレベルに対する規模効果（scale effects in levels）を持つ．すなわち，技能労働者の数 $H$ と定常状態における総所得との間には正の相関関係がある[12]．したがって，$\gamma_2 > 0, \zeta_2 > 0$ が予想される．最後に，式 (6.12) より研究開発ありの定常状態（すなわち，$\Delta \ln R\&D = 0$）における研究開発の集約度（$R\&D$）は $\exp\left(-(\gamma_0 + \gamma_2 \ln H_i)/\gamma_1\right)$ で表すことができるが，当然これは正の値となるはずである．同様に，式 (6.13) より，研究開発なしの定常状態における研究開発集約度は $\exp\left(-(\zeta_0 + \zeta_2 \ln H_i)/\zeta_1\right)$ となるが，これは0に等しいと予測される．

式 (6.11)，(6.12)，および (6.13) は最尤法によって同時推定できるが，その際の尤度関数は Dickens and Lang (1985) にしたがい，

$$\sum_i \ln \left\{ \left(1 - \Phi\left(\frac{-\eta_0 - \eta_1 \ln a_{i,t-1} - \eta_2 \ln H_{it} - \frac{\sigma_{\varepsilon\xi}}{\sigma_{\varepsilon\varepsilon}}\varepsilon_{it}}{\left(1 - \frac{\sigma_{\varepsilon\xi}^2}{\sigma_{\varepsilon\varepsilon}}\right)^{0.5}}\right)\right) \phi(\varepsilon_{it}, \sigma_{\varepsilon\varepsilon}) \right.$$
$$\left. + \Phi\left(\frac{-\eta_0 - \eta_1 \ln a_{i,t-1} - \eta_2 \ln H_{it} - \frac{\sigma_{\zeta\xi}}{\sigma_{\zeta\zeta}}\zeta_{it}}{\left(1 - \frac{\sigma_{\zeta\xi}^2}{\sigma_{\zeta\zeta}}\right)^{0.5}}\right) \phi(\zeta_{it}, \sigma_{\zeta\zeta}) \right\},$$

とする．ここで，$\Phi$ および $\phi$ はそれぞれ正規分布の確率分布関数および確率密度関数を表し，$\sigma_{kh}$ は $k_{it}$ と $h_{it}$ の共分散であるが，$\sigma_{\xi\xi}$ は1に正規化されている．

この推計方法によって，各国を2種類に明示的に区別せずに2種類の定常状態の存在を検証することができるのは，やや不思議な感じがするかもしれない．要は，式 (6.11) におけるパラメタ ($\eta$) がわかれば，各国がそれぞれの定常状態に収束する確率（$z^* \geq 0$ および $z^* < 0$ になる確率）が求められるために，3つの回帰式のパラメタがすべてわかれば各国の実際のデータが回帰モ

---

[12] Romer (1990) のような成長率に関する規模効果（scale effects in growth）を持たないのは，品質向上（技術進歩）について技能労働者の数は逓減的な効果を持つ（式 [6.2]）ためである．規模効果に関する議論の詳細は第2章の補論を参照のこと．

デルにどのくらい当てはまっているか（回帰モデルを所与として各国の実際のデータが出現する確率）を求めることもできる．この考え方を基にして，実際のデータに最もよく当てはまる回帰モデルのパラメタを計算する．

表 6.2 はこのような回帰モデルによる推計結果を示している．列 (1) は 2 種類のレジームを仮定せずに式 (6.12) を推計したものであり，列 (2)-(4) がスウィッチング回帰の結果である．これら 2 つの回帰モデルの尤度を比較する尤度比検定 (likelihood ratio test) により，レジームのないモデルが真の定式化であるという仮説は棄却できる．

スウィッチング回帰の結果は，列 (3) において中等以上の教育を受けた労働者のシェアが統計的に有意でないほかは，すべての係数が有意であり，その符号は理論による予測と整合的である．さらに，表の下から 2 行目の数字によって，中等以上の教育を受けた労働者のシェアが平均値である仮想的な国において，推計結果から計算した定常状態における研究開発集約度が，研究開発のある定常状態で 3.0%，研究開発のない定常状態で 0.59% となることが示されている．最下段の Wald 統計量はこれらが 0 であるという仮説を検定するものであるが，確かに前者に関しては仮説は棄却されるが，後者に関しては仮説を棄却できないため，2 つのレジームの定常状態は研究開発があるものとないものに区別されることが検証された．なお，先進国の研究開発集約度は概ね 3% 前後で安定しており，その点でもこの推計結果と現実とは整合的であるといえる．

さらに，これらの推計結果を利用すれば，以下の式によって研究開発なしの定常状態に収束する確率を各国について計算することができる．

$$\Pr(\xi_{it} < -\eta_0 - \eta_1 a_{i,t-1} - \eta_2 \ln H_{i,t-1})$$
$$= \Phi(-\eta_0 - \eta_1 a_{i,t-1} - \eta_2 \ln H_{i,t-1})$$

表 6.3 は推計に使われたすべてのデータを示すとともに，その最後列ではこの確率をすべての国について計算している．例えば，図 6.3 の左下の図に含まれる低 TFP・低人的資本の 12 ヵ国のうち，コロンビアを除く 11 ヵ国は研究開発なしの定常状態に収束する確率が 80% 以上であり，確かに知識・人的資本レベルの低い国は，研究開発活動のない 1 種の貧困の罠のような状態に陥っ

### 表 6.2 複数定常状態の検証

|  | (1) レジーム転換を仮定しない最尤法推計 | (2) レジーム決定式 | (3) スウィッチング回帰 研究開発集中度の決定式1：研究開発ありの定常状態 | (4) スウィッチング回帰 研究開発集中度の決定式2：研究開発なしの定常状態 |
|---|---|---|---|---|
| 被説明変数 | 研究開発集約度の成長率（％） | 潜在変数 | 研究開発集約度の成長率（％） | |
| アメリカの TFP に対する相対的 TFP |  | 4.418 (1.691)** | | |
| 研究開発集約度（対数） | −4.189 (0.900)** |  | −2.255 (0.977)* | −6.201 (1.811)** |
| 中等以上の教育を受けた人のシェア（対数） | 6.581 (1.451)** | 1.454 (0.714)* | 0.104 (0.946) | 7.293 (2.841)** |
| 定数項 | −23.128 (5.788)** | −8.353 (3.040)** | 2.109 (3.611) | −28.992 (8.123)** |
| 標本数 | 49 |  | 49 | |
| 尤度（対数） | −159.299 |  | −138.974 | |
| 推計結果から計算した定常状態における研究開発集約度（％） |  |  | 3.00 | 0.59 |
| Wald 統計量 |  |  | 5.67 | 3.39 |

注：Todo (2005) の Table 1 より作成.
　カッコ内は標準誤差であり，*，**はそれぞれ 5%，1% レベルで有意であることを表す．

ている可能性がかなり高いことを示している．

　2つある定常状態のうちどちらに収束するかを決定するうえで，知識レベルと人的資本の役割は量的にも大きい．推計結果を平均的な相対 TFP レベル (0.789) と中等教育を受けた人のシェア (34.2%) を持つ仮想的な国に当てはめると，相対 TFP が 10% 増加して 0.868 になることで，研究開発なしの定常状態に収束する確率は 13% ポイント減少する．また，中等教育を受けた人のシェアが 10% 増加して 37.6% になる（すなわち，たった 3.4% ポイントの増加）ことでその確率は 5% ポイント減少する．

表 6.3 世界

| 国名 | 国コード | アメリカと比較した相対 TFP | | 直接投資流入額（対 GDP 比率, %） | |
|---|---|---|---|---|---|
| | | 1980 | 1990 | 1980s（平均） | 1990s（平均） |
| アルゼンチン | ARG | 0.96 | 0.60 | 0.65 | 2.59 |
| オーストラリア | AUS | 0.88 | 0.86 | 1.71 | 1.75 |
| オーストリア | AUT | 0.88 | 0.91 | 0.31 | 1.06 |
| ベルギー | BEL | 1.04 | 1.02 | 1.77 | 9.30 |
| ブラジル | BRA | 0.86 | 0.72 | 0.65 | 1.51 |
| カナダ | CAN | 0.96 | 0.88 | 0.99 | 1.76 |
| スイス | CHE | 0.97 | 0.91 | 0.96 | 1.73 |
| チリ | CHL | 0.84 | 0.67 | 1.85 | 5.11 |
| 中国 | CHN | 0.22 | - | 0.52 | 0.52 |
| コロンビア | COL | 0.88 | 0.80 | 1.30 | 2.14 |
| コスタリカ | CRI | 0.81 | 0.63 | 1.78 | 3.13 |
| キプロス | CYP | 0.62 | 0.74 | 2.48 | 2.52 |
| デンマーク | DNK | 0.85 | 0.81 | 0.25 | 2.57 |
| エジプト | EGY | 0.84 | 0.80 | 2.66 | 1.38 |
| スペイン | ESP | 1.07 | 1.03 | 1.28 | 1.91 |
| フィンランド | FIN | 0.81 | 0.83 | 0.26 | 1.19 |
| フランス | FRA | 1.04 | 0.98 | 0.50 | 1.62 |
| イギリス | GBR | 0.90 | 0.91 | 1.61 | 2.57 |
| ギリシャ | GRC | 0.89 | 0.77 | 1.14 | 0.87 |
| ハンガリー | HUN | 0.49 | 0.54 | 0.12 | 4.65 |
| インドネシア | IDN | 0.50 | 0.51 | 0.37 | 1.06 |
| インド | IND | 0.35 | 0.37 | 0.04 | 0.40 |
| アイルランド | IRL | 0.90 | 0.94 | 0.65 | 4.92 |
| アイスランド | ISL | 0.96 | 0.89 | 0.46 | 0.61 |
| イスラエル | ISR | 0.77 | 0.81 | 0.39 | 1.21 |
| イタリア | ITA | 1.20 | 1.17 | 0.30 | 0.35 |

注：Todo (2005) の Appendix Table を基に作成．

## 6.5 複数均衡の実証分析に関する先行研究

　国の研究開発集約度について複数の定常状態があるという Todo (2005) の実証的な結果は，複数均衡・定常状態の実証分析に関するいくつかの先行研究による結果と整合的である．

　まず第1に，Quah (1993) はマルコフ連鎖（Markov chain）モデルを利用

**各国のデータ**

| 研究開発支出 (対 GNP 比率, %) | | 中等教育以上の労働者のシェア (%) | | 研究開発のない定常状態に収束する確率 |
|---|---|---|---|---|
| 1980s (平均) | 1990s (平均) | 1980 | 1990 | |
| 0.45 | 0.40 | 26.5 | 37.3 | 0.43 |
| 1.21 | 1.59 | 68.7 | 71.0 | 0.03 |
| 1.27 | 1.59 | 65.1 | 66.3 | 0.03 |
| 1.67 | 1.74 | 40.2 | 45.9 | 0.04 |
| 0.50 | 0.81 | 11.9 | 16.3 | 0.77 |
| 1.41 | 1.66 | 74.2 | 76.3 | 0.04 |
| 2.20 | 2.68 | 65.3 | 66.8 | 0.10 |
| 0.40 | 0.66 | 34.1 | 46.2 | 0.31 |
| 0.67 | 0.67 | 22.7 | - | - |
| 0.12 | 0.37 | 21.3 | 26.0 | 0.81 |
| 0.19 | 0.20 | 18.7 | 27.0 | 0.80 |
| 0.10 | 0.20 | 35.4 | 51.2 | - |
| 1.35 | 1.90 | 60.8 | 69.5 | 0.04 |
| 0.20 | 0.21 | 13.5 | 23.7 | 0.32 |
| 0.58 | 0.88 | 20.4 | 33.9 | 0.09 |
| 1.73 | 2.50 | 48.8 | 64.8 | 0.05 |
| 2.20 | 2.34 | 43.0 | 48.3 | 0.06 |
| 2.22 | 2.03 | 44.7 | 52.4 | 0.06 |
| 0.29 | 0.50 | 27.3 | 37.4 | 0.28 |
| 2.47 | 0.93 | 30.6 | 39.1 | 0.57 |
| 0.31 | 0.07 | 10.4 | 19.1 | 0.95 |
| 0.75 | 0.83 | 16.2 | 18.2 | 0.98 |
| 0.86 | 1.28 | 47.7 | 58.3 | 0.00 |
| 0.78 | 1.58 | 35.0 | 45.8 | 0.09 |
| 2.97 | 2.65 | 59.7 | 59.5 | 0.09 |
| 1.05 | 1.12 | 33.3 | 40.5 | 0.02 |

して,1962-85年の世界各国の所得レベルの分布の推移から将来の所得分布を予測した.それによると,長期的には世界平均の2倍以上の所得レベルの国と,世界平均の1/4以下の所得レベルの国が多くを占め,中間的な所得レベルの国は少なくなる.この結果は,Quah (1996) が言う「所得分布における2つのピーク (twin peaks)」を予測し,所得レベルにおける複数の長期均衡の存在を示唆するものである.さらに,Fiaschi and Lavezzi (2003) は所得レベルと所得成長率との2変数の分布を考慮することで Quah (1993) の分析を拡

表 6.3　世界各国の

| 国名 | 国コード | アメリカと比較した相対 TFP | | 直接投資流入額 (対 GDP 比率, %) | |
|---|---|---|---|---|---|
| | | 1980 | 1990 | 1980s (平均) | 1990s (平均) |
| 日本 | JPN | 0.68 | 0.74 | 0.02 | 0.06 |
| 韓国 | KOR | 0.50 | 0.61 | 0.27 | 0.67 |
| スリランカ | LKA | 0.37 | 0.40 | 0.75 | 1.24 |
| メキシコ | MEX | 1.07 | 0.77 | 1.16 | 2.29 |
| モーリシャス | MUS | 0.65 | 0.77 | 0.61 | 0.81 |
| マレーシア | MYS | 0.69 | 0.66 | 3.18 | 6.64 |
| オランダ | NLD | 1.03 | 0.99 | 1.45 | 4.11 |
| ノルウェイ | NOR | 0.82 | 0.72 | 0.48 | 1.73 |
| ニュージーランド | NZL | 0.79 | 0.73 | 3.04 | 4.04 |
| パナマ | PAN | 0.68 | 0.54 | 0.00 | 5.77 |
| ペルー | PER | 0.72 | 0.46 | 0.20 | 2.96 |
| フィリピン | PHL | 0.50 | 0.39 | 0.57 | 1.92 |
| ポルトガル | PRT | 0.99 | 0.99 | 1.09 | 1.99 |
| ルワンダ | RWA | 0.50 | 0.37 | 1.00 | 0.22 |
| シンガポール | SGP | 0.87 | 0.92 | 10.00 | |
| エルサルバドル | SLV | 0.93 | 0.77 | 0.33 | 1.28 |
| スウェーデン | SWE | 0.87 | 0.86 | 0.47 | 5.45 |
| トーゴー | TGO | 0.44 | 0.36 | 1.05 | 1.61 |
| タイ | THA | 0.35 | 0.42 | 0.98 | 2.62 |
| トリニダード・トバゴ | TTO | 1.08 | 0.84 | 1.75 | 7.24 |
| トルコ | TUR | 0.70 | 0.70 | 0.20 | 0.46 |
| アメリカ | USA | 1.00 | 1.00 | 0.78 | 1.12 |
| ベネズエラ | VEN | 0.90 | 0.77 | 0.29 | 2.60 |
| 南アフリカ | ZAF | 1.04 | 0.95 | 0.01 | 0.59 |
| 平均 | | 0.79 | 0.75 | 1.10 | 2.58 |
| 標準偏差 | | 0.23 | 0.20 | 1.52 | 2.38 |

注：Todo (2005) の Appendix Table を基に作成．

張し，所得が低くかつ成長率も低いために貧困が持続する国，すなわち貧困の罠に陥ってしまう国が，長期的には世界の国々の 19% も存在することを予測した．

第 2 に，Bloom et al. (2003) は，前節で述べたスウィッチング回帰モデルを経済成長の分野で初めて利用し，各国の一人当たり GDP に関して平均的な定常均衡レベルが 2 つあることを示した．さらに，緯度が大きいほど高い所得レベルを達成する確率が増えることを明らかにした．ただし，Bloom et al.

## データ（つづき）

| 研究開発支出 (対 GNP 比率, %) | | 中等教育以上の労働者のシェア (%) | | 研究開発のない定常状態に収束する確率 |
|---|---|---|---|---|
| 1980s (平均) | 1990s (平均) | 1980 | 1990 | |
| 2.62 | 2.90 | 54.3 | 65.7 | 0.20 |
| 1.30 | 2.39 | 45.8 | 67.3 | 0.18 |
| 0.18 | 0.19 | 35.2 | 38.1 | 0.85 |
| 0.38 | 0.33 | 17.2 | 32.6 | 0.41 |
| 0.36 | 0.28 | 24.2 | 33.0 | 0.05 |
| 0.10 | 0.32 | 21.3 | 29.9 | 0.33 |
| 2.07 | 2.01 | 55.4 | 61.5 | 0.02 |
| 1.46 | 1.72 | 51.2 | 87.5 | 0.05 |
| 0.95 | 1.07 | 76.7 | 63.2 | 0.17 |
| 0.01 | 0.26 | 31.5 | 45.5 | 0.74 |
| 0.28 | 0.06 | 31.5 | 37.7 | 0.84 |
| 0.18 | 0.18 | 34.1 | 45.9 | 0.84 |
| 0.38 | 0.64 | 14.1 | 22.5 | 0.24 |
| 0.28 | 0.04 | 2.3 | 2.1 | 1.00 |
| 0.57 | 1.30 | 18.0 | 36.0 | - |
| 1.54 | 2.20 | 12.0 | 16.1 | 0.78 |
| 2.79 | 3.52 | 58.4 | 62.3 | 0.06 |
| 0.79 | 0.48 | 10.0 | 13.7 | 1.00 |
| 0.30 | 0.14 | 9.7 | 15.8 | 0.98 |
| 0.80 | 0.13 | 26.6 | 36.7 | 0.13 |
| 0.57 | 0.46 | 12.3 | 16.9 | 0.88 |
| 2.67 | 2.64 | 92.7 | 89.6 | - |
| 0.33 | 0.40 | 29.3 | 23.8 | 0.77 |
| 0.86 | 0.81 | 28.5 | 26.9 | 0.19 |
| 0.96 | 1.09 | 34.2 | 42.1 | |
| 0.81 | 0.91 | 19.1 | 19.7 | |

(2003) が一人当たり所得の「レベル」を被説明変数とした分析であるのに対して，Todo (2005) は研究開発支出額の対 GNP 比率の「成長率」を被説明変数としてある点は違う．これは，Bloom et al. (2003) では，各国はすでに定常状態に達していると仮定しているのに対して，Todo (2005) では，定常状態への移行過程にある可能性を考慮しているからである．

第3に，Benhabib and Spiegel (2005) は技術後進国の技術進歩には2つの動学的パターンがあり，そのうちどちらが選択されるかは各国の人的資本レベ

ルに依存することを，TFP 成長率に関する国単位の実証分析において示した．彼らの手法はユニークなものであるので，やや詳しく紹介したい．

まず彼らは，技術後進国の TFP 成長率が人的資本のレベルと技術先進国との技術ギャップによって決定されると考えたが，技術ギャップがどのように TFP 成長に影響するかについて，次の2つの対立する仮説を立てた．第1の仮説では，Nelson and Phelps (1966) が唱える後発性の利益を仮定し，技術ギャップが大きいほど技術後進国の TFP 成長率は高いと考えた．この仮説は指数的 (exponential) 技術伝播仮説と呼ばれ，次のような式で表される．

$$\frac{\dot{A}_i}{A_i} = g(H_i) + c(H_i)\left(\frac{A_m}{A_i} - 1\right) \tag{6.14}$$

ここで，$A_i, A_m$ はそれぞれ技術後進国 $i$ および技術先進国 $m$ の TFP を表し，$H_i$ は $i$ 国の人的資本レベルである．関数 $g(H_i)$ は，$i$ 国の TFP 成長率のうち自身の人的資本レベルによって決定される部分を表し，$g > 0$ かつ $g' > 0$ である．関数 $c(H_i)$ はやはり $c > 0$ かつ $c' > 0$ と仮定されており，またカッコ内の $A_m/A_i - 1$ は技術先進国と $i$ 国との技術ギャップの大きさを表す．したがって右辺の第2項は，技術ギャップが大きいほど TFP 成長率が高く，しかもその技術ギャップの効果は人的資本レベルが高いほど大きいことを示している．

逆に第2の仮説では，上記の後発性の利益も考慮しつつ，技術ギャップが大きいと先進国の技術が高度すぎて技術後進国が習得しにくくなるという面をも組み入れて，技術後進国の TFP 成長率を次のような式で表す．

$$\begin{aligned}\frac{\dot{A}_i}{A_i} &= g(H_i) + c(H_i)\left(\frac{A_i}{A_m}\right)\left(\frac{A_m}{A_i} - 1\right) \\ &= g(H_i) + c(H_i)\left(1 - \frac{A_i}{A_m}\right)\end{aligned} \tag{6.15}$$

式 (6.15) は式 (6.14) と比較して，右辺の第2項に $A_i/A_m$ がかけられているところに違いがあり，この項が上で述べた技術ギャップが技術伝播に及ぼす負の効果を表す．式 (6.15) がロジスティック関数の形を成していることから，この仮説はロジスティック的 (logistic) 技術伝播仮説と呼ばれる．

Benhabib and Spiegel (2005) は，理論的にはこれらの仮説のどちらが正し

いかを判断することはできず,その判断は実証分析によらざるをえないとして[13],国単位のデータによる回帰分析を行った.その際,式 (6.14) および (6.15) において,$g(H_i) = gH_i, c(H_i) = cH_i$ と仮定し,この 2 式で表される 2 つの仮説を入れ込んだ (nest) 次のような式を考えた.

$$\frac{\dot{A}_i}{A_i} = \left(g + \frac{c}{s}\right) H_i - \frac{c}{s} H_i \left(\frac{A_i}{A_m}\right)^s \tag{6.16}$$

式 (6.16) は,$s = -1$ のときに式 (6.14) を,$s = 1$ のときには式 (6.15) を表す.したがって,式 (6.16) を国単位のマクロデータを利用して非線形最小 2 乗法によって推計し,$s = 1$ および $s = -1$ という仮説を検定することで,どちらの仮説がより現実に適合しているのかを検証することができる.Benhabib and Spiegel (2005) はそのような推計の結果,$s = 1$ である仮説を棄却できないこと,すなわちロジスティック的技術伝播仮説が成り立つことを示した.

このようなロジスティック的技術伝播においては,技術後進国 $i$ の TFP 成長率 ($\dot{A}_i/A_i$) および先進国と比較した相対的 TFP ($A_i/A_m$) との動学的な関係に 2 つのパターンがある.1 つは人的資本レベルが十分に高く,$(g+c)H_i > g_m$(ただし $g_m$ は外生的に与えられる技術先進国の TFP 成長率)が成り立つ場合である.このとき,$A_i/A_m$ が小さいがために技術先進国からの技術伝播が比較的難しい場合にも,人的資本が大きいことによって高い成長が達成されるので,$i$ 国の初期の TFP 成長率は技術先進国の成長率よりも高く,技術的にキャッチアップしていく.そして,長期的には $i$ 国の TFP 成長率は $g_m$ に,相対 TFP レベル $A_i/A_m$ は $\frac{(g+c)H_i - g_m}{cH_i}$ に収束する.つまり,長期的には技術後進国の成長率は技術先進国と等しくなり,後進国も一定程度の相対技術レベルを達成することができる.このような動学的な変化は,図 6.4 の左図に示されている.

しかし,人的資本レベルが小さく,$(g+c)H_i < g_m$ となるときは,人的資本レベルによる技術進歩が小さすぎるために,$i$ 国の TFP 成長率は先進国の成

---

[13] 4.2.2 節では,直接投資からの技術のスピルオーバーの実証分析においても,技術ギャップの大きさとスピルオーバー効果の大きさの相関は,先行研究によって異なった結果が得られている.

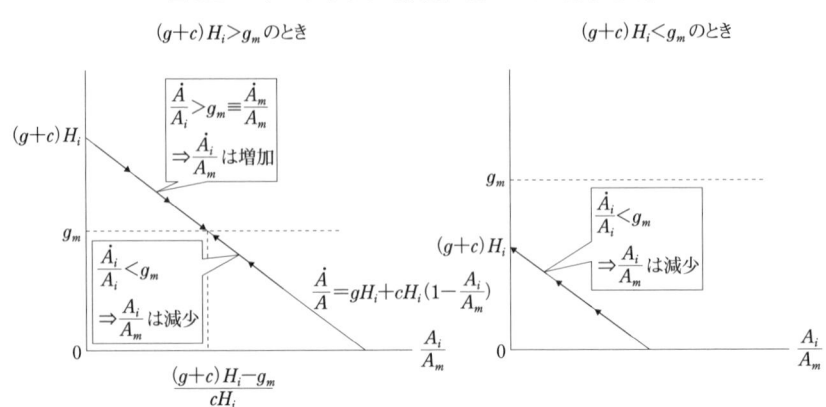

**図 6.4　ロジスティック的技術伝播における動学的均衡**

$(g+c)H_i>g_m$ のとき　　　　　　　　　　$(g+c)H_i<g_m$ のとき

長率を上回ることができず，相対 TFP レベル $A_i/A_m$ はますます小さくなる．その結果，技術先進国からの技術伝播は簡単には起こらず，長期的には $i$ 国の TFP 成長率は $(g+c)H_i$ $(<g_m)$ に，相対 TFP レベルは 0 に近づいていく（図 6.4 の右図）．つまり，この場合には技術後進国と先進国の技術ギャップはどんどん開いてしまい，技術後進国は貧困の罠に陥ってしまっているといえる[14]．Benhabib and Spiegel (2005) の推計によると，全労働人口における平均就学年数が 1.95 以下であれば，そのような貧困の罠に陥ってしまう．1995 年時点の統計に基づくと，そのような国はマリ，ニジェール，モザンビーク，ネパールの 4 ヵ国であった．このように，人的資本がある程度大きくなければ貧困の罠に陥ってしまうという Benhabib and Spiegel (2005) の結論は，前節で詳述した Todo (2005) の結論と整合的である．

## 6.6　結論と政策的含意

本章は，開発途上国が国内での研究開発と外国直接投資の導入という 2 つの技術導入の手段を持っているときに，各々の途上国が持つ条件によってどのように技術導入の手段が決まり，それによってどのように所得レベルが決まる

---

[14] ただし，絶対的な所得レベルは継続的に上昇する．

のかを理論的に考察した．さらに，その理論的結論を国単位のマクロデータを使って実証することで，理論モデルが現実と整合的であることを示した．

本章の理論モデルにおける最も重要な仮定は，国内での研究開発は知識のスピルオーバーを通じて国内の知識レベルを向上させるが，直接投資による技術導入によっては知識のスピルオーバーは起きないことであった．この仮定は前章のミクロ実証分析の結果によって支持されている．

このような動学的外部性（dynamic externality）が存在するという仮定によって，以下のような2つの主要な結論が導かれる．第1に，このモデルにおける定常状態は複数存在し，どの定常状態に収束するかはその技術後進国の置かれた初期条件に依存する．もし，ある国において初期に人的資本レベルや知識レベルが十分に大きければ，初期には研究開発のコストが比較的低いために，その国では初期から多少の研究開発活動が行われる．さらに，研究開発によって得られた知識がスピルオーバーすることで国全体の知識レベルが上昇し，ますます研究開発が行われるため，長期的には活発な研究開発活動を伴う定常状態に収束する．反面，もし初期の人的資本・知識レベルが小さければ，初期の研究開発のコストは高く，直接投資の誘致によって技術導入を行った方が安上がりであるため，初期には直接投資により強く依存した技術導入を行う．その結果，国内の知識レベルは停滞し，長期的には自国では研究開発を一切行わず，技術導入を直接投資に完全に依存した定常状態に収束する．また，前者の定常状態では研究開発によってより多くの技術を導入できるために，後者の状態よりも総所得は大きい．

この結論は，スイッチング回帰モデルを利用した国単位のマクロデータ分析の実証結果と整合的であった．すなわち，開発途上国ごとの初期の人的資本や知識レベルによって，その後の研究開発支出額の対GDP比率の増減率が2通りの場合に分けることができ，長期的には研究開発支出額の対GDP比率が約3%に収束する場合と，0%に収束する場合の2つの場合があることが確かに示されたのである．

第2の重要な理論的結論は，市場均衡は非効率的であることである．企業は知識のスピルオーバーを通じて他企業に便益を与えている．しかし，それに対する報酬を受け取れないために，企業が研究開発によって得る私的収益は

社会的収益よりも小さく，したがって研究開発は社会的に最適なレベルまでは行われない．このような非効率性が存在するために，政府が研究開発活動に対して適切な補助金を与えることによって長期的な所得レベルは向上する．さらに，初期条件が劣悪なために長期的に研究開発の存在しない「悪い」均衡に収束するような場合には，研究開発に対する十分に大きな補助金によって研究開発と知識レベルの向上の好循環が引き起こされ，研究開発を行う「良い」均衡に収束するように転換させることができる．これはいわゆるビッグプッシュ的な政策が有効であるケースの1種である．ただし，人的資本レベルがあまりにも小さい場合には，研究開発と知識レベルの向上の好循環を引き起こすことができず，研究開発に対する補助金を与えても国内の研究開発活動は縮小し続ける．

以上の理論的な結論から，次のような政策的なインプリケーションが導かれる．

1. 研究開発に対する補助金は，現時点では国内の知識レベルが低く研究開発がほとんど行われていないような開発途上国にとっても有効である．特に，国内の知識レベルが低いばかりに1種の貧困の罠に陥っているような場合には，今はほとんど研究開発が行われていないにしても，研究開発に対して補助金を与えることで貧困の罠から脱出することができ，長期的には劇的な変化を遂げることが可能となる．
2. ただし，人的資本レベルが低すぎる場合には研究開発に対する補助金は効果がないので，人的資本向上のための政策をまず導入する必要がある．

以上の理論的・実証的結果は，前章の実証分析と同様に開発途上国における研究開発活動の重要性を示唆し，また研究開発活動を奨励する政策の必要性に理論的な根拠を与えるものである．

## 補論　データの構築方法

本章の実証分析では理論モデルにおける変数を，次のような代理変数を用いて表している．まず，研究開発に従事する技能労働者数 $H^R$ は，要は研究開

発活動のレベルを表すものであるので，UNESCO (1999) および UNESCO のウェブサイトからとった研究開発支出額の対 GNP 比率（研究開発集約度）で定義される．また，技能労働者の総数である $H$ は，人的資本レベルを表しているとの解釈から，中等以上の教育を受けた人の 25 歳以上の総人口に対するシェアで表されるとする．このデータは Barro and Lee (2001) よりとっている．最後に，技術先進国と比べた相対的品質レベル $a$ は，アメリカの TFP に対する相対 TFP で代用する．Hall and Jones (1999) および Caselli (2005) にしたがい，各国の TFP レベルは

$$TFP = \frac{Y}{K^{\bar{\alpha}} \left(\bar{L}e^{\kappa(s)}\right)^{1-\bar{\alpha}}},$$

で示される．ここで，$Y, K$，および $\bar{L}$ はそれぞれ実質 GDP，実質資本ストック，および労働者数であり，$\bar{\alpha} = 1/3$ と仮定する．$Y$ と $\bar{L}$ のデータは Summers and Heston (1991) を拡張した Heston et al. (2002) による Penn World Table (PWT) Version 6.1 より取得した．実質資本ストック量は実質投資量を恒久棚卸法で 1970 年のデータから足し上げて構築した．ただし，資本減耗率は 6% とし，1970 年の資本ストック量は，1950 年から 1970 年の実質投資量の増加率と資本減耗率の和で，1970 年の実質投資量を割ったもので推計した．また，$s$ は Barro and Lee (2001) よりとった労働者の平均教育年数であり，$e^{\kappa(s)}$ は教育によって各労働者の効率労働単位（effective units of labor）で測った労働力量が異なることを示している．具体的には，Psacharopoulos (1994) にまとめられたミクロデータによる賃金の教育に対する弾力性の実証結果から，$s < 4$ のときは $\kappa' = 0.134$，$4 \leq s < 8$ のときは $\kappa' = 0.101$，$s \geq 8$ のときは $\kappa' = 0.068$ と仮定している[15]．このような TFP の計測方法は簡便すぎるような印象があるが，Aiyar and Dalgaard (2004) は，この方法による TFP と，もっと一般的な生産関数を仮定して計測した TFP とでは大きな差はないことを示している．

---

[15] これは，小学 4 年生までは教育を 1 年受けることによって労働の効率性が 13% 上昇するが，それ以降中学 2 年生まではその効果が 10% となり，中学 2 年以降は 7% となることを示している．

これらの変数について 1980-1999 年までのデータを収集し，10 年ごとの 2 つの期間を持つ 49 ヵ国のパネルデータを構築した．その際，研究開発集約度については 10 年分のデータを平均したが，多くの国で研究開発支出のデータは欠落しているために，10 年ではなく数年分の平均であることもある．相対 TFP レベルと中等以上の教育を受けた人のシェアは，初期条件を表すべきものであるので，各期の最初の年のデータを用いた．

# 第7章 外資企業による途上国での研究開発活動の決定要因

第5章で,外資企業による開発途上国での研究開発を通じて先進国の知識・技術が途上国の地場企業にスピルオーバー（漏出）することが実証的に示され,第6章で,途上国内での研究開発なしには途上国は貧困の罠に陥ってしまう可能性があることが理論的・実証的に示された.これらのことから,外資企業による途上国での研究開発は途上国の経済成長の鍵の1つであろうと考えられる.

そのような外資企業による開発途上国での研究開発活動は,実際にはどのくらいの規模で行われ,どのような要因によって決定されているのであろうか.また,外資企業の研究開発を誘致するためには,途上国はどのような政策を行っていくべきであろうか.本章は,7.1節で実際の事例をいくつか紹介し,7.2節で Shimizutani and Todo（2007, 2008）および Todo and Shimizutani（2008b）に基づいて,その実態と決定要因を日系企業の企業レベルデータを用いて数量的に分析することで,これらの問題を議論したい.

## 7.1 外資企業による途上国での研究開発の実態

近年,外資企業による途上国での研究開発は着実に増加しており,特にアジアの途上国に多くの外資企業の研究開発拠点が設立されている.UNCTAD（2005）によると,1994年にはアメリカ企業による海外での研究開発支出のうち92%が先進国で使われていたが,2002年にはその比率は84%にまで下がっている.その分,中国のシェアが0.1%から3.1%に急増し,韓国も0.1%から0.8%,シンガポールも1.4%から2.8%へとシェアを伸ばした.日系企業についても同様の傾向が見られ,国際協力銀行開発金融研究所が毎年行って

いる『わが国製造業企業の海外事業展開に関する調査報告』によると，2000年から2004年にかけて，日系企業の研究開発拠点の数は中国において13から67に増え，NIEs（韓国，シンガポール，台湾，香港）においては16から25，ASEAN 4（インドネシア，タイ，フィリピン，マレーシア）においても10から29に増加した．このように急増する新興国や途上国での多国籍企業による研究開発活動の実態を概観するために，以下に中国中関村科学技術園のIT産業，タイの自動車産業，ベトナムのソフトウェア産業における日系企業の活動についていくつかの事例を紹介したい．

**中国中関村科学技術園の IT 産業**

5.2節でも紹介したように，中国の北京にある中関村科学技術園は「中国のシリコンバレー」とも呼ばれるIT産業の集積地域であり，外資企業の研究開発拠点も多く設けられている．例えば，マイクロソフト，IBM，ノキア，ルーセント・テクノロジー，インテル，モトローラ，エリクソン，NEC，富士通，松下電器，東芝，日立といった多くの欧米や日本の世界的なIT企業の他，LG電子（韓国）やACER（台湾）などの新興国企業も中関村科技園に研究開発拠点を有している（矢野経済研究所，2003）[1]．

このような中関村科技園の外資企業の研究開発拠点のうち，欧米企業のものは先端的な基礎研究が行われていることも多い．例えば，マイクロソフトの研究開発拠点であるマイクロソフトアジア研究所が，同社の3大研究開発拠点として数えられて世界最先端の研究を行っていることは，Buderi and Huang (2006) に詳述されているとおりであり，ここでの研究活動からWindows XPやOffice XPに利用されている最新の技術や，新しく開発されたOneNoteの中心的技術が生み出されている．むろん先端的基礎研究だけではなく，中関村の外資企業は中国市場のニーズにあった開発・設計も行っており，例えば，IBMの研究所は英語から中国語への自動翻訳ソフトや中国語の手書き識別技術を開発している．このような基礎研究を含む幅広い研究開発活動を反映してか，欧米企業は中関村に研究開発拠点を設立した理由として，現地の優秀な人

---

[1] 以下，中関村科技園に関する記述は，特に他の文献を引用していない場合は矢野経済研究所（2003）に基づいている．

材の利用を挙げる企業が多い．

それにくらべて，日系企業の中関村での研究開発はどちらかというと開発・設計を重視する傾向にある[2]．例えば，松下電器やNECは，中国での研究開発はあくまで中国市場向けの製品を開発することが目的であり，開発・設計が中心であるとしている．このような開発・設計を中国で行う理由としては，中国市場の拡大および今後のさらなる拡大の見通しを挙げる企業が多い．ただし，東芝は3Gなどの最新デジタル技術の研究開発を含む基礎研究から中国語音声認識技術などの応用的開発まで幅広い研究開発を行っており，必ずしも全ての日系企業が開発・設計しか行っていないわけではないことは付記しておきたい．

なお，中関村科学技術園内の企業（および中国内の外資企業）に対しては5.2節に記したような研究開発に対する税制上の優遇措置が存在するが，欧米・日系を問わず外資企業の多くが，このような優遇措置が中国での研究開発活動を促す1つの要因となったとしている．さらに，多くの場合には明示的な優遇措置に加えて，中国政府からの積極的な働きかけも大きな要因となっているようである．

**タイの自動車産業**

タイの自動車産業はバンコクおよびその周辺の東部臨海地域・アユタヤなどの地域に集積しつつ，急速にその生産を拡大しており，2005年には生産台数は100万台を突破した．このような生産の拡大，産業集積の深化に伴って，近年では多くの日系企業がタイでの研究開発活動を行っているが，その傾向が本格化したのは，2005年5月のトヨタ自動車による研究開発拠点の開設からである．NNAの報道によると，トヨタの研究開発拠点は開設当時すでに従業員数290人という大規模なものであり，その役割は「日本で開発された車体やベースモデルを基に，インドを含むアジア地域の嗜好を反映したボディデザインや内装などの専用仕様を開発する」ことにあるという．

さらに同年10月，本田技研工業もタイに研究開発拠点設立の許可を取得

---

[2] 中関村の日系企業の研究開発活動は欧米企業と比べて量的にも小さいことは，5.2節の分析でも紹介したとおりである．

し，2007年に従業員数120名の研究施設を開設する予定であると発表した．本田技研のプレスリリースによると，この研究開発拠点の目的は，アジア太洋州向けの四輪車の研究開発活動，現地調達部品開発，商品企画，スタイリング研究，完成車テストとなっている．

2006年8月には，いすゞ自動車がすでにタイにあった開発センターの開発力を強化すると発表した．2006年中には従業員170名の陣容となる予定であるという．その目的は，タイにおける主要な車種であるピックアップトラックの開発の現地化を本格的に進め，多様化する市場ニーズに対応してタイムリーに商品化していくことであり，エンジンと変速機を除くピックアップトラックの車体設計機能などを日本から順次移管するという．

このように，日本の自動車会社は本格的にタイでの研究開発に乗り出そうとしている．このような傾向は，東南アジア諸国連合（ASEAN）における自由貿易地域（ASEAN自由貿易地域，AFTA）の形成に伴い，大きな統一的な市場が誕生し，その市場のニーズに合わせた製品を効率的に開発する必要性が高まったからであろうと推察される．したがって，このケースでの研究開発とは，あくまでも現地のニーズに合わせた開発・設計が中心であり，中国のIT産業における一部の外資企業に見られたような先端的な基礎研究は全く行われていない．

ベトナムのソフトウェア産業

以上の2つ，中国のIT産業やタイの自動車産業は比較的開発の進んだ地域・産業における例である．しかし，それほど開発の進んでいない国においても外資企業による研究開発活動というのは十分に起こりうる．その1例はベトナムのソフトウェア産業である．同産業では日系企業による研究開発活動が活発化してきており，例えば2003年4月には日本電気（NEC）の子会社であるNECソフトが，ハノイに従業員数40名のソフトウェア開発拠点を開設した．また2007年4月には，松下電器がデジタル家電用の組み込みソフトウェアの研究開発拠点を新設すると発表した．20名の現地技術者（将来は200名まで拡充予定）が携帯電話や薄型テレビなどに用いる制御ソフトの開発・設計を行うという．松下電器は，東南アジア地域ではすでにシンガポール（100

名) とマレーシア (50名) に同様の研究開発拠点を有しており, 同地域では3番目の研究開発拠点となる. さらに, 2007年5月には東芝も家電の組み込みソフトウェアの開発拠点をハノイに設立した.

これらの日系企業は, ベトナムにソフトウェア開発拠点を設けた理由として, (1) 国策としてIT技術者を育成しており, 優秀な人材が豊富であること, (2) 人件費が安いこと, (3) 研究開発に対する税制上の優遇政策があることを挙げている. このベトナムの例は, 比較的経済開発の遅れた国であっても, 適切な政策によって外資企業の研究開発を誘致できることを示していると思われる.

## 7.2 日系企業による研究開発活動の決定要因

### 7.2.1 はじめに

前節の例は, 途上国における外資企業の研究開発は, 消費者の嗜好や規制などの投資先国に特有な条件に適応させて, 既存の製品や生産工程を改変するためのものが主体であることを示している. 例えば, 中関村における中国語ソフトの開発はその1例であり, またタイのピックアップトラック嗜好に合わせた車体設計の改変もこれにあたる. このようなタイプの研究開発を「適応的研究開発」(adaptive R&D) と呼ぼう. 反面, 投資相手国が先進国である場合には, 外資企業は投資相手国で先端的な研究開発を行うことによって, 本国では得られない技術や知識を利用し獲得しようとする場合がある. このような研究開発を「革新的研究開発」(innovative R&D) と呼ぶこととしよう. 例えば, 日本企業がシリコンバレーで行う研究開発などはこの1例である[3].

海外での研究開発活動の決定要因については, すでにいくつかの研究があるものの (Odagiri and Yasuda, 1996; Belderbos, 2001; Kumar, 2001), これらの2種類の研究開発活動を分けてその決定要因を分析した研究はこれまでなかった. しかし, 海外での革新的研究開発と適応的研究開発では, その決定要

---

[3] このように, 外資企業が投資相手国で行う研究開発活動には大きく分けて2つの種類があることは, Kuemmerle (1999), Granstrand (1999), Pearce (1999), Iwasa and Odagiri (2004) などによっても指摘されている.

因は異なる可能性が大きく，途上国の視点から「外資企業の研究開発を誘致するにはどのような政策が必要か」という問いに答えるには，これらの2つの研究開発を明確に分離した分析が必要となる．したがって本節では，外資企業による研究開発を2つに分類し，それぞれのタイプの研究開発がどのような条件のもとで決定されるのかを，日本企業の海外子会社の企業レベルデータによって推計した Shimizutani and Todo (2007, 2008) および Todo and Shimizutani (2008b) を用いて，この問題について議論する．

### 7.2.2 データの構築

本節の分析では，経済産業省が毎年行っている2種類の企業調査による企業レベルデータを用いる．1つは日本企業に対する『企業活動基本調査』であり，日本国内における従業者50人以上かつ資本金3000万円以上のすべての会社が対象である．もう1つは海外に現地法人を有する日本企業が対象の『海外事業活動基本調査』であるが，ここで現地法人とは日本側出資比率が10%以上の外国法人，または日本側出資比率が50%以上の海外子会社が50%以上の出資を行っている外国法人と定義されている．なお，『海外事業活動基本調査』は前者のタイプの日本企業の現地法人を「海外子会社」，後者を「海外孫会社」と呼んでいるが，本節では単純にこれら2つを海外子会社と総称する．なお，回収率は『企業活動基本調査』が80%程度，『海外事業活動基本調査』が70%程度である．

『海外事業活動基本調査』には，日本企業の海外子会社の研究開発支出額の他，研究開発活動の役割に関する質問項目があり，各海外子会社が基礎研究・応用研究・開発・設計のそれぞれを行っているかどうかを判断することができる[4]ので，海外子会社の研究開発活動を分類することができる．

特にここでは，基礎・応用研究を行っている海外子会社を革新的研究開発を行っているとみなし，開発・設計のみを行っている企業を適応的研究開発を

---

[4] 各海外子会社は，6種類の研究開発活動（基礎研究，応用研究，全世界向け開発，現地向け開発，全世界向け設計，現地向け設計）のそれぞれについて，(1) 拡充または新設，(2) 現状維持，(3) 縮小，(4) 機能なしの4項目のうちから1つを選択するが，(1)-(3) を選択した場合にはそのタイプの研究開発をしているとみなす．

行っているとみなす[5]．ただし，ゼロより大きい研究開発支出額を回答しながら，研究開発活動の役割について回答していない企業もあるが，これらの企業の研究開発は「分類不能」と定義する．なお，この分類法によると，基礎・応用研究のみを行っている企業も基礎・応用研究と開発・設計の両方を行っている企業も「革新的研究開発を行っている」と定義される．ただし，基礎・応用研究のみを行っている企業は全体の 0.3% と非常に少ないために，これらの 2 種類の企業をことさらに分ける必要はないと考える．

なお，『海外事業活動基本調査』に研究開発に関する質問項目が整合的な形式で存在するのは 1996-2001 年であるために，この期間のデータに『企業活動基本調査』データを接続して，各海外子会社を標本とするデータセットを構築した．なお，このデータセットは製造業に属する 24 の 2 桁産業をカバーしており，研究開発支出や売上を報告していない海外子会社は除かれている．

### 7.2.3 日系企業の海外での研究開発活動の実態

前節で紹介したデータセットを利用して，日系企業による海外での研究開発を概観しよう．まず，年ごとに研究開発を行う海外子会社数がどのように推移するかを示した表 7.1 によると，研究開発を行う海外子会社数は 1996-2001 年の期間に増加傾向にある．なお，前節で述べた『海外事業活動基本調査』における 6 種類の研究開発活動に関する質問は，2001 年については他の年とやや異なっており[6]，おそらくそのために，2001 年は分類不能の研究開発が急増している．したがって，革新的・適応的研究開発それぞれのタイプの経年変化は 2000 年までのデータで見ることとするが，適応的研究開発において増加傾向が顕著である．また，2000 年では，全海外子会社のうち，27.1% と無視

---

[5] なお，例えば全世界向け開発を行っている海外子会社を革新的研究開発を行っているとみなすなど，革新的研究開発の定義をやや変えても，以下の主要な結果には変更はなかった．なお，Todo and Shimizutani (2007a) はこのように分類された 2 種類の海外での研究開発のうち，革新的研究開発は日本の本社の生産性を向上させるが，適応的研究開発にはそのような効果がないことを見出した．これは，適応的研究開発があくまでも現地のニーズに合わせて製品や生産技術を改変するためのものであることを裏付けるものである．

[6] (1) 拡充または新設，(2) 現状維持，(3) 縮小，(4) 機能なしの 4 項目のうち，(4) が省かれている．

表 7.1 日系企業の海外での研究開発の実態 (1)

| 年 | 研究開発を行う海外子会社数 | | | | 全子会社数 |
|---|---|---|---|---|---|
| | 合計 | 革新的研究開発 | 適応的研究開発 | 分類不能 | |
| 1996 | 526 | 255 | 179 | 92 | 2,037 |
| | (25.8) | (12.5) | (8.8) | (4.5) | (100.0) |
| 1997 | 552 | 261 | 197 | 94 | 2,053 |
| | (26.9) | (12.7) | (9.6) | (4.6) | (100.0) |
| 1998 | 496 | 234 | 149 | 113 | 1,804 |
| | (27.5) | (13.0) | (8.3) | (6.3) | (100.0) |
| 1999 | 592 | 268 | 207 | 117 | 2,158 |
| | (27.4) | (12.4) | (9.6) | (5.4) | (100.0) |
| 2000 | 630 | 267 | 239 | 124 | 2,325 |
| | (27.1) | (11.5) | (10.3) | (5.3) | (100.0) |
| 2001 | 580 | 216 | 194 | 170 | 2,089 |
| | (27.8) | (10.3) | (9.3) | (8.1) | (100.0) |
| 合計 | 3,376 | 1,501 | 1,165 | 710 | 12,466 |
| | (27.1) | (12.0) | (9.3) | (5.7) | (100.0) |

注:Shimizutani and Todo (2007) の Table 1 より作成した.カッコ内の数字は,全子会社数に対するパーセンテージを表す.

できない数の子会社がなんらかの研究開発を行っており,そのうち11.5%は革新的研究開発を,10.3%は適応的研究開発を行っている.

これらの研究開発を行う海外子会社の地理的な分布を見たのが,表7.2である.ここでは特に,1996-2001年の日系企業のべ総数の76%を占める上位14ヵ国の投資相手国に焦点を当てて表を作成した.これらの14ヵ国は,先進国6ヵ国(アメリカ,イギリス,オーストラリア,オランダ,ドイツ,フランス)と,東アジアの新興国・途上国8ヵ国(インドネシア,韓国,シンガポール,タイ,台湾,中国,フィリピン,香港,マレーシア)に分けることができる.表7.2から,研究開発を行う日系企業の多く(45%)はこの先進6ヵ国に位置することがわかるが,これは先進国の日系企業の多く(約30%)が研究開発を行っていることの帰結である.特にアメリカにおいては,研究開発を行う海外子会社のべ3,376社のうちおよそ30%に当たる960社が存在し,しかもアメリカにおける子会社のうちおよそ半数(45.9%)は研究開発を行っている.なお表には示されていないが,企業数ではなく研究開発支出額で見

**表 7.2　日系企業の海外での研究開発の実態 (2)**

| 投資相手国 | 研究開発を行う海外子会社の数 (カッコ内は各投資相手国における全海外子会社数に対する %) | | | | 全子会社数 |
|---|---|---|---|---|---|
| | 合計 | 革新的研究開発 | 適応的研究開発 | 分類不能な研究開発 | |
| 技術先進国 | | | | | |
| 　アメリカ | 960 | 511 | 296 | 153 | 2,091 |
| | (45.9) | (24.4) | (14.2) | (7.3) | (100.0) |
| 　イギリス | 189 | 79 | 84 | 26 | 558 |
| | (33.9) | (14.2) | (15.1) | (4.7) | (100.0) |
| 　オーストラリア | 50 | 16 | 15 | 19 | 287 |
| | (17.4) | (5.6) | (5.2) | (6.6) | (100.0) |
| 　オランダ | 72 | 25 | 28 | 19 | 266 |
| | (27.1) | (9.4) | (10.5) | (7.1) | (100.0) |
| 　ドイツ | 148 | 54 | 63 | 31 | 614 |
| | (24.1) | (8.8) | (10.3) | (5.0) | (100.0) |
| 　フランス | 104 | 45 | 32 | 27 | 306 |
| | (34.0) | (14.7) | (10.5) | (8.8) | (100.0) |
| 東アジア | | | | | |
| 　インドネシア | 71 | 29 | 23 | 19 | 539 |
| | (13.2) | (5.4) | (4.3) | (3.5) | (100.0) |
| 　韓国 | 241 | 126 | 61 | 54 | 529 |
| | (45.6) | (23.8) | (11.5) | (10.2) | (100.0) |
| 　シンガポール | 115 | 44 | 44 | 27 | 826 |
| | (13.9) | (5.3) | (5.3) | (3.3) | (100.0) |
| 　タイ | 164 | 59 | 62 | 43 | 834 |
| | (19.7) | (7.1) | (7.4) | (5.2) | (100.0) |
| 　台湾 | 345 | 156 | 130 | 59 | 849 |
| | (40.6) | (18.4) | (15.3) | (6.9) | (100.0) |
| 　中国 | 300 | 144 | 89 | 67 | 1,140 |
| | (26.3) | (12.6) | (7.8) | (5.9) | (100.0) |
| 　フィリピン | 53 | 19 | 13 | 21 | 337 |
| | (15.7) | (5.6) | (3.9) | (6.2) | (100.0) |
| 　香港 | 67 | 16 | 29 | 22 | 635 |
| | (10.6) | (2.5) | (4.6) | (3.5) | (100.0) |
| 　マレーシア | 142 | 60 | 43 | 39 | 635 |
| | (22.4) | (9.4) | (6.8) | (6.1) | (100.0) |
| 合計 | 3,376 | 1,501 | 1,165 | 710 | 12,466 |
| | (27.1) | (12.0) | (9.3) | (5.7) | (100.0) |

注：Shimizutani and Todo (2007) の Table 4 を基に作成した．

ると先進国での偏在がより顕著に見られ，日系企業の海外での研究開発支出総額の90%近くが先進国で，約54%がアメリカで費やされている．

東アジアにおいては研究開発を行う日系企業の比率は22.5%であり，先進国における比率よりも小さい．しかし，この1/4近くという数字は絶対的には必ずしも小さいものではなく，東アジアの日系企業がある程度の頻度で研究開発をしていることを示唆している．特に，韓国や台湾ではそれぞれのべ241，345（すなわち1年平均ではそれぞれ40社，60社程度）の日系企業が研究開発を行っており，それはそれぞれの国における日系企業の総数の40%以上にのぼる．つまり，これらの国では少なくとも比率のうえでは先進国に劣らないレベルの日系企業による研究開発活動が見られるのだ．しかも，韓国では日系企業の23.8%，台湾では18.4%が革新的研究開発を行っており，これらの国では適応的研究開発ばかりではなく，革新的研究開発も先進国と（比率のうえでは）同様のレベルで行われている．最近では，これらの2ヵ国に加えて，中国においても研究開発が活発に行われるようになり，2001年では中国の日系企業の約3割が研究開発を行っている．その他，マレーシアやタイでも日系企業の約20%が研究開発を行っており，この比率はオランダやドイツにおける比率とくらべても遜色ないものである．それ以外の東アジア諸国・地域でも日系企業の少なくとも10%以上が研究開発を行っていると報告している．

表7.3は，海外での研究開発の規模を研究開発を行う海外子会社の数ではなく，海外での研究開発支出額の対売上比率で測り，地理的な分布を示したものである．これによっても，韓国と台湾では先進国並みもしくはそれに準ずる規模の研究開発活動が日系企業によって行われている事実が示されている．研究開発支出額の対売上比率のうえでは，マレーシア・シンガポールがこの2ヵ国に続く．反面，数のうえではそれなりの規模が見られた中国やタイでは研究開発支出額の対売上比率は低く，1社当たりの研究開発支出額がそう大きくないことが示唆されている．

なお，これらの数字は1996-2001年の平均値であり，7.1節で見たように，アジアにおける外資企業による研究開発は2000年以降に急増している．したがって現在では，日系企業はここで示した表に示されるよりもはるかに大きな

**表7.3　日系企業の海外での研究開発の実態（3）**

| 投資相手国 | 研究開発費額（対売上比率，％） | | | |
|---|---|---|---|---|
| | 合計 | 革新的研究開発 | 適応的研究開発 | 分類不能な研究開発 |
| 技術先進国 | 0.79 | 0.30 | 0.38 | 0.11 |
| アメリカ | 0.75 | 0.29 | 0.40 | 0.06 |
| イギリス | 0.76 | 0.36 | 0.37 | 0.03 |
| オーストラリア | 0.07 | 0.02 | 0.02 | 0.02 |
| オランダ | 1.44 | 0.22 | 0.44 | 0.78 |
| ドイツ | 0.48 | 0.18 | 0.27 | 0.03 |
| フランス | 2.16 | 1.02 | 0.42 | 0.72 |
| 東アジア | 0.10 | 0.03 | 0.04 | 0.03 |
| インドネシア | 0.01 | 0.00 | 0.00 | 0.00 |
| 韓国 | 0.37 | 0.15 | 0.08 | 0.15 |
| シンガポール | 0.09 | 0.03 | 0.05 | 0.01 |
| タイ | 0.02 | 0.01 | 0.01 | 0.00 |
| 台湾 | 0.74 | 0.20 | 0.35 | 0.19 |
| 中国 | 0.04 | 0.01 | 0.02 | 0.01 |
| マレーシア | 0.10 | 0.04 | 0.04 | 0.03 |
| フィリピン | 0.02 | 0.00 | 0.00 | 0.01 |
| 香港 | 0.06 | 0.00 | 0.04 | 0.01 |

注：Shimizutani and Todo（2007）のTable 6を基に作成した．

規模で，アジアでの研究開発活動を行っていると思われることは付記しておきたい．

最後に，日本の親会社がどのように海外での研究開発活動を地理的に配置しているのかを見てみよう．表7.4は，技術先進国と東アジア諸国の両方に海外子会社を持つ日本企業がどちらの地域で研究開発活動を行っているかを示したものである．例えば，左上の数字はこれらの親会社の3.0％が先進国，東アジアの両方で革新的研究開発を行っていることを示している．表7.4によると，先進国で何らかの研究開発を行っている親会社は全体の25.3％であるが，全体の10.3％はそれに加えて東アジアにおいても研究開発をしている[7]．さらに，全体の5.7％の日本企業は，両方の地域に子会社を持つにもかかわらず，

---

[7] $25.3 = 14.2 + 6.4 + 4.7$, $10.3 = 3.0 + 1.0 + 0.3 + 0.5 + 1.8 + 0.5 + 1.0 + 1.0 + 1.4$.

表 7.4　日系企業の海外での研究開発の実態（4）

|  |  | 東アジア諸国で | | | | 合計 |
|---|---|---|---|---|---|---|
|  |  | 革新的<br>研究開発 | 適応的<br>研究開発 | 分類不能な<br>研究開発 | 研究開発<br>なし |  |
| 技術先進国で | 革新的研究開発 | 3.0 | 0.5 | 1.0 | 7.6 | 14.2 |
|  | 適応的研究開発 | 1.0 | 1.8 | 1.0 | 4.9 | 6.4 |
|  | 分類不能な研究開発 | 0.3 | 0.5 | 1.4 | 2.6 | 4.7 |
|  | 研究開発なし | 1.9 | 2.2 | 1.6 | 69.1 | 74.7 |
| 合計 |  | 6.1 | 4.9 | 4.9 | 84.1 | 100.0 |

注：Shimizutani and Todo (2007) の Table 5 より作成した．この表は，東アジア諸国および技術先進国の両方に海外子会社を持つ 1,527 社の日本企業がどの地域でどのような研究開発を行っているかを，全体（1,527 社）に対するパーセンテージで表したものである．例えば，左上の 3.0 は技術先進国でも東アジアでも革新的研究開発を行っている企業が全体の 3.0％であることを示す．

東アジアでのみ研究開発活動を行い，先進国では研究開発を行っていない．以上の事実は，日系企業による研究開発活動は先進国において重点的に行われているものの，東アジアも単なる生産拠点としての役割ばかりではなく，研究開発拠点としての役割をも持ち始めていることを示唆するものである．

### 7.2.4　推計方法

次に，日系企業の研究開発の決定要因を多項ロジット（multinomial logit）モデルを利用して推計する．多項ロジットモデルとは，複数の選択肢から 1 つを選ぶような意思決定の要因分析に使われる推計方法である．本章の分析では，それぞれの日系企業は毎年のはじめに前年の情報をもとに，(1) 革新的研究開発を行う，(2) 適応的研究開発を行う，(3) 研究開発を行わないの 3 種類の選択肢のうちから，1 つを選ぶと想定する[8]．その結果，日系企業 $i$ が $t$ 年にタイプ $j$ の研究開発を行う確率は次のような式で表される．

$$\mathrm{Prob}(Y_{it}=j) = \frac{\exp(\beta'_j \mathbf{x}_{it-1} + \gamma'_j \mathbf{z}_{it-1})}{1+\sum_{k=1}^{2}\exp(\beta'_j \mathbf{x}_{it-1} + \gamma'_j \mathbf{z}_{it-1})} \quad \text{for } j=1,2 \quad (7.1)$$

---

[8] つまり，分類不能の研究開発を行っている海外子会社は標本からのぞいている．ただし，これらを除かずに分類不能の研究開発を行うという 4 つ目の選択肢を仮定して，多項ロジット推計を行っても以下の主要な結果は変わらなかった．

ここで，$Y_{it}$ は，海外子会社 $j$ が $t$ 年に，(1) 革新的研究開発を行う（$j = 1$），(2) 適応的研究開発を行う（$j = 2$），(3) 研究開発を行わない（$j = 0$）ことを表す．標準化のために，$\beta'_0 = 0, \gamma'_0 = 0$ と仮定する．ベクトル $\mathbf{x}_{it-1}$ は，海外子会社 $j$ の $t - 1$ 年における企業レベルの変数を表し，親会社の研究開発支出額の対売上比率，子会社の売上高，子会社の操業年数を含む．ベクトル $\mathbf{z}_{it-1}$ は，投資相手国の属性を表す変数であり，GDP，研究開発支出総額の対 GDP 比，東京からの距離，エンジニアの平均所得を含む[9]．

　これらの説明変数が研究開発を行う意思決定に影響を与えるのは，次のような理由による．まず第 1 に，親会社の研究開発支出額の対売上高比率は親会社の知識・技術レベルを表す．したがって，もし親会社の技術が革新的（適応的）研究開発活動に利用される場合には，この変数が大きいほど革新的（適応的）研究開発活動を行う可能性が高くなる．第 2 に，海外子会社の売上高は子会社の規模の代理変数である．例えば，金融市場が未発達で企業の規模が大きいほど資金調達が容易である場合などには，この規模を表す変数が大きいほど研究開発を行う可能性が高い．第 3 に，海外子会社の操業年数が長いほど，子会社は投資相手国の情報を多く手に入れることができる．そのような情報は研究開発活動を開始するに有用であるために，海外での操業年数の長さが研究開発を促進する可能性がある．これらの企業レベルの変数は，『企業活動基本調査』および『海外事業活動基本調査』より得ることができる．

　次に国単位の変数であるが，まず第 1 に，GDP は投資相手国の市場規模を表す．市場規模が大きければ大きいほど，適応的研究開発によって相手国の消費者の嗜好・規制に適応した製品を開発するインセンティブが大きくなるために，特に適応的研究開発が促進されると考えられる．第 2 に，研究開発支出額の対 GDP 比は投資相手国の技術レベルの代理変数であるが，技術レベルの高い国では，革新的研究開発によってその高い技術を利用し，獲得しようとするインセンティブが働き，特に革新的研究開発を行う可能性が高まる．反面，適応的研究開発には相手国の技術を獲得しようとする目的はないので，相手国の技術レベルが適応的研究開発を促進するとは考えにくい．第 3 に，相手国

---

[9] その他，説明変数は産業ダミーと年ダミーも含む．

との距離が長ければ，コミュニケーションのコストが増大し，研究開発を行うインセンティブは減少すると思われる．最後に，エンジニアの賃金水準は研究開発の決定と負の関係にあるはずである．

これらの国単位の変数の出所は次のとおりである．まず，各国の GDP は日本企業が観察する市場規模の代理変数であるから，円建てである必要がある．円建ての実質 GDP は名目 GDP，名目為替レート，および日本の GDP デフレータより構築した．これらのデータはすべて世界銀行の *World Development Indicators* よりとった．また，各国の研究開発支出額の対 GDP 比は UNESCO の *Statistics on Research and Development*（www.uis.unesco.org）に，東京と投資相手国間の距離は Geobytes の City Distance Tool（www.geobytes.com）に基づいている．エンジニアの平均所得は UBS の *Prices and Earnings Around the Globe* の名目所得を円建てにして実質化したものである．

式 (7.1) で示されているように，$t$ 年の研究開発に関する意思決定は $t-1$ 年の情報に基づく．このような仮定により，同時決定性による内生性の問題を緩和することができる．なお，推計には 1996 年から 2001 年までの標本をプールして利用する．ただし，エンジニアの平均所得は 1997 年と 2000 年しか入手できないため，この変数を用いた推計ではこれらの 2 年分の標本のみを利用した[10]．また，産業ごとに研究開発の重要性が大きく異なるために，研究開発を行う海外子会社のシェアが高い 6 産業（食品，科学，一般機械，電気機械，輸送機械，精密機械）の企業にしぼって推計を行う．

多項ロジットモデルの推計における重要な仮定は，無関係な選択肢からの独立性 (independence from irrelevant alternatives, 以降 IIA と表記)，すなわち，$\text{Prob}(Y_{it}=j)/\text{Prob}(Y_{it}=k)$ がそれ以外の確率（$\text{Prob}(Y_{it}=h)$ for $h \neq j, k$）と独立であることである．この IIA をここでの分析に当てはめれば，例えば研究開発をしない確率と革新的研究開発をする確率の比率が適応的研究開発をする確率とは独立であることを表す．しかし，このような仮定は，海外子会社がまず研究開発をするかしないかを決定し，その後でどちらのタイプの研究

---

[10] 正確にいえば，説明変数は 1 年ラグをとっているので，非説明変数は 1998 年，2001 年のデータである．

開発をするかを決める場合には成り立たない．その場合には，多項ロジットではなく入れ子型ロジット（nested logit）推計を利用しなければならない．したがって，IIA が成立しているかを検証するために，Hausman and McFadden (1984) の手法を利用して，3 つの選択肢を仮定した推計結果と，そのうちの 2 つのみを仮定した推計結果が異なるかを検定する．

### 7.2.5 推計結果

多項ロジットモデルによる推計結果は，表 7.5 に示されている．列 (1) は 1996-2001 年のデータを利用した結果であり，列 (2) および (3) はエンジニアの所得を説明変数として利用するために，1998 年と 2001 年に標本をしぼった推計である．この表において丸カッコ内の数字は標準誤差を，角カッコ内の数字は説明変数の平均値を使って計算した限界効果を表す．最も下の 2 段は，上で述べた IIA 条件のための Hausman 検定の $p$ 値であるが，これらの $p$ 値から，IIA 条件はこれらの多項ロジット推計において満たされていると判断できる．

以下に推計結果をまとめるが，列 (1)-(3) の結果は共通する説明変数についてはほぼ同じであるために，エンジニアの所得以外の説明変数に関する結果は，主に列 (1) を利用する．

まず第 1 に，親会社の研究開発支出額の対売上比率の増大は，海外子会社が革新的研究開発を行う確率を増加させるが，適応的研究開発を行う確率には有意な効果がない．この変数は親会社の知識・技術レベルを表すと考えられるので，この結果は海外子会社の革新的研究開発においては親会社の技術は利用されていないが，適応的研究開発においては利用されていることを示唆している．サンプルにおける親会社の研究開発支出額の対売上比率の標準偏差は 3.25 であり，角カッコ内に示された適応的研究開発に対する限界効果は 0.011 であるので，この変数が標準偏差分だけ増加することによって，$3.25 \times 0.011 = 0.03575$，すなわち約 3.6% だけ適応的研究開発を行う確率が上昇することになる．なお，革新的・適応的研究開発を行う平均的な確率はそれぞれ 14%，12% であるので，親会社の技術レベルの適応的研究開発に対する効果は比較的大きいと評価できる．

表 7.5 多項ロジットモデルによる海外での研究開発の決定要因の推計結果

|  | (1) | | (2) | | (3) | |
| --- | --- | --- | --- | --- | --- | --- |
|  | 革新的研究開発 | 適応的研究開発 | 革新的研究開発 | 適応的研究開発 | 革新的研究開発 | 適応的研究開発 |
| 親会社の研究開発支出の対売上比率（％） | −0.003 | 0.115 | −0.018 | 0.162 | −0.013 | 0.167 |
|  | (0.015) | (0.015)** | (0.027) | (0.026)** | (0.027) | (0.026)** |
|  | [−0.002] | [0.011] | [−0.004] | [0.016] | [−0.003] | [0.016] |
| 海外子会社の売上高（兆円） | 3.562 | 3.756 | 3.455 | 3.421 | 3.315 | 3.283 |
|  | (0.484)** | (0.483)** | (0.694)** | (0.697)** | (0.692)** | (0.695)** |
|  | [0.305] | [0.322] | [0.309] | [0.284] | [0.294] | [0.271] |
| 投資先国での操業年数 | 0.032 | 0.017 | 0.035 | 0.019 | 0.037 | 0.020 |
|  | (0.005)** | (0.005)** | (0.008)** | (0.009)* | (0.008)** | (0.009)* |
|  | [0.003] | [0.001] | [0.003] | [0.001] | [0.003] | [0.001] |
| 投資先国の GDP（対数値, 兆円） | 0.427 | 0.279 | 0.359 | 0.266 | 0.418 | 0.319 |
|  | (0.045)** | (0.045)** | (0.069)** | (0.071)** | (0.074)** | (0.075)** |
|  | [0.039] | [0.022] | [0.033] | [0.021] | [0.038] | [0.025] |
| 投資先国の研究開発支出の対 GDP 比率（％） | 0.267 | 0.130 | 0.497 | 0.267 | 0.393 | 0.178 |
|  | (0.074)** | (0.075) | (0.121)** | (0.133)* | (0.129)** | (0.138) |
|  | [0.025] | [0.009] | [0.047] | [0.019] | [0.037] | [0.012] |
| 東京と投資先国の距離（千 km） | −0.135 | −0.053 |  |  | −0.072 | −0.072 |
|  | (0.016)** | (0.015)** |  |  | (0.034)* | (0.034)* |
|  | [−0.013] | [−0.004] |  |  | [−0.006] | [−0.006] |
| エンジニアの平均所得（百万円） |  |  | −0.260 | −0.068 | −0.165 | 0.021 |
|  |  |  | (0.048)** | (0.052) | (0.065)* | (0.067) |
|  |  |  | [−0.026] | [−0.003] | [−0.017] | [0.004] |
| 標本数 | 4,561 | | 1,651 | | 1,651 | |
| 尤度（対数値） | −3022.61 | | −1091.39 | | −1087.05 | |
| 準決定係数 | 0.11 | | 0.13 | | 0.13 | |
| Hausman テスト（除かれた選択肢） | | | | | | |
| 革新的研究開発 | 0.84 | | 1.00 | | 1.00 | |
| 適応的研究開発 | 1.00 | | 1.00 | | 1.00 | |

注：Shimizutani and Todo (2007) の Table 8 より作成した．海外子会社が，(1) 革新的研究開発を行う，(2) 適応的研究開発を行う，(3) 研究開発を行わないの 3 つの選択肢を持つと仮定した多項ロジットモデルの推計結果である．丸カッコ内は標準誤差，角カッコ内は平均値で計算した限界効果が記されている．**，*，および + はそれぞれ 1％，5％，および 10％ レベルで有意であることを示す．Hausman テストの結果は p 値によって示されている．

第 2 に，海外子会社の売上高と操業年数は，どちらのタイプの研究開発をも促進することがわかった．売上高の標準偏差は 0.0369 であり，この変数の標準偏差分の増加は革新的および適応的研究開発を行う確率を約 5% 増加させる．同様に，操業年数の標準偏差分 (9.5) の増加の効果は，革新的研究開発に対しては約 3%，適応的研究開発に対しては約 1% である．

第 3 に，投資相手国の GDP は両方のタイプの研究開発の実施に統計的に効果があった．しかも，その効果は，革新的研究開発に対してより大きかった．この結果は，適応的研究開発は投資相手国の市場規模に反応して行われるが，革新的研究開発は必ずしもそうではないという理論的考察に反する．おそらくこの結果は，推計に使われたサンプルにおいては，革新的研究開発を行っていると定義された海外子会社のほとんどは実際には適応的研究開発をもあわせて行っている (7.2.3 節を参照) ことによると思われる．したがって，投資相手国の GDP が革新的研究開発を促進するというここでの結果は，実は適応的研究開発に対する効果を反映している可能性が高い．

第 4 に，投資相手国の研究開発支出額の対 GDP 比は革新的研究開発の決定要因であるが，適応的研究開発の決定要因ではないことが明らかとなった．この変数は投資相手国の技術水準を表すと考えられるので，この結果は，革新的研究開発は投資先の高い技術を利用し獲得することが目的であることを示唆している．反面，適応的研究開発にはそのような目的は見られない．

第 5 に，日本と投資相手国の距離が長くなるほど，どちらのタイプの研究開発も行われなくなる傾向にある．例えば，日本と韓国は 1,200 km 離れているが，アメリカとは 10,100 km 離れている．列 (1) の推計結果を使えば，他の条件を一定にして，この距離の差は日系企業が韓国で革新的研究開発を行う可能性はアメリカでの可能性よりも 11% も高いことを示唆しており，距離の影響は無視できない．

最後に，列 (2)・(3) の結果からエンジニアの平均所得，すなわち賃金水準が低いことは革新的研究開発を誘引するが，適応的研究開発には効果がないことがわかる．適応的研究開発に関する結果はやや意外なものであるが，エンジニアの賃金水準が低いことがエンジニアの低い技術水準と相関してしまっているからかもしれない[11]．

### 7.2.6 結論と政策的含意

 以上の結果により，日系企業による海外での研究開発の決定要因は，革新的・適応的の2種類の間で差異があることが見出された．特に，投資相手国の技術レベルの向上は革新的研究開発のみを促進するが，逆に親会社の技術レベルの向上は適応的研究開発のみを促進する．これは，革新的研究開発は投資相手国の知識・技術を利用するが，適応的研究開発においては親会社の知識が主要なインプットであることを示唆している．また，投資相手国の市場規模はどちらのタイプの研究開発の決定をも促すことが示された．したがって，革新的研究開発は，相手国の高い知識・技術を利用して獲得するために行われている反面，適応的研究開発は，相手国の市場規模が大きい時にその市場の特質に合わせた改良を行うために行われる傾向にあると結論できる．さらに，日本からの距離も革新的・適応的どちらの研究開発にも大きな影響がある．

 これらの結果は，7.1節や7.2.3節で示された，東アジア諸国においても日系企業の研究開発活動がある程度の規模で行われている事実に対して説明を与えてくれる．例えば，韓国と台湾は研究開発支出額の対GDP比で見た知識レベルではすでに先進国並みであり[12]，かつ日本からの距離が近いことが，この2ヵ国において日系企業が先進国並みに活発に研究開発を行っている原因となっている．また，中国で研究開発を行う日系企業が増えているのは，中国の市場規模の拡大[13]に誘引されていることが裏付けられた．

 東アジア諸国において知識・技術レベルが上がり，市場規模が拡大していることを考えれば，今後もこの地域における日系企業の研究開発活動はさらに活発化していくと思われる．前章までの議論から，これらの研究開発活動は，国内企業への技術のスピルオーバーをもたらし，東アジアにおける技術進歩，ひ

---

[11] Shimizutani and Todo (2007, 2008) は，多項ロジットによる推計のほか，条件付ロジット (conditional logit) による推計を行い，Todo and Shimizutani (2008b) は各海外子会社の研究開発支出額の対付加価値額比率を非説明変数に利用した Amemiya GLS 推計 (Amemiya, 1979) を行ったが，これらの推計により本節で示された主要な結果の頑健性が確かめられた．

[12] 韓国，台湾の研究開発支出額の対GDP比率は，1996-2001年にそれぞれ2.5-3%，約2%であった．これらの数字は先進国と同等のレベルである．

[13] 世界銀行の *World Development Indicators* によると，中国の実質GDPは1995年から2003年の間に50%増加した．

いては経済成長に貢献するものと期待される.

　それでは，外資企業による研究開発活動を誘引するためには，途上国はどのような政策を行えばよいのであろうか．前節の推計結果から示唆されるのは，例えば市場規模，つまり GDP を増加させればよいというものである．しかし，外資企業の研究開発を誘致することの目的は，そもそも所得レベルを向上させることであり，そのための政策手段として GDP を増やせというのは本末転倒である．しかし，ここで市場規模を増やすというのを，1国内の市場規模を増やすのではなく，近隣諸国と経済連携を深めることによって経済地域としての市場規模を拡大すると読みかえてみよう．そうすれば，自由貿易地域（FTA）を形成することで市場規模を拡大し，外資企業がその市場に適応した製品を開発するための研究開発を行うことを促すことは可能になろう．7.1 節で見たように，東南アジア諸国連合（ASEAN）における自由貿易地域の形成に促されて，タイにおける日系企業（トヨタ，ホンダ，いすゞ）が近年続々と本格的な研究開発拠点を設立したのはその好例である．

　なお，7.1 節では，政府による税制面などでの優遇措置が，現実に外資企業による研究開発を誘致するのに役立っていることが示唆されている．しかし，前節の数量的分析では，これらの政策に関するデータを構築することができなかったために，その効果を推計することはできなかった．このような政策はさまざまな形態をとることが多く，1つの変数で政策を表すことは容易ではない．また，前節の分析は 1996-2001 年と比較的古いデータを利用しており，より最近のデータを使うことで，2000 年以降に急増したアジアでの研究開発活動をより詳細に分析することができよう．これらについては今後の研究が待たれる．

# 第8章　グローバル化時代の途上国への政策提言

　本書のこれまでの章では，途上国の経済成長にとって技術進歩が重要であることを示したうえで，そのような技術進歩を達成するうえで経済のグローバル化が果たす役割に注目して，理論的・実証的分析を展開してきた．特に，著者自身のこれまでの研究成果を基にして，外国直接投資に伴って外国企業が途上国で行う研究開発活動の役割を多く議論した．本書のこのような分析から得られた結論は，次のように要約できる．

1. 開発途上国の経済成長は，先進国の技術を導入することによって達成される．しかし，途上国への技術導入にはしばしば困難が伴い，それが国によって所得レベルが大きく異なる要因となっている．（第1章・第2章）
2. 世界経済のグローバル化に伴う国際貿易や外国直接投資の活発化は，必ずしも途上国への技術伝播を促して経済成長を促進するものではない．ただし，途上国の技術吸収力の大きさや貿易・直接投資のタイプによっては，技術伝播の経路となって，成長をもたらす．（第3章・第4章）
3. 特に外国直接投資に関しては，途上国での研究開発を伴う直接投資は途上国の地場企業への技術伝播の経路となるが，生産のみを行う直接投資はその経路とはならない．（第5章）
4. すでに知識レベルの高い途上国は，研究開発を伴う技術導入を活用して高い所得レベルを達成できるが，技術レベルの低い途上国は，技術導入を生産のみを行う外資企業に依存し，結果として比較的低い所得レベルに止まってしまう可能性が高い．後者のケースでは，途上国の人的資本レベルが十分に高ければ，研究開発に対する補助金により自国での研究

開発を伴う高い所得レベルに移行することができる．ただし，人的資本レベルが低すぎる場合には，研究開発に対する補助金の効果はない．（第6章）
5. 先進国企業による途上国での研究開発活動は活発になってきているが，その中心は投資相手国の消費者の嗜好や規制に製品を適応させるためのものであり，その規模は投資先の市場規模に特に大きく依存する．（第7章）

また，後半の著者自身の研究による分析から，次のような政策的な含意が得られる．

1. 研究開発に対する優遇政策（例えば，税制上の優遇措置）は，人的資本が十分に備わった途上国の長期的な所得レベルを上昇させる．このような政策によって，貧困国が貧困の罠から抜け出す可能性もある．
2. 人的資本レベルの低い途上国では，研究開発に対する優遇措置は効果がなく，まず人的資本レベルを上げることを政策目標とするべきである．
3. 途上国における研究開発の重要な担い手は外資企業であるが，外資企業の研究開発は地場企業への技術伝播を促進するために，外資企業の研究開発を特に優遇することは有効な政策である．
4. 先進国企業による途上国での研究開発は，経済連携協定や自由貿易協定などによって，国境を越えて統合された市場を創出することによっても促進される．

なお，以上のような結論や政策提言は，必ずしもすでに自国での研究開発の萌芽が生まれているような中進国ばかりではなく，中位以下の貧困国にも適用できると考えられることは強調しておきたい．そもそも，本書がよって立つ実証結果の1つはインドネシアの企業データを基にしているものであるが，インドネシアは東アジアの奇跡の1つに数えられるとはいえ，2004年の実質一人当たりGDP（2000年価格）は1,000ドル足らずであり，世界銀行の最新の分類でも下位中所得国（lower middle income）に位置づけられている．そのような所得レベルの国でも確かに外資企業は研究開発を行い，地場企業へ技術が

伝播していっているのである．

　また，途上国における技術導入の重要性は，製造業に限ったものでもないことも付記したい．例えば，途上国での技術導入に関する世界銀行での研究プロジェクトの成果をまとめた Chandra（2006）には，10個のケーススタディが紹介されているが，そのうちの7つが農林水産業における技術導入に関するものである．サハラ以南アフリカの最貧国の事例としても，ウガンダの漁業やケニヤの生花業が紹介されており，これらの産業で先進国の技術が導入されることによって地場企業の生産性が向上した際に，外資企業や政府の役割が大きかったことが詳細に描かれている．また，Otsuka and Kalirajan（2006）はアジアにおける「緑の革命」（高収量品種米の開発・普及による食糧生産の大幅な拡大）において，国際的非営利機関である国際稲研究所（International Rice Research Institute）における品種改良に加えて，新品種を普及させるための国内の公的な研究機関の活動が不可欠であったことを示している．これらの事例は，途上国への技術伝播における外資企業，国内での研究開発活動，および政策の重要性は，所得レベルや産業を問わずに成立していることを示唆している．

　最後に，今後の研究の展望として，途上国の技術進歩に関してまだ十分に解明されていないこととして，特に著者が注目する2点を指摘しておきたい．第1に，本書では貿易や外国直接投資を技術伝播の経路として取り上げたが，それ以外にも多くの経路が存在するはずである．例えば政府開発援助，特に技術援助は途上国の技術進歩に貢献すると考えられるが，その効果についてまだ十分に分析が進んでいるとはいえない．Sawada et al.（2007）はそのような分析の嚆矢となるものであり，国単位のデータを利用して，外国からの公的技術援助が確かに途上国への技術伝播を促進していることを示した[1]．しかし，貿易や直接投資の分析で行われているような，企業単位のデータを使ったミクロ

---

[1] 技術援助に限定しない政府開発援助が一人当たり GDP 成長率に及ぼす効果については，適切な政策を行っている国では援助は成長に効果的であることを見出した Burnside and Dollar（2000）以降，非常に多くの研究がある．しかし，Easterly et al.（2003），Rajan and Subramanian（2005），Roodman（2007a）などの最新の研究によって，Burnside and Dollar（2000）の結果は推計手法やデータの扱いに関して頑健でないことが示され，援助の効果について統一的な見解は得られていない．

計量分析は技術援助に関しては行われておらず，今後の研究成果が待たれるところである．

　第2に，途上国の技術導入を阻害する原因についてより詳細な分析が必要である．内生成長論は，その1つの原因として研究開発活動の外部性を強調した．しかしそれ以外にも，例えば政府の失敗 (government failure) や信用制約 (credit constraint) も技術導入の阻害要因になりうることが指摘されている (Banerjee and Duflo, 2005)．特に信用制約，すなわち研究開発の初期費用を手持ちの資金では手当てできないときに，担保がないなどのために資金を借り入れることもできないことは，途上国企業における研究開発が進展しない大きな原因の1つに違いない．信用制約に関連する実証研究として，Banerjee and Duflo (2004) は，インドにおいて信用制約に陥っている企業が政府からの信用供与によって生産を大きく拡大することを見出した．また，Van Biesebroeck (2003) は，信用制約が輸出市場への参入の障壁になっていることをサハラ以南アフリカ諸国の企業単位のデータを利用して示した．しかし，まだまだ信用制約が企業活動に与える影響についてのミクロ実証研究は十分でなく，特に研究開発への参入に対する効果に関する研究の蓄積が期待される．

# 補章 A 企業レベルの TFP の計測方法

ある企業が別の企業にくらべて生産性が高いということは，同じだけの生産要素を投入したときに，より多くの量の生産ができることを指す．このように定義される生産性を計測するには，各企業の生産量を比較するだけではなく，投入量の違いをも考慮した全要素生産性（TFP）を計測する必要がある．特に，ヒックス中立的（Hicks-neutral）な技術を仮定すれば，企業 $i$ の $t$ 年における生産量 $Y$ を生産要素ベクトル $X$ の関数として

$$Y_{it} = A_{it} F_{it}(X_{it}) \tag{A.1}$$

と表すことができるが，ここでの $A_{it}$ が TFP レベルと解釈することができる[1]．このような TFP レベルを計測するためには，生産関数の関数形や市場構造に関して仮定をおく必要があり，どのような仮定をおくかによってさまざまな TFP の計測方法があるが，それらの方法の 1 つ 1 つがそれぞれの長所・短所を持つ．本付録では，企業レベルの実証分析に特に最近よく使われる 2 つの手法，多角的 TFP 指数によるものと，Olley and Pakes (1996) が開発したセミパラメトリック推計によるものを紹介する．なお，ここで紹介した手法以外に TFP を計測する方法としては，(1) 包絡分析法（data envelopment analysis, DEA），(2) GMM によって生産関数を推計する方法，(3) stochastic frontiers があるが，多角的 TFP 指数，Olley-Pakes の手法を含めたこれらの手法の概略，およびモンテカルロ法による各手法の比較については，Van Biesebroeck (2004) が詳しい．

---

[1] $F(X_{it})$ ではなく，$F_{it}(X_{it})$ としているのは生産関数が企業ごと年ごとに異なる可能性もあるからである．

## A.1 多角的 TFP 指数

Solow (1957) は式 (A.1) より

$$\frac{\dot{A}_{it}}{A_{it}} = \frac{\dot{Y}_{it}}{Y_{it}} - A_{it}\frac{\partial F_{it}}{\partial K_{it}}\frac{K_{it}}{Y_{it}}\frac{\dot{K}_{it}}{K_{it}} - A_{it}\frac{\partial F_{it}}{\partial L_{it}}\frac{L_{it}}{Y_{it}}\frac{\dot{L}_{it}}{L_{it}} \quad (A.2)$$

を導出した. さらに, 競争的市場を仮定して企業の利潤最大化行動から

$$A_{it}\frac{\partial F_{it}}{\partial K_{it}}\frac{K_{it}}{Y_{it}} = \frac{r_{it}K_{it}}{Y_{it}} \equiv s_{it}^K, \quad A_{it}\frac{\partial F_{it}}{\partial L_{it}}\frac{L_{it}}{Y_{it}} = \frac{w_{it}L_{it}}{Y_{it}} \equiv s_{it}^L$$

を導き, これらを式 (A.2) に代入した. ただし, $r$ および $w$ はそれぞれ資本のレンタル価格, 賃金を表し, したがって, $s_{it}^K$ および $s_{it}^L$ はそれぞれ資本および労働のコストシェアを表す. これらの式より, 成長会計 (growth accounting) を表す式

$$\frac{\dot{A}_{it}}{A_{it}} = \frac{\dot{Y}_{it}}{Y_{it}} - s_{it}^K\frac{\dot{K}_{it}}{K_{it}} - s_{it}^L\frac{\dot{L}_{it}}{L_{it}} \quad (A.3)$$

を得る. 式 (A.3) の左辺は連続時間を仮定したうえでのある企業の TFP 成長率を表すが, 現実には連続時間におけるデータは入手できないので, Solow (1957) は式 (A.3) を近似して

$$\ln\frac{A_{it}}{A_{i,t-1}}$$
$$= \ln\frac{Y_{it}}{Y_{i,t-1}} - \left(\frac{s_{it}^K + s_{i,t-1}^K}{2}\right)\ln\frac{K_{it}}{K_{i,t-1}} - \left(\frac{s_{it}^L + s_{i,t-1}^L}{2}\right)\ln\frac{L_{it}}{L_{i,t-1}}$$

を得て, これを利用して時間 $t-1$ から $t$ の TFP 成長率を計算した.

Caves et al. (1982) および Good et al. (1996) は, この手法を発展させて, ヒックス中立的な技術進歩の仮定を必要としない多角的 TFP 指数 (multilateral TFP index)

$$\ln TFP_{it} = \left(\ln Y_{it} - \overline{\ln Y_t}\right) + \sum_{\tau=1}^{t} \left(\overline{\ln Y_\tau} - \overline{\ln Y_{\tau-1}}\right)$$
$$-\frac{1}{2}\sum_{j=1}^{J}(s_{ijt} + \overline{s_{jt}})\left(\ln X_{ijt} - \overline{\ln X_{jt}}\right) \tag{A.4}$$
$$-\sum_{\tau=1}^{t}\frac{1}{2}\sum_{j=1}^{J}(\overline{s_{j\tau}} + \overline{s_{j,\tau-1}})\left(\overline{\ln X_{j\tau}} - \overline{\ln X_{j,\tau-1}}\right),$$

を提唱した[2]．ここで，$X_{ijt}$ は企業 $i$ の時間 $t$ における投入要素 $j \in \{K, L\}$[3] を表し，$s_{ijt}$ は要素 $j$ のコストシェアを表す．また，$\overline{\ln Y_t}, \overline{\ln X_{jt}}, \overline{s_{jt}}$ はそれぞれ同じ産業に属するすべての企業の時間 $t$ における $\ln Y_{it}, \ln X_{ijt}, s_{ijt}$ の平均を表す．式（A.4）によって定義される多角的 TFP 指数 $TFP_{it}$ は，0 年（基準年）において要素シェアと生産量・各要素の投入量の対数が産業平均に等しいような仮想的な企業と比較したときの，企業 $i$ の $t$ 年における TFP レベルを計測したものである．

Van Biesebroeck (2004) によれば，この手法の利点は，(1) 計算が簡単であること[4]，(2) 生産関数を特定する必要がないこと，(3) 複数の種類の生産物に対応できること[5]である．反面，欠点は，(1) 完全競争を仮定しなければならないこと，(2) 規模に関して収穫一定を仮定するか，規模に関する収穫の度合いを推計しなければならないこと，(3) 決定論的（deterministic）な手法であり，確率論的（stochastic）な手法でないため，測定誤差による計測の偏りに対して脆弱であることである．

---

[2] Caves et al.（1982）は収穫一定が成立しない場合の多角的 TFP 指数も提唱したが，この手法を現実のデータに応用するのはやや困難であるためにここでは省略している．
[3] $Y$ を実質売上高と考え，中間財投入も投入要素とみなす方法もある．
[4] ただし，実際には資本コストや労働コストの厳密な計算には膨大なデータが必要であり，著者の私見では次節で述べる Olley-Pakes の手法と比べて必ずしも手間がかからないということではないように思う．
[5] ただし，式（A.4）ではその部分は省略している．

## A.2 ノンパラメトリック的手法による生産関数の推計

Olley and Pakes (1996) は,資本・労働を投入する標準的なコブ=ダグラス型の生産関数を仮定して,要素投入量と生産性との相関や企業の退出が生産関数推計に与える偏りを修正したうえで資本・労働の弾力性を推計する方法を提唱した.彼らの手法は広範に利用されるとともに,Levinsohn and Petrin (2003) や Buettner (2003) らによって改良型が生み出された.本付録では,Olley and Pakes (1996) および Buettner (2003) の手法を簡単に紹介する.

### A.2.1 Olley and Pakes (1996) の手法

まず,次のようなコブ=ダグラス型の生産関数を仮定しよう.

$$y_{it} = \beta_0 + \beta_K k_{it} + \beta_L l_{it} + \omega_{it} + \eta_{it} \tag{A.5}$$

ここで,$y \equiv \ln Y$, $k \equiv \ln K$, $l \equiv \ln L$ である.$\omega_{it}$ は企業 $i$ の時間 $t$ における生産性(本付録では Olley and Pakes [1996] にしたがい,TFP と呼ばずに単に生産性 [productivity] と称する)であり,マルコフ過程 (Markov process) によって決定される.$\eta_{it}$ は生産性ショックを表す.Olley and Pakes (1996) は企業の操業年数も生産量の決定要因としたが,議論を単純化するためにここでは省略する.

$t$ 期の資本ストック量 $k_{it}$ と生産性 $\omega_{it}$ は $t$ 期のはじめに観察できるが,企業 $i$ はそれらを所与として,長期的な期待収益の割引現在価値が正であれば市場に残留し,負であれば退出することを選択する.また,市場に残留する企業はその期の投資量 $I_{it}$ を決定するが,その投資は $K_{i,t+1} = (1-\delta)K_{it} + I_{it}$ にしたがって $t+1$ 期の資本ストック量を決定する.企業はこの決定において,長期的利潤が最大になるように投資量を決定し,かつその利潤が市場から退出したときに得られる資産売却額よりも小さければ退出する.このような利潤最大化行動の結果,企業は現在の生産性レベルが現在の資本ストック量に依存するある閾値より高ければ市場に残留することになる.つまり,$t$ 期に市場に残留する場合を $\chi_{it} = 1$,退出する場合を $\chi_{it} = 0$ とすると,

$$\chi_{it} = \begin{cases} 1 & \omega_{it} \geq \underline{\omega}(k_{it}) \text{ のとき} \\ 0 & \omega_{it} < \underline{\omega}(k_{it}) \text{ のとき} \end{cases} \quad (A.6)$$

と書ける．その際の投資量は現在の資本ストック量と生産性に依存するので，

$$\ln I_{it} \equiv i_{it} = \tilde{i}(\omega_{it}, k_{it}) \quad (A.7)$$

と表される．

市場に残留した企業は，次に労働投入量を決定し，その後生産性ショック $\eta_{it}$ が決定して，生産が行われる．したがって，労働投入量 $L_{it}$ は生産性 $\omega_{it}$ と相関するが，生産性ショック $\eta_{it}$ とは相関しない．したがって，式 (A.5) を OLS 推計すれば，労働投入量と誤差項 $\omega + \eta$ とが相関し，内生性によって推計に偏りが生じてしまう．Olley and Pakes (1996) はこの問題を修正するために，以下の3つのステップを用いて $\beta_K$ および $\beta_L$ の一致推計量を得る方法を提唱した．

### ステップ1

式 (A.7) を $\omega$ について解けば，

$$\omega_{it} = \tilde{\omega}(i_{it}, k_{it}) \quad (A.8)$$

が得られるが，これを生産関数 (A.5) に代入することによって，

$$y_{it} = \beta_L l_{it} + \phi(i_{it}, k_{it}) + \eta_{it} \quad (A.9)$$

を得る．ここで，

$$\phi(i_{it}, k_{it}) \equiv \phi_{it} = \beta_0 + \beta_K k_{it} + \tilde{\omega}(i_{it}, k_{it}) \quad (A.10)$$

である．式 (A.9) において，$\phi$ の関数形は明らかではないが，これを $i_{it}$ および $k_{it}$ の高次（$N$ 次）多項式

$$\phi_{it} \approx \sum_{n_1=0}^{N} \sum_{n_2=0}^{N} (i_{it})^{n_1} (k_{it})^{n_2}$$

で近似して[6]，OLS によるセミパラメトリック推計をすると，この推計の誤差項 $\eta$ と投入量 $k$, $l$ との間には相関はないので，$\beta_L$ の一致推計量（consistent estimator）を得ることができる．ただし，この推計における $k$ の係数は $\beta_K$ ではないので，$\beta_K$ の推計量はここでは得られない．

### ステップ2

式 (A.6) より，$t$ 期に市場に残留した企業が $t+1$ 期にも市場に残留するのは $\omega_{i,t+1} \geq \underline{\omega}_{i,t+1}(k_{i,t+1})$ が成り立つ時であるが，$\omega_{i,t+1}$ は $\omega_{it}$ を所与としてマルコフ過程によって決定されるので，確率的に決まる生産性の攪乱項を $\xi$ として，

$$\omega_{i,t+1} = E[\omega_{i,t+1}|\omega_{it}, \chi_{i,t+1} = 1] + \xi_{i,t+1} \quad (\text{A.11})$$

と表すことができる．したがって，企業が $t+1$ 期に残留する確率，すなわち $\omega_{i,t+1} \geq \underline{\omega}_{i,t+1}$ が成立する確率は $\underline{\omega}_{it}$ と $\omega_{it}$ の関数で表されるが，$\underline{\omega}_{it}$ は $k_{i,t+1}$ の関数であり（式 [A.6]），$k_{i,t+1}$ は $1_{it}$ と $k_{it}$ で表され，$\omega_{it}$ は $i_{it}$ と $k_{it}$ で表される（式 [A.8]）ので，

$$\begin{aligned} \Pr\{\chi_{i,t+1} = 1 \mid \underline{\omega}_{i,t+1}, \omega_{it}\} &\equiv P_{it} \\ &= \wp(\underline{\omega}_{i,t+1}, \omega_{it}) \\ &= \tilde{\wp}(i_{it}, k_{it}) \end{aligned} \quad (\text{A.12})$$

と書ける．関数 $\tilde{\wp}$ を $i$ と $k$ の高次多項式と仮定すれば，プロビット（probit）によりこれを推計することができる．その推計値から，各々の企業の生存確率の予測値 $\hat{P}_{it}$ を得る．

### ステップ3

$t+1$ 期に市場に残留した企業にとっての $y_{i,t+1} - \beta_L l_{i,t+1}$ の期待値は

---

[6] 実際の推計では，3次式または4次式と仮定することが多い．

$$E[y_{i,t+1} - \beta_L l_{i,t+1} \mid k_{i,t+1}, \chi_{i,t+1} = 1]$$
$$= \beta_0 + \beta_K k_{i,t+1} + E[\omega_{i,t+1} \mid \omega_{it}, \chi_{i,t+1} = 1] \tag{A.13}$$

で表される．ここで，式 (A.12) より $E[\omega_{i,t+1} \mid \omega_{it}, \chi_{i,t+1} = 1]$ は $P$ と $\omega$ の関数とみなせることから，

$$E[\omega_{i,t+1} \mid \omega_{it}, \chi_{i,t+1} = 1] \equiv g(P_{it}, \omega_{it}) \tag{A.14}$$

と表す．さらに，式 (A.10) より $\omega_{it}$ は $\phi_{it} - \beta_K k_{it}$ の関数であるので，式 (A.14) の $\omega_{it}$ を $\phi_{it} - \beta_K k_{it}$ に置き換えることにより，式 (A.5) を

$$\begin{aligned}
&y_{i,t+1} - \beta_L l_{i,t+1} \\
&= \beta_0 + \beta_K k_{i,t+1} + g(P_{it}, \phi_{it} - \beta_K k_{it}) \\
&\quad + \omega_{i,t+1} - E[\omega_{i,t+1} \mid \omega_{it}, \chi_{i,t+1} = 1] + \eta_{i,t+1} \\
&= \beta_0 + \beta_K k_{i,t+1} + g(P_{it}, \phi_{it} - \beta_K k_{it}) + \xi_{i,t+1} + \eta_{i,t+1}
\end{aligned} \tag{A.15}$$

と変形できる．

関数 $g$ を $P_{it}$ と $\phi_{it} - \beta_K k_{it}$ の高次多項式であると仮定し，$\beta_L, P_{it}$, および $\phi_{it}$ をステップ 1 および 2 の推計結果から得られる推計値もしくは予測値に置き換えれば，式 (A.15) を非線形最小 2 乗法 (nonlinear least squares, NLLS) によって推計することができる．このとき，誤差項 $\xi + \eta$ は説明変数と相関しないので，この NLLS によって $\beta_K$ の一致推定量を得ることができる．

このようにして得られた $\beta_K$ および $\beta_L$ の一致推定量 $\hat{\beta}_K$ および $\hat{\beta}_L$ を利用すれば，企業 $i$ の時間 $t$ における生産性を $y_{it} - \hat{\beta}_L l_{it} - \hat{\beta}_K k_{it}$ によって得ることができる．

なお，Olley-Pakes の手法の 1 つの欠点は $i \equiv \ln I$ を説明変数として推計に利用するために，投資量が 0 の企業については適用できないことである．しかし実際には，特に中小企業において投資量が 0 である企業は少なくない．この欠点を克服するため，Levinsohn and Petrin (2003) は投資量の代わりに中間投入量を利用する手法を提唱した．紙面関係上ここでは詳しくは触れないが，彼らの手法は Stata の `levpet` コマンドによって簡単に利用することがで

きる.

### A.2.2 Buettner (2003) の手法

Buettner (2003) は，Olley-Pakes の手法に研究開発活動による生産性向上を組み入れたが，ここでは特に Buettner がタイプ "k" と名づけた手法を紹介したい．Buettner (2003) は Olley and Pakes (1996) と同様に生産性 $\omega_{it}$ が確率的なマルコフ過程によって決定されるとしたが，Olley and Pakes (1996) とは違って生産性の分布は単一のパラメタ $\psi_{it}$ で表すことができるとし，しかも企業は $t$ 期の初めに来期の生産性パラメタを選択し，その大きさに応じて研究開発投資 $R_{it}$ が必要であるとした．言い方を変えれば，企業は研究開発投資額に応じて達成可能な生産性の分布が与えられ，実際の生産性はその分布から確率的に決定される．また，$R_{it} = R(\psi_{i,t+1}, \omega_{it})$ であり，$\partial R/\partial \psi > 0$（より大きい生産性パラメタを選択すれば，より多くの研究開発投資が必要），および $\partial R/\partial \omega < 0$（現在の生産性が大きければ，必要な研究開発投資はより少ない）と仮定する．この設定では，Olley and Pakes (1996) の手法は $\psi_{i,t+1} = \omega_{it}$ の特殊ケースと考えられる．

この仮定のもとでも，各企業が選択する最適な投資量および生産性パラメタは現在の資本ストック量と生産性に依存するために式（A.7）はここでも成立する．したがって，ステップ1は Olley and Pakes (1996) と全く同様となり，以下では次のステップについて述べる．

式（A.11）は Buettner (2003) の仮定のもとでは

$$\omega_{i,t+1} = E[\omega_{i,t+1} \mid \psi_{i,t+1}, \chi_{i,t+1} = 1] + \xi_{i,t+1} \quad (A.16)$$

と表される．また，式（A.14）と同様に

$$E[\omega_{i,t+1} \mid \psi_{i,t+1}, \chi_{i,t+1} = 1] \equiv \tilde{f}(\psi_{i,t+1}, \underline{\omega}(k_{i,t+1})) \quad (A.17)$$

と定義できる．ここで，各企業の利潤最大化行動により，$\psi_{i,t+1}$ は $\omega_{it}$ と $k_{i,t+1}$ の関数として表され，さらに Olley and Pakes (1996) と同様に $\omega_{it}$ は $\phi_{it} - \beta_K k_{it}$ で表せるので，関数 $\tilde{f}$ は

$$\tilde{f}(\psi_{i,t+1}, \underline{\omega}(k_{i,t+1})) = f(\phi_{it} - \beta_K k_{it}, k_{i,t+1}) \tag{A.18}$$

と変形できる．式 (A.5) に，式 (A.16), (A.17), (A.18) を代入すると，次の式を得る．

$$\begin{aligned} y_{i,t+1} &- \beta_L l_{i,t+1} \\ &= \beta_0 + \beta_K k_{i,t+1} + f(\phi_{it} - \beta_K k_{it}, k_{i,t+1}) + \xi_{i,t+1} + \eta_{i,t+1} \end{aligned} \tag{A.19}$$

関数 $\beta_0 + \beta_K k_{i,t+1} + f$ を $\phi_{it} - \beta_K k_{it}$ と $k_{i,t+1}$ の高次多項式であると仮定し，$\beta_L$ および $\phi_{it}$ をステップ 1 の推計結果から得られる推計値に置き換えれば，式 (A.19) を非線形最小 2 乗法によって推計し，$\beta_K$ の一致推定量を得ることができる．

つまり，Buettner (2003) は研究開発活動による生産性上昇を考慮しながらも，生産性の推計には研究開発支出額のデータが必ずしも必要ない巧妙な手法を提示している．ただし，Buettner (2003) はこの手法以外にも研究開発支出のデータを利用する方法も合わせて提唱している．なお，ここでは詳しく触れなかったが，Buettner (2003) の手法は Olley and Pakes (1996) にくらべてその理論的導出に必要となる仮定が強く，Griffith et al. (2006) などが利用しているものの，現時点では Olley and Pakes (1996) や Levinsohn and Petrin (2003) にくらべて必ずしも広範に利用されているわけではないことを申し添えておきたい．

最後に，Olley and Pakes (1996) およびその改良版を実際に利用する場合の注意点について触れておきたい．第 1 に，この手法では資本および労働の弾力性 ($\beta_K, \beta_L$) は企業間で違いがないことが仮定されている．この仮定は異なる産業の企業に対してはやや強い仮定と思われるので，サンプルが複数の産業を含む場合には，産業ごとにサブサンプルに分けてそれぞれの産業で資本および労働の弾力性を推計すべきである．ただし著者の経験では，あまり細かな産業に分けてしまうと各サブサンプルの標本数が小さくなり，おそらく異常値 (outliers) による偏りが生じるために，明らかに適切でないと思われる推計値 (例えば，1 に近い資本の弾力性など) を得ることも多い．したがって，

あまり細かな産業に区分することは勧められない．

第2に，Olley and Pakes (1996) およびその改良版の手法では労働投入量は生産性と相関することが想定されているために，これらの手法で得られる $\beta_L$ は OLS 推計値よりも小さくなり，逆に $\beta_K$ は OLS 推計値よりも大きくなることが理論的に予測される[7]．したがって，この条件が満たされているかどうかをチェックすることが必要である．

---

[7] この点については，Levinsohn and Petrin (2003, p.319) が詳しい．

# 補章B 差分GMM・システムGMM推計の原理と利用法

　回帰分析において，同時決定性や逆相関によって生じる内生性を修正することが必要となることは多いが，パネルデータを利用した推計において内生性を修正する方法として，Arellano and Bond (1991) の差分GMM (difference GMM) や Blundell and Bond (1998) のシステムGMM (system GMM) を利用する論文が増えてきている．本章では，これらのGMM推計について初学者にもわかりやすい説明を試みる．「初学者にわかりやすい」ことを優先させるために，本章の説明は厳密さや詳細さに欠けることがあるかもしれないが，読者は本章によって差分GMMおよびシステムGMMについて大まかな理解を得た後，より詳細な教科書・論文でその理解を深めてもらいたい．GMM推計一般については Hayashi (2000), Wooldridge (2002), Cameron and Trivedi (2005) などの教科書に，差分GMMおよびシステムGMMの詳細は Blundell and Bond (2000), Bond (2002), Roodman (2007b) などの論文に詳しい．なお，本付録の記述は主として Bond (2002) および Roodman (2007b) を基としている．

　あるパネルデータにおいて，$i = 1, 2, 3, \ldots, N$ および $t = 1, 2, 3, \ldots, T$ がそれぞれクロスセクション単位（例えば国や企業など）と時間を表すとしよう．ここで，$T$ は比較的小さいが，$N$ は十分に大きいと仮定する．このとき，ある変数 $y$ が次のような式によって表されるとする．

$$y_{it} = \alpha y_{i,t-1} + \mathbf{x}'_{it}\beta + \varepsilon_{it} \tag{B.1}$$

$$\varepsilon_{it} = \eta_i + \nu_{it} \tag{B.2}$$

式 (B.1) の右辺の第1項は $y$ が1次自己相関となっていることを示すが，このような自己相関を持つモデルを動学モデル (dynamic model) と呼ぶ．ベク

トル $\mathbf{x}$ は追加的な説明変数であり，$\varepsilon$ は $i$ に固有で時間に依存しない固定効果 $\eta_i$ と独立同一分布 (iid) をなす攪乱項 $\nu_{it}$ の和で表されるが，ここで $E[\eta] = E[\nu] = E[\eta\nu] = 0$ と仮定する．なお，$-1 < \alpha < 1$ とし，ここでは自己相関がないケース，すなわち $\alpha = 0$ の場合をも含めて想定している．

ここで，固定効果 $\eta$ について考慮せずに $y_{it}$ を $y_{i,t-1}$ と $\mathbf{x}_{it}$ について OLS 推計したとしよう．このとき，被説明変数の1つである $y_{i,t-1}$ は固定効果 $\eta_i$ を含んでいる（式 [B.1] の1期ラグをとっても，$\eta_i$ はそのまま残る）ために，$\varepsilon_{it} = \eta_i + \nu_{it}$ と相関している．したがって，OLS によっては一致 (consistent) 推計量は得られない．自己相関がないケース ($\alpha = 0$) においても，もし説明変数 $\mathbf{x}_{it}$ が OLS 推計の誤差項 $\varepsilon_{it}$ に相関していれば，やはり OLS では一致推計量は得られない．なお，このように相関係数と OLS の誤差項とが相関するのは，例えば観察できないために誤差項に含まれてしまっている変数が説明変数の一部と相関している場合などである．

それでは，パネルデータによく適用される固定効果 (fixed-effects) モデルによる推計はどうであろうか．固定効果モデルでは，式 (B.1) を2期から $T$ 期までについて平均した式

$$\frac{1}{T-1}\sum_{t=2}^{T} y_{it} = \alpha \left( \frac{1}{T-1}\sum_{t=2}^{T} y_{i,t-1} \right) + \left( \frac{1}{T-1}\sum_{t=2}^{T} \mathbf{x}'_{it} \right) \beta + \left( \frac{1}{T-1}\sum_{t=2}^{T} \varepsilon_{it} \right) \tag{B.3}$$

を式 (B.1) から辺々引いて得られた

$$y_{it} - \frac{1}{T-1}\sum_{t=2}^{T} y_{it}$$
$$= \alpha \left( y_{it} - \frac{1}{T-1}\sum_{t=2}^{T} y_{i,t-1} \right) + \left( \mathbf{x}'_{it} - \frac{1}{T-1}\sum_{t=2}^{T} \mathbf{x}'_{it} \right) \beta + \left( \nu_{it} - \frac{1}{T-1}\sum_{t=2}^{T} \nu_{it} \right) \tag{B.4}$$

を OLS 推計する．なお，この式の誤差項の導出には式 (B.2) が利用されて

いる．しかし，式 (B.4) において説明変数と誤差項は明らかに相関している．例えば，説明変数の一部である $y_{i1}$ は，式 (B.1) より $\nu_{i1}$ と相関しているが，$\nu_{i1}$ は式 (B.4) の誤差項の一部として含まれているからである．つまり，説明変数に被説明変数のラグ値を含む動学モデルにおいては，固定効果推計によっては一致推計量が得られない．

自己相関がないケース ($\alpha = 0$) では，$\mathbf{x}_{it}$ が $\nu_{i2}, \nu_{i3}, \ldots, \nu_{it}, \ldots, \nu_{iT}$ のいずれとも相関しない，つまり厳密に外生的である (strictly exogenous) 場合にのみ式 (B.4) の OLS 推計によって一致推計量が得られるが，それ以外の場合では一致推計量は得られない．

なお，$\mathbf{x}_{it}$ はすでに $t$ 期には発現しているわけであるから，$t+1$ 期以降にランダムに独立に決定される $\nu$ とは通常相関しない．したがって，$\mathbf{x}$ が厳密に外生的である以外に，$\mathbf{x}$ と $\nu$ との相関のパターンとして通常次の2つが考えられる．まず第1に，$\mathbf{x}_{it}$ が $\nu_{it}$ およびそれより以前の $\nu$ と相関があるが，それ以降の $\nu$ とは相関しない場合で，これまでと同様このケースは $\mathbf{x}$ が内生的 (endogenous) であると呼ぶ．第2に，$\mathbf{x}_{it}$ が $\nu_{i,t-1}$ およびそれ以前の $\nu$ とは相関するが，$\nu_{it}$ およびそれより以降の $\nu$ とは相関がない場合で，このケースでは $\mathbf{x}$ は $\nu$ よりも先に決定しているという意味で「先決」である (predetermined) と呼ぶ．例えば，$y$ が企業レベルの TFP を，$\mathbf{x}$ は研究開発ストックを表すしよう．このとき，生産性ショック $\nu_{it}$ が同時期の研究開発ストックに影響しているのであれば，$\mathbf{x}$ は内生的である．なお，研究開発の効果が表れるタイムラグを考慮して，1期前の研究開発ストックを説明変数として使えば，その説明変数は先決変数である．このような内生変数もしくは先決変数が説明変数に含まれる場合には，自己相関のないモデルでも固定効果モデルによる推計では一致推計量は得られない．

さらに，固定効果モデル以外に固定効果を消去する方法として，式 (B.1) の1階階差をとった

$$y_{it} - y_{i,t-1} = \alpha \left( y_{i,t-1} - y_{i,t-2} \right) + \left( \mathbf{x}'_{it} - \mathbf{x}'_{i,t-1} \right) \beta + \left( \nu_{it} - \nu_{i,t-1} \right) \quad \text{(B.5)}$$

(または，あらゆる変数 $z$ について $\Delta z_{it} \equiv z_{it} - z_{i,t-1}$ と定義すると

$$\Delta y_{it} = \alpha \Delta y_{i,t-1} + \Delta \mathbf{x}'_{it}\beta + \Delta \nu_{it} \tag{B.6}$$

と表すことができる）を OLS 推計するという方法も考えうる．しかし，この OLS 推計量は，$y$ に自己相関があるケースでは $y_{i,t-1}$ と $\nu_{i,t-1}$ が相関しているために一致推計量とならないし，自己相関がないケースでも $\mathbf{x}_{it}$ は $\nu_{i,t-1}$，$\nu_{it}$ のいずれとも相関しない場合にしか一致推計量とはならない．したがって，$\mathbf{x}_{it}$ が内生変数または先決変数を含む場合には，1 階差分式の OLS ではやはり一致推計量は得られない．

このように，固定効果のある回帰式の推計は，単純な OLS はおろか，固定効果モデルや 1 階差分式を利用しても，内生性のために一致推計量が得られないケースが多い．上に挙げた例に示されるように，生産関数や TFP の推計ではこのようなケースが特に多い．この場合には，固定効果の除去と同時に内生性の修正をも包含した推計方法が必要となる．この問題に対して，Anderson and Hsiao (1981, 1982) は，$t-2$ 期に決まる $y_{i,t-2}$ はそれより後に決まる $\nu_{it} - \nu_{i,t-1}$ とは相関しないが，$y_{i,t-1} - y_{i,t-2}$ とは相関することを利用して，式 (B.5) を $y_{i,t-2}$ を操作変数として使って 2 段階最小 2 乗法 (2SLS) 推計を行うことを提唱した．なお，$\mathbf{x}_{it}$ が内生的である場合には $\mathbf{x}_{i,t-2}$ を，先決である場合には $\mathbf{x}_{i,t-1}$ を追加的な操作変数として使わなければならない．

さらに Arellano and Bond (1991) は，効率性 (efficiency) を増加させるために，より多くのラグ変数を操作変数として利用することで GMM 推計を行うことを提唱した．すなわち，$T \geq 3$ であれば，1 階差分式 (B.5) の推計の操作変数として，$y_{i,t-2}$ ばかりではなく，$y_{i,t-3}, y_{i,t-4}, \ldots, y_{i1}$ と存在する限りの $y$ のラグ変数を利用することが可能である．また，$\mathbf{x}_{it}$ が内生的および先決である場合には，それぞれ $(\mathbf{x}_{i,t-2}, \mathbf{x}_{i,t-3}, \ldots, \mathbf{x}_{i1})$ および $(\mathbf{x}_{i,t-1}, \mathbf{x}_{i,t-2}, \mathbf{x}_{i,t-3}, \ldots, \mathbf{x}_{i1})$ を操作変数として加える．このような Arellano and Bond (1991) の GMM 推計は，一般的に差分 GMM と呼ばれている．

差分 GMM における操作変数行列は，次のように表される（ただし，以下では記述を簡単にするために説明変数が過去の $y$ だけである場合について説明する）．

$$\mathbf{Z}_i = \begin{bmatrix} y_{i1} & 0 & 0 & 0 & 0 & 0 & \cdots \\ 0 & y_{i2} & y_{i1} & 0 & 0 & 0 & \cdots \\ 0 & 0 & 0 & y_{i3} & y_{i2} & y_{i1} & \cdots \\ \vdots & \vdots & \vdots & \vdots & \vdots & \vdots & \ddots \end{bmatrix} \qquad (B.7)$$

これらの操作変数は式（B.6）の誤差項 $\Delta\nu$ と相関しないので，

$$E[\mathbf{Z}_i' \Delta\boldsymbol{\nu}_i] = 0 \quad \text{for } i = 1, 2, \ldots, N$$

が成り立つ．ただし，ここで $\Delta\boldsymbol{\nu}_i = (\Delta\nu_{i3}, \Delta\nu_{i4}, \ldots, \Delta\nu_{iT})'$ である．この式は，操作変数と説明変数とは相関しないため，その積の期待値は0となることを表している．

このモーメント条件（moment conditions）を実際のデータにあてはめた式は，

$$\frac{1}{N} \sum_{i=1}^{N} \mathbf{Z}_i' \Delta\boldsymbol{\nu}_i = 0$$

となる．このとき，もし操作変数の数とパラメタ（$\alpha$, $\beta$）の数が一致すれば（丁度識別，exactly identified），モーメント条件の数とパラメタの数が一致することになり，モーメント条件を連立方程式として解くことによってパラメタの推計値が得られる．しかし，差分 GMM のように操作変数の数がパラメタの数を上回る場合には，過剰識別（overidentified）となり，モーメント条件すべてを満たすパラメタは存在しない．GMM 推計では，このような場合にできるだけモーメント条件を満たすパラメタを得るために，次のような評価関数（criterion function）

$$J_N = \left( \frac{1}{N} \sum_{i=1}^{N} \Delta\boldsymbol{\nu}_i' \mathbf{Z}_i \right) \mathbf{W}_N \left( \frac{1}{N} \sum_{i=1}^{N} \mathbf{Z}_i' \Delta\boldsymbol{\nu}_i \right) \qquad (B.8)$$

を最小化することによって，パラメタの一致推計量を得る．ここで，$W_N$ は半正定値（positive semi-definite）な加重行列（weight matrix）であり，簡単にいえば，$J_N$ は操作変数と誤差項の積の2乗を何らかの方法で加重平均した

ものである．$J_N$ を最小化するパラメタ，つまり GMM 推計量は任意の $W_N$ について一致推計量であることが知られている．

最も単純な加重行列 $W_N$ は

$$W_N^1 = \left[ \frac{1}{N} \sum_{i=1}^N \left( \mathbf{Z}_i' \mathbf{H} \mathbf{Z}_i \right) \right]^{-1}$$

で表される．ここで $\mathbf{H} = \mathbf{I}$，または

$$\mathbf{H} = \begin{bmatrix} 2 & -1 & 0 & 0 & \cdots \\ -1 & 2 & -1 & 0 & \cdots \\ 0 & -1 & 2 & -1 & \cdots \\ 0 & 0 & -1 & 2 & \cdots \\ \vdots & \vdots & \vdots & \vdots & \ddots \end{bmatrix} \tag{B.9}$$

である．これらのウェイト行列を利用して得られる推計量は 1 ステップ GMM 推計量と呼ばれる．ただし，これは一致推計量であるものの，必ずしも漸近的に効率的 (asymptotically efficient) ではない（ただし，誤差項が均一分散となっている [homoskedastic] 場合には漸近的に効率的である）[1]．さらに，不均一分散 (heteroskedastic) の場合にはパラメタの推計量は一致推計量であるものの，その標準誤差の推計量は一致推計量ではない．したがって，この場合には White (1980) の頑健な (robust) 標準誤差を用いる必要がある．

漸近的に有効な GMM 推計量は，

$$W_N^* = \left[ \frac{1}{N} \sum_{i=1}^N \left( \mathbf{Z}_i' \hat{\Delta \boldsymbol{\nu}}_i \hat{\Delta \boldsymbol{\nu}}_i' \mathbf{Z}_i \right) \right]^{-1}$$

を加重行列として利用したものである．ここで，$\hat{\Delta \boldsymbol{\nu}}_i$ は一致推計量を利用して推計した誤差項のベクトルを表すが，多くの場合，上記の 1 ステップ GMM によって得られた誤差項の推計値が利用される．このようにして得られた推計量は 2 ステップ GMM 推計量と呼ばれる．2 ステップ GMM によって得られ

---

[1] この場合，漸近的とは $T$ を固定したまま，$N$ を無限大に増加させたときの場合をいう．

るパラメタの標準誤差の推計量は誤差項が不均一分散の場合にも一致推計量である．

ところが，このように2ステップGMM推計量は理論的には漸近的に有効であるにもかかわらず，これまでの応用研究では1ステップGMMが使われることが多かった．これは，Arellano and Bond (1991), Blundell and Bond (1998), Blundell et al. (2000) などのシミュレーションによると，小サンプルに2ステップGMMを適用した場合，標準誤差が真の値よりも大幅に小さく推計される傾向にあるためである．Windmeijer (2005) はこの問題に対して修正を施した標準偏差の推計方法を提示しているが，この修正は非常に有効なものであり，2ステップGMMを用いる場合には，必ずWindmeijer (2005) の標準誤差を利用することが望まれる．

以上のように，Arellano and Bond (1991) の差分GMMは，パネルデータを利用した推計において内生性を修正する有効かつ便利な手法である．しかし，差分GMMは1階差分式を基本的な推計式にしているがゆえに，説明・被説明変数が強い系列相関を持つ場合には不具合が生じる．極端なケースとして，説明変数 $\mathbf{x}_{it}$ が単位根を持つ，つまり $\mathbf{x}_{it} = \mathbf{x}_{i,t-1} + \mathbf{e}_{it}$ と表せると仮定しよう．この場合，1階差分式における説明変数はホワイトノイズ $\mathbf{e}$ となってしまい，むろん被説明変数 $\Delta y$ との相関は見出せない．このような極端な例ではなく，説明変数が単位根に近い性質を持つ場合にも，1階差分式における説明変数と被説明変数の相関は差分をとる前の式に比べて弱まってしまう．

このような差分GMMの弱点を克服するために，Blundell and Bond (1998) は1階差分式である式 (B.5) に加えて，差分をとる前の式 (B.1) をも推計式とし，その2つの式をパラメタが等しい方程式体系 (system of equations) としてとらえて同時にGMM推計する手法を提唱した．これがシステムGMMである．上記のGMMの説明は1本の方程式に対する推計であるが，同様の枠組みで2本以上の同時方程式体系に対してもGMM推計は可能である．詳細はWooldridge (2002) などを参照していただきたいが，要するに2本以上の式があっても操作変数と誤差項の積の2乗の加重平均が最小になるようなパラメタがGMM推計量となる．なおシステムGMMでは，1階差分式の操作変数として差分GMMと同様に $y_{i,t-2}, y_{i,t-3}, \ldots, y_{i1}, \mathbf{x}_{i,t-2}, \mathbf{x}_{i,t-3},$

..., $\mathbf{x}_{i1}$（$\mathbf{x}$ が先決的な場合には，これらに加えて $\mathbf{x}_{i,t-1}$ も）を利用するが，差分する前のレベル式の操作変数としては，説明変数の1期ラグの1階差分，すなわち $\Delta y_{i,t-2}, \Delta \mathbf{x}_{i,t-1}$ を用いる（$\mathbf{x}$ が先決的な場合には $\Delta \mathbf{x}_{i,t-1}$ ではなく $\Delta \mathbf{x}_{it}$ を用いる）．シミュレーション分析では，$\alpha$ が1に近ければ近いほど，システム GMM 推計量が差分 GMM 推計量よりもかなりの程度真の値に近いことが示されている．なお，システム GMM も，差分 GMM と同様に1ステップと2ステップがある．また，1ステップには頑健な標準誤差を用いることができるし，2ステップでは Windmeijer (2005) の方法で小サンプルの偏りを修正することもできる．

なお，以上の GMM 推計が成立するための1つの重要な条件は，操作変数が誤差項と相関しないことである．差分 GMM やシステム GMM のように過剰識別のケースでは，この条件は Hansen (1982) の $J$ 統計量によって検定することができる．Hansen $J$ 統計量とは，GMM 統計量を用いた時の評価関数（B.8）の値であり，これは操作変数が誤差項と相関しないという帰無仮説のもとでは操作変数の数とパラメタの数の差を自由度とするカイ2乗分布となっているため，この帰無仮説を検定することができる．なお，誤差項が均一分散の場合の1ステップ GMM 推計の場合には，Hansen $J$ 統計量は Sargan (1958) の統計量と一致する．しかし，不均一分散があるために1ステップ GMM 推計に頑健な標準誤差を適用する場合には，Sargan 統計量ではなく2ステップ GMM の際の評価関数，すなわち Hansen $J$ 統計量を使って操作変数と誤差項との直交条件を検定する必要がある．

GMM 推計におけるもう1つの条件は，レベル式（B.1）の誤差項 $\nu_{it}$ が自己相関していないことである．特に，過去の $y$ が説明変数として含まれる動学モデルでは，$\nu_{it}$ が自己相関していることは $y_{it}$ がいかなる期の $\nu$ とも相関しているということであるので，何期前であろうとも $y$ を操作変数として使うことができないため，差分 GMM およびシステム GMM ともに使えない．したがって，誤差項 $\nu_{it}$ が自己相関しているかどうかを検定する必要がある．なお，誤差項 $\nu_{it}$ が自己相関していない場合でも，1階差分式における誤差項 $\Delta \nu_{it}$ には1次の自己相関が生じている．したがって，$\nu_{it}$ が自己相関を起こしていないことを検証するには，$\Delta \nu_{it}$ が2次以上の自己相関を起こしていない

かを検定する必要がある．Arellano and Bond（1991）は，$\nu_{it}$ が $l$ 次（$l \geq 1$）の自己相関を起こしている，すなわち $\Delta\nu_{it}$ が $l+1$ 次の自己相関を起こしているという帰無仮説を検定するために，推計から求められた $\Delta\nu$ とその $l+1$ 期ラグとが相関しているかを，$z$ 検定によって検定する方法を提唱した．

なお，差分 GMM およびシステム GMM 推計において，過去の説明変数はデータが存在する限りさかのぼって操作変数として使うことは可能であるために，$T$ が増加するにつれて「操作変数が多すぎる」という問題が生じる[2]．この問題を浮き彫りにするために，GMM の特殊ケースである 2SLS において，第 1 段階の推計での説明変数（つまり 2SLS の操作変数）の数が標本数と一致する場合を考えよう．この場合には，第 1 段階の推計において完全にデータにフィットしたパラメタが得られるので，第 1 段階の被説明変数の予測値（つまり第 2 段階の説明変数）はその実測値と一致する．したがって，第 2 段階の推計量，すなわち 2SLS 推計量は OLS 推計量と完全に一致する．これほど極端でなくとも，$T$ が大きく数多くの操作変数を使う場合には，差分 GMM およびシステム GMM 推計量は OLS 推計量に近づいてしまう．

そもそも差分 GMM・システム GMM における漸近的性質とは，$T$ を固定したうえで $N$ を無限大に増加させたときの性質であるから，$T$ が大きいことは理論的な漸近的性質が当てはまりにくいことを示唆している．さらに，操作変数が多すぎると，Sargan, Hansen 統計量の $p$ 値が 1 に限りなく近づくために，これらの統計量による説明変数と誤差項との直交性の検定の検定力が弱くなってしまう．Roodman（2007b）は操作変数の数がパネルのクロスセクション単位 $N$ を上回るときには，多すぎる操作変数の問題が生じている可能性が高いと警告している．このような場合には，ありうる限りの過去の変数を操作変数として利用するのではなく，ある一定の期間（例えば 2 期とか 3 期とか）までさかのぼった過去の変数のみを操作変数として利用するべきである．数千の単位の企業を含んだパネルデータの場合には，この多すぎる操作変数の問題は起きにくいが，企業単位のパネルデータでも少数の企業が対象の場合や国単位のパネルデータの場合には必ずこの問題に注意するべきである．

---

[2] 本段落は Roodman（2007b）による．

最後に，差分 GMM・システム GMM を実際に使う際には，Stata の ado ファイルである Roodman (2003) による xtabond2 を利用することをお勧めする．xtabond2 は上に記したさまざまな種類の推計手法のすべてをオプションとして搭載しており，非常に便利なプログラムである．したがって，1本の線形推計式の場合の差分 GMM・システム GMM の場合には xtabond2 を利用することでほとんどことは足りると思われる．xtabond2 の詳細な解説は，Roodman (2007b) に示されている[3]．ただし，2本以上の構造方程式の場合や非線型方程式の場合には，GAUSS や Ox，MATLAB などを利用する必要が出てくる．この場合には，例えば GAUSS のパッケージである Arellano and Bond (1998) による DPD98 (http://www.cemfi.es/~arellano/より入手可能)，もしくは Doornik et al. (2006) による Ox 用の DPD (http://www.doornik.com/より入手可能) の利用が便利であろう．

---

[3] 最新バージョンである Stata 10 には，差分 GMM・システム GMM を推計するためのコマンド xtabond2 が標準装備されている．

参考文献

Acemoglu, Daron, Simon Johnson, and James A. Robinson (2001) "The Colonial Origins of Comparative Development: An Empirical Investigation," *American Economic Review*, Vol. 91, No. 5, pp. 1369-1401.

Acemoglu, Daron, Philippe Aghion, and Fabrizio Zilibotti (2006) "Distance to Frontier, Selection, and Economic Growth," *Journal of the European Economic Association*, Vol. 4, No. 1, pp. 37-74.

Aghion, Philippe and Steven N. Durlauf eds. (2005) *Handbook of Economic Growth*, Vol. 1A, Amsterdam: Elsevier B.V.

Aghion, Philippe and Peter Howitt (1992) "A Model of Growth through Creative Destruction," *Econometrica*, Vol. 60, No. 2, pp. 323-351.

Aghion, Philippe and Peter Howitt (1998) *Endogenous Growth Theory*, Cambridge: The MIT Press.

Aghion, Philippe and Peter Howitt (2005) "Growth with Quality-Improving Innovations: An Integrated Framework," in Philippe Aghion and Steven N. Durlauf eds., *Handbook of Economic Growth*, Amsterdam: North Holland. forthcoming.

Aitken, Brian J. and Ann E. Harrison (1999) "Do Domestic Firms Benefit from Direct Foreign Investment? Evidence from Venezuela," *American Economic Review*, Vol. 89, No. 3, pp. 605-618.

Aiyar, Shekhar and Carl-Johan Dalgaard (2005) "Total Factor Productivity Revisited: A Dual Approach to Development Accounting," *IMF Staff Papers*, Vol. 52, No. 1, pp. 82-102.

Aizenman, Joshua and Nancy Marion (2004) "The Merits of Horizontal versus Vertical FDI in the Presence of Uncertainty," *Journal of International Economics*, Vol. 62, No. 1, pp. 125-148.

Alfaro, Laura, Areendam Chanda, Sebnem Kalemli-Ozcan, and Selin Sayek (2004) "FDI and Economic Growth: The Role of Local Financial Markets," *Journal of International Economics*, Vol. 64, No. 1, pp. 89-112.

Amemiya, Takeshi (1979) "The Estimation of a Simultaneous Equation Tobit

Model," *International Economic Review*, Vol. 20, No. 1, pp. 169-181.

Amiti, Mary and Jozef Konings (2007) "Trade Liberalization, Intermediate Inputs, and Productivity: Evidence from Indonesia," *American Economic Review*, Vol. 97, No. 5, pp. 1611-1638.

Anderson, T. W. and Cheng Hsiao (1981) "Estimation of Dynamic Models with Error Components," *Journal of the American Statistical Association*, Vol. 76, No. 375, pp. 598-606.

Anderson, T. W. and Cheng Hsiao (1982) "Formulation and Estimation of Dynamic Models using Panel Data," *Journal of Econometrics*, Vol. 18, No. 1, pp. 47-82.

Arellano, Manuel and Stephen Bond (1991) "Some Tests of Specification for Panel Data: Monte Carlo Evidence and an Application to Employment Equations," *Review of Economic Studies*, Vol. 58, No. 2, pp. 277-297.

Arellano, Manuel and Stephen Bond (1998) "Dynamic Panel Data Estimation using DPD98 for GAUSS," unpublished, Centro de Estudios Monetarios y Financieros, available at ftp://ftp.cemfi.es/pdf/papers/ma/dpd98.pdf.

Aw, Bee Yan, Sukkyun Chung, and Mark J. Roberts (2000) "Productivity and Turnover in the Export Market: Micro-level Evidence from the Republic of Korea and Taiwan (China)," *World Bank Economic Review*, Vol. 14, No. 1, pp. 65-90.

Azariadis, Costas and John Stachurski (2005) "Poverty Traps," in Philippe Aghion and Steven N. Durlauf eds., *Handbook of Economic Growth*, Vol. 1A, Amsterdam: Elsevier B.V.

Backer, Koen De and Leo Sleuwaegen (2003) "Does Foreign Direct Investment Crowd Out Domestic Entrepreneurship?" *Review of Industrial Organization*, Vol. 22, No. 1, pp. 67-84.

Backus, David K., Patrick J. Kehoe, and Timothy J. Kehoe (1992) "In Search of Scale Effects in Trade and Growth," *Journal of Economic Theory*, Vol. 58, No. 2, pp. 377-409.

Balasubramanyam, V. N., M. Salisu, and David Sapsford (1996) "Foreign Direct Investment and Growth in EP and IS Countries," *The Economic Journal*, Vol. 106, No. 434, pp. 92-105.

Baldwin, Richard E., Philippe Martin, and Gianmarco I. P. Ottaviano (2001) "Global Income Divergence, Trade, and Industrialization: The Geography of Growth Take-Offs," *Journal of Economic Growth*, Vol. 6, No. 1, pp. 5-37.

Banerjee, Abhijit V. and Esther Duflo (2004) "Do Firms Want to Borrow More? Testing Credit Constraints Using a Directed Lending Program," CEPR Discussion Paper, No. 4681.

Banerjee, Abhijit V. and Esther Duflo (2005) "Growth Theory Through the Lens of Development Economics," in Philippe Aghion and Steven N. Durlauf eds., *Handbook of Economic Growth*, Vol. 1A, Amsterdam: Elsevier B.V.

Bardhan, Pranab and Christopher Udry (1999) *Development Microeconomics*, Oxford: Oxford University Press.

Barrios, Salvador, Holger Görg, and Eric Strobl (2005) "Foreign Direct Investment, Competition and Industrial Development in the Host Country," *European Economic Review*, Vol. 49, No. 7, pp. 1761-1784.

Barro, Robert J. (1991) "Economic Growth in a Cross Section of Countries," *Quarterly Journal of Economics*, Vol. 106, No. 2, pp. 407-443.

Barro, Robert J. and Jong-Wha Lee (2001) "International Data on Educational Attainment: Updates and Implications," *Oxford Economic Papers*, Vol. 53, No. 3, pp. 541-563.

Barro, Robert J. and Xavier Sala-i-Martin (1997) "Technological Diffusion, Convergence, and Growth," *Journal of Economic Growth*, Vol. 2, No. 1, pp. 1-26.

Barro, Robert J. and Xavier Sala-i-Martin (2004) *Economic Growth*, Cambridge: The MIT Press, 2nd edition.（邦訳：大住圭介訳，『内生的経済成長論Ⅰ・Ⅱ』，九州大学出版会，2006年．）

Basant, Rakesh and Brian Fikkert (1996) "The Effects of R&D, Foreign Technology Purchase, and Domestic and International Spillovers on Productivity in Indian Firms," *Review of Economics and Statistics*, Vol. 78, No. 2, pp. 187-199.

Belderbos, René (2001) "Overseas Innovations by Japanese firms: an Analysis of Patent and Subsidiary Data," *Research Policy*, Vol. 30, No. 2, pp. 313-332.

Benhabib, Jess and Mark M. Spiegel (2005) "Human Capital and Technology Diffusion," in Philippe Aghion and Steven N. Durlauf eds., *Handbook of Economic Growth*, Amsterdam: North Holland.

Bernard, Andrew B. and J. Bradford Jensen (1999) "Exceptional Exporter Performance: Cause, Effect, or Both?" *Journal of International Economics*, Vol. 47, No. 1, pp. 1-25.

Bhagwati, Jagdish, Elias Dinopoulos, and Kar-yiu Wong (1992) "Quid Pro Quo Foreign Investment," *American Economic Review*, Vol. 82, No. 2, pp. 186-190.

Bhagwati, Jagdish, Arvind Panagariya, and T. N. Srinivasan (1998) *Lectures on International Trade*, Boston: MIT Press, 2nd edition.

Blalock, Garrick and Paul Gertler (2004) "Learning from Exporting Revisited in a Less Developed Setting," *Journal of Development Economics*, Vol. 75, No. 2, pp. 397-416.

Blalock, Garrick and Paul Gertler (2007) "Welfare Gains from Foreign Direct Investment through Technology Transfer to Local Suppliers," *Journal of International Economics*. forthcoming.

Bleaney, Michael and Akira Nishiyama (2002) "Explaining Growth: A Contest Between Models," *Journal of Economic Growth*, Vol. 7, No. 1, pp. 43-56.

Blomström, Magnus and Ari Kokko (2003) "The Economics of Foreign Direct Investment Incentives," NBER Working Paper, No. 9489.

Blomström, Magnus and Fredrik Sjöholm (1999) "Technology Transfer and Spillovers: Does Local Participation with Multinationals Matter?" *European Economic Review*, Vol. 43, No. 4-6, pp. 915-923.

Blonigen, Bruce A. and Miao Wang (2004) "Inappropriate Pooling of Wealthy and Poor Countries in Empirical FDI Studies," NBER Working Papers, No. 10378.

Blonigen, Bruce A., Christopher J. Ellis, and Dietrich Fausten (2005) "Industrial Groupings and Foreign Direct Investment," *Journal of International Economics*, Vol. 65, No. 1, pp. 75-91.

Bloom, David E., David Canning, and Jaypee Sevilla (2003) "Geography and Poverty Traps," *Journal of Economic Growth*, Vol. 8, pp. 355-378.

Bloom, Nick, Mark Schankerman, and John Van Reenen (2004) "Identifying Technological Spillovers and Product Market Rivalry: Theory and Evidence from a Panel of U.S. Firms," unpublished, Centre for Economic Performance, London School of Economics.

Blundell, Richard and Stephen Bond (1998) "Initial Conditions and Moment Restrictions in Dynamic Panel Data Models," *Journal of Econometrics*,

Vol. 87, No. 1, pp. 115-143.

Blundell, Richard and Stephen Bond (2000) "GMM Estimation with Persistent Panel Data: An Application to Production Functions," *Econometric Reviews*, Vol. 19, No. 3, pp. 321-340.

Blundell, Richard, Stephen Bond, and Frank Windmeijer (2000) "Estimation in Dynamic Panel Data Models: Improving on the Performance of the Standard GMM Estimator," in Badi H. Baltagi ed., *Advances in Econometrics, Volume 15: Non-Stationary Panels, Panel Cointegration, and Dynamic Panels*, JAI Press.

Bond, Stephen (2002) "Dynamic Panel Data Models: A Guide to Micro Data Methods and Practice," CeMMAP Working Paper, No. 09/02.

Borensztein, Eduardo, Jose De Gregorio, and Jong-Wha Lee (1998) "How does Foreign Direct Investment Affect Economic Growth?" *Journal of International Economics*, Vol. 45, No. 1, pp. 115-135.

Borooah, Vani K. (2006) "How Much Happiness Is There in the World? A Cross-Country Study," *Applied Economics Letters*, Vol. 13, No. 8, pp. 483-488.

Brainard, Lael S. (1997) "An Empirical Assessment of the Proximity-Concentration Trade-Off between Multinational Sales and Trade," *American Economic Review*, Vol. 87, No. 4, pp. 520-544.

Branstetter, Lee (2006) "Is Foreign Direct Investment a Channel of Knowledge Spillovers? Evidence from Japan's FDI in the United States," *Journal of International Economics*, Vol. 68, No. 2, pp. 325-344.

Brock, William A. and Steven N. Durlauf (2001) "Growth Empirics and Reality," *The World Bank Economic Review*, Vol. 15, No. 2, pp. 229-272.

Buderi, Robert and Gregory T. Huang (2006) *Guanxi*: Random House. (邦訳：依田卓巳訳,『ビル・ゲイツ，北京に立つ　天才科学者たちの最先端テクノロジー競争』, 日本経済新聞出版社，2007 年.）

Buettner, Thomas (2003) "R&D and the Dynamics of Productivity," unpublished, London School of Economics.

Burnside, Craig and David Dollar (2000) "Aid, Policies, and Growth," *American Economic Review*, Vol. 90, No. 4, pp. 847-868.

Cai, Hongbin, Yasuyuki Todo, and Li-An Zhou (2007) "Do Multinationals' R&D Activities Stimulate Indigenous Entrepreneurship? Evidence from China's "Silicon Valley"?" NBER Working Paper, No. 13618.

Cameron, Colin A. and Pravin K. Trivedi (2005) *Microeconometrics: Methods and Applications*, Cambridge: Cambridge University Press.

Carkovic, Maria and Ross Levine (2005) "Does Foreign Direct Investment Accelerate Economic Growth?" in Theodore Moran ed., *The Impact of Foreign Direct Investment on Development: New Measurements, New Outcomes, New Policy Approaches*, Washington D.C.: Institute of International Economics.

Carr, David L., James R. Markusen, and Keith E. Maskus (2001) "Estimating the Knowledge-Capital Model of the Multinational Enterprise," *American Economic Review*, Vol. 91, No. 3, pp. 693-708.

Caselli, Francesco (2005) "Accounting for Cross-Country Income Differences," in Philippe Aghion and Steven N. Durlauf eds., *Handbook of Economic Growth*, Amsterdam: North Holland.

Caselli, Francesco, Gerardo Esquivel, and Fernando Lefort (1996) "Reopening the Convergence Debate: A New Look at Cross-Country Growth Empirics," *Journal of Economic Growth*, Vol. 1, No. 3, pp. 363-389.

Cass, David (1965) "Optimum Growth in an Aggregate Model of Capital Accumulation," *Review of Economic Studies*, Vol. 32, No. 3, pp. 233-240.

Castellani, Davide and Antonello Zanfei (2003) "Technology Gaps, Absorptive Capacity and the Impact of Inward Investments on Productivity of European Firms," *Economics of Innovation and New Technology*, Vol. 12, No. 6, pp. 555-576.

Caves, Douglas W., Laurits R. Christensen, and Erwin W. Diewert (1982) "Multilateral Comparisons of Output, Input, and Productivity Using Superlative Index Numbers," *Economic Journal*, Vol. 92, No. 365, pp. 73-86.

Chandra, Vandana ed. (2006) *Technology, Adaptation, and Exports*, Washington, D.C.: World Bank.

Chen, Shaohua and Martin Ravallion (2001) "How Well Did the World's Poorest Fare in the 1990s?" *Review of Income and Wealth*, Vol. 47, No. 3, pp. 283-300.

Chen, Chung and Martin Ravallion (2004) "How Have the World's Poorest Fared since the Early 1980s?" *World Bank Research Observer*, Vol. 19, No. 2, pp. 141-169.

Chuang, Yih-Chyi and Chi-Mei Lin (1999) "Foreign Direct Investment, R&D

and Spillover Efficiency: Evidence from Taiwan's Manufacturing Firms," *Journal of Development Studies*, Vol. 35, No. 4, pp. 117-137.

Clemens, Michael A. and Jeffrey G. Williamson (2004) "Why Did the Tariff-Growth Correlation Change after 1950?" *Journal of Economic Growth*, Vol. 9, No. 1, pp. 5-46.

Clerides, Sofronis K., Saul Lach, and James R. Tybout (1998) "Is Learning by Exporting Important? Micro-Dynamic Evidence from Colombia, Mexico, and Morocco," *Quarterly Journal of Economics*, Vol. 113, No. 3, pp. 903-947.

Coe, David T. and Elhanan Helpman (1995) "International R&D Spillovers," *European Economic Review*, Vol. 39, No. 5, pp. 859-887.

Coe, David T., Elhanan Helpman, and Alexander W. Hoffmaister (1997) "North-South R&D Spillovers," *The Economic Journal*, Vol. 107, No. 440, pp. 134-149.

Comin, Diego, William Easterly, and Erick Gong (2006) "Was the Wealth of Nations Determined in 1000 B.C.?" NBER Working Paper, No. 12657.

Connolly, Michelle (2003) "The dual nature of trade: measuring its impact on imitation and growth," *Journal of Development Economics*, Vol. 72, pp. 31-55.

de Mello, Jr., Luiz R. (1999) "Foreign Direct Investment-Led Growth: Evidence from Time Series and Panel Data," *Oxford Economic Papers*, Vol. 51, No. 1, pp. 133-151.

Deaton, Angus (2005) "Measuring Poverty in a Growing World (or Measuring Growth in a Poor World)," *Review of Economics and Statistics*, Vol. 87, No. 1, pp. 1-19.

Delgado, Miguel A., Jose C. Farinas, and Sonia Ruano (2002) "Firm Productivity and Export Markets: A Non-parametric Approach," *Journal of International Economics*, Vol. 57, No. 2, pp. 397-422.

Dickens, William T. and Kevin Lang (1985) "A Test of Dual Labor Market Theory," *American Economic Review*, Vol. 75, No. 4, pp. 792-805.

Dinopoulos, Elias and Peter Thompson (1998) "Schumpeterian Growth without Scale Effects," *Journal of Economic Growth*, Vol. 3, No. 4, pp. 313-335.

Dixit, Avinash K. and Joseph E. Stiglitz (1977) "Monopolistic Competition and Optimum Product Diversity," *American Economic Review*, Vol. 67, No. 3, pp. 297-308.

Dollar, David (1992) "Outward-oriented Developing Economies Really Do Grow More Rapidly: Evidence from 95 LDCs, 1976-85," *Economic Development and Cultural Change*, Vol. 40, No. 3, pp. 523-544.

Dollar, David and Aart Kraay (2002) "Growth is Good for the Poor," *Journal of Economic Growth*, Vol. 7, No. 3, pp. 195-225.

Dollar, David and Aart Kraay (2003) "Institutions, Trade, and Growth," *Journal of Monetary Economics*, Vol. 50, No. 1, pp. 133-162.

Doornik, Jurgen A., Manuel Arellano, and Stephen Bond (2006) "Panel Data Estimation Using DPD for Ox." Available at http://www.doornik.com.

Dunning, John H. (1981) *International Production and the Multinational Enterprise*, London: Allen and Unwin.

Durham, J. Benson (2004) "Absorptive Capacity and the Effects of Foreign Direct Investment and Equity Foreign Portfolio Investment on Economic Growth," *European Economic Review*, Vol. 48, No. 2, pp. 285-306.

Durlauf, Steven N., Paul A. Johnson, and Jonathan R.W. Temple (2005) "Growth Econometrics," in Philippe Aghion and Steven N. Durlauf eds., *Handbook of Economic Growth*, Vol. 1A, Amsterdam: Elsevier B.V.

Easterly, William and Ross Levine (2001) "It's Not Factor Accumulation: Stylized Facts and Growth Models," *The World Bank Economic Review*, Vol. 15, No. 2, pp. 177-219.

Easterly, William, Ross Levine, and David Roodman (2004) "New Data, New Doubts: A Comment on Burnside and Dollar's "Aid, Plicies, and Growth" (2000)," *American Economic Review*, Vol. 94, No. 3, pp. 774-780.

Eaton, Jonathan and Samuel Kortum (1999) "International Technology Diffusion: Theory and Measurement," *International Economic Review*, Vol. 40, No. 3, pp. 537-570.

Eaton, Jonathan and Samuel Kortum (2001) "Technology, Trade, and Growth: A Unified Framework," *European Economic Review*, Vol. 45, No. 4-6, pp. 742-755.

Egan, Mary Lou and Ashoka Mody (1992) "Buyer-Seller Links in Export Development," *World Development*, Vol. 20, No. 3, pp. 321-334.

Eicher, Theo S. and Stephen J. Turnovsky (2007) *Inequality and Growth: Theory and Policy Implications*, Cambridge: MIT Press.

Ekholm, Karolina, Rikard Forslid, and James R. Markusen (2007) "Export-Platform Foreign Direct Investment," *Journal of the European Economic Association*, Vol. 5, No. 4, pp. 776-795.

ESCAP/UNCTAD, United Nations (1987) *Technology Transfer under Alternative Arrangements with Transnational Corporations*, Bangkok: United Nations.

Ethier, Wilfred J. and James R. Markusen (1996) "Multinational Firms, Technology Diffusion and Trade," *Journal of International Economics*, Vol. 41, No. 1-2, pp. 1-28.

Feenstra, Robert C. (1996) "Trade and Uneven Growth," *Journal of Development Economics*, Vol. 49, No. 1, pp. 229-256.

Feenstra, Robert C. (2004) *Advanced International Trade: Theory and Evidence*, Princeton: Princeton University Press.

Feenstra, Robert C., Robert E. Lipsey, and Harry P. Bowen (1997) "World Trade Flows, 1970-1992, with Production and Tariff Data," NBER Working Paper, No. 5910.

Fernández, Carmen, Eduardo Ley, and Mark F.J. Steel (2001) "Model Uncertainty in Cross-Country Growth Regressions," *Journal of Applied Economics*, Vol. 16, No. 5, pp. 563-576.

Fiaschi, Davide and Andrea Mario Lavezzi (2003) "Distribution Dynamics and Nonlinear Growth," *Journal of Economic Growth*, Vol. 8, No. 4, pp. 379-401.

Fiaschi, Davide and Andrea Mario Lavezzi (2007) "Nonlinear Economic Growth: Some Theory and Cross-Country Evidence," *Journal of Development Economics*, Vol. 84, No. 1, pp. 271-290.

Findlay, Ronald (1978) "Relative Backwardness, Direct Foreign Investment, and the Transfer of Technology: A Simple Dynamic Model," *Quarterly Journal of Economics*, Vol. 92, No. 1, pp. 1-16.

Fosfuri, Andrea, Massimo Motta, and Thomas Ronde (2001) "Foreign Direct Investment and Spillovers through Workers' Mobility," *Journal of International Economics*, Vol. 53, No. 1, pp. 205-222.

Francois, Joseph F. and Dean Spinanger (2004) "Regulated Efficiency, World Trade Organization Accession, and the Motor Vehicle Sector in China," *World Bank Economic Review*, Vol. 18, No. 1, pp. 85-104.

Frankel, Jeffrey A. and David Romer (1999) "Does Trade Cause Growth?" *American Economic Review*, Vol. 89, No. 3, pp. 379-399.

Gallman, Robert (1972) "The Record of American Economic Growth," in Lance Davis, Richard A. Easterlin, and William N. Parker eds., *American Economic Growth*, New York: Harper & Row.

Galor, Oded and David N. Weil (2000) "Population, Technology, and Growth: From Malthusian Stagnation to the Demographic Transition and Beyond," *American Economic Review*, Vol. 90, No. 4, pp. 806-828.

Girma, Sourafel (2005) "Absorptive Capacity and Productivity Spillovers from FDI: A Threshold Regression Analysis," *Oxford Bulletin of Economics and Statistics*, Vol. 67, No. 3, pp. 281-306.

Girma, Sourafel and Katharine Wakelin (2001) "Regional Underdevelopment: Is FDI the Solution? A Semi-Parametric Analysis," CEPR Discussion Paper, No. 2995.

Glass, Amy J. and Kamal Saggi (1998) "International Technology Transfer and the Technology Gap," *Journal of Development Economics*, Vol. 55, No. 2, pp. 369-398.

Glass, Amy J. and Kamal Saggi (1999) "Foreign Direct Investment and the Nature of R&D," *Canadian Journal of Economics*, Vol. 32, No. 1, pp. 92-117.

Glass, Amy J. and Kamal Saggi (2002) "Licensing versus Direct Investment: Implications for Economic Growth," *Journal of International Economics*, Vol. 56, No. 1, pp. 131-153.

Good, David H., M. Ishaq Nadiri, and Robin C. Sickles (1996) "Index Number and Factor Demand Approaches to the Estimation of Productivity," NBER Working Paper, No. 5790.

Görg, Holger and David Greenaway (2004) "Much Ado about Nothing? Do Domestic Firms Really Benefit from Foreign Investment?" *World Bank Research Observer*, Vol. 19, No. 2, pp. 171-197.

Görg, Holger and Alexander Hijzen (2004) "Multinationals and Productivity Spillovers." GEP Research Paper, No. 04/41, University of Nottingham.

Görg, Holger and Eric Strobl (2001) "Multinational Companies and Productivity Spillovers: A Meta-Analysis," *The Economic Journal*, Vol. 111, No. 475, pp. 723-739.

Görg, Holger and Eric Strobl (2002) "Multinational Companies and Indigenous

Development: An Empirical Analysis," *European Economic Review*, Vol. 46, No. 7, pp. 1305-1322.

Görg, Holger and Eric Strobl (2003) "Multinational Companies, Technology Spillovers and Plant Survival," *Scandinavian Journal of Economics*, Vol. 105, No. 4, pp. 581-595.

Goto, Akira and Ryuhei Wakasugi (1988) "Techonology Policy," in Ryutaro Komiya, Masahiro Okuno, and Kotaro Suzumura eds., *Industrial Policy of Japan*, San Diego: Academic Press.

Granstrand, Ove (1999) "Internationalization of Corporate R&D: a Study of Japanese and Swedish Corporations," *Research Policy*, Vol. 28, No. 2-3, pp. 275-302.

Griffith, Rachel, Rupert Harrison, and John Van Reenen (2006) "How Special is the Special Relationship? Using the Impact of US R&D Spillovers on UK Firms as a Test of Technology Sourcing," *American Economic Review*, Vol. 96, No. 5, pp. 1859-1875.

Griliches, Zvi (1979) "Issues in Assessing the Contribution of Research and Development to Productivity Growth," *Bell Journal of Economics*, Vol. 10, No. 1, pp. 92-116.

Griliches, Zvi (1980) "Returns to Research and Development Expenditures in the Private Sector," in J. W. Kendrick and B. N. Vaccara eds., *New Developments in Productivity Measurement and Analysis*, Chicago: University of Chicago Press.

Grossman, Gene M. and Elhanan Helpman (1991) *Innovation and Growth in the Global Economy*, Cambridge: The MIT Press.

Grossman, Gene M. and Elhanan Helpman (1994) "Endogenous Innovation in the Theory of Growth," *Journal of Economic Perspectives*, Vol. 8, No. 1, pp. 23-44.

Grossman, Gene M., Elhanan Helpman, and Adam Szeidl (2004) "Optimal Integration Strategies for the Multinational Firm," *Journal of International Economics*, Vol. 70, No. 1, pp. 216-238.

Haddad, Mona and Ann Harrison (1993) "Are There Positive Spillovers from Direct Foreign Investment? Evidence from Panel Data for Morocco," *Journal of Development Economics*, Vol. 42, No. 1, pp. 51-74.

Hall, Robert E. and Charles I. Jones (1999) "Why Do Some Countries Produce

So Much More Output per Worker than Others?" *Quarterly Journal of Economics*, Vol. 114, No. 1, pp. 83-116.

Halpern, László and Balázs Muraközy (2005) "Does Distance Matter in Spillover?" CEPR Discussion Paper, No. 4857.

Hansen, L. Peter (1982) "Large Sample Properties of Generalized Method of Moment Estimators," *Econometrica*, Vol. 50, No. 4, pp. 1029-1054.

Hansen, Bruce E. (2000) "Sample Splitting and Threshold Estimation," *Econometrica*, Vol. 68, No. 3, pp. 575-603.

Harrison, Ann (1996) "Openness and Growth: A Time-Series, Cross-Country Analysis for Developing Countries," *Journal of Development Economics*, Vol. 48, No. 2, pp. 419-447.

Harrison, Ann and Gordon Hanson (1999) "Who Gains from Trade Reform? Some Remaining Puzzles," *Journal of Development Economics*, Vol. 59, No. 1, pp. 125-154.

Haskel, Jonathan E., Sonia C. Pereira, and Matthew J. Slaughter (2002) "Does Inward Foreign Direct Investment Boost the Productivity of Domestic Firms?" NBER Working Paper, No. 8724.

Hausman, Jerry and Daniel L. McFadden (1984) "A Specification Test for the Multinomial Logit Model," *Econometrica*, Vol. 52, No. 5, pp. 1219-1240.

Hayashi, Fumio (2000) *Econometrics*, Princeton: Princeton University Press.

Helpman, Elhanan (1984) "A Simple Theory of International Trade with Multinational Corporations," *Journal of Political Economy*, Vol. 92, No. 3, pp. 451-471.

Helpman, Elhanan (2006) "Trade, FDI, and the Organization of Firms," *Journal of Economic Literature*, Vol. 44, No. 3, pp. 589-630.

Helpman, Elhanan, Marc J. Melitz, and Stephen R. Yeaple (2004) "Export Versus FDI with Heterogeneous Firms," *American Economic Review*, Vol. 94, No. 1, pp. 300-316.

Hendry, David F. and Hans-Martin Krolzig (2004) "We Ran One Regression," *Oxford Bulletin of Economics and Statistics*, Vol. 66, No. 5, pp. 799-810.

Heston, Alan, Laurence H. Summers, and Bettina Aten (2002) "Penn World Table Version 6.1," Center for International Comparisons at the University of Pennsylvania (CICUP).

Hirschman, Albert O. (1958) *The Strategy of Economic Development*, New

Haven: Yale University Press.

Hoekman, Bernard M., Keith E. Maskus, and Kamal Saggi (2004) "Transfer of Technology to Developing Countries: Unilateral and Multilateral Policy Options," Policy Research Working Paper, No. 3332, World Bank.

Hoover, Kevin D. and Stephen J. Perez (2004) "Truth and Robustness in Cross-Country Growth Regressions," *Oxford Bulletin of Economics and Statistics*, Vol. 66, No. 5, pp. 765-798.

Howitt, Peter (1999) "Steady Endogenous Growth with Population and R&D Inputs Growing," *Journal of Political Economy*, Vol. 107, No. 4, pp. 715-730.

Howitt, Peter (2000) "Endogenous Growth and Cross-Country Income Differences," *American Economic Review*, Vol. 90, No. 4, pp. 829-846.

Hsieh, Chang-Tai (2002) "What Explains the Industrial Revolution in East Asia? Evidence from the Factor Markets," *American Economic Review*, Vol. 92, No. 3, pp. 502-526.

Im, Kyung So, M. Hashem Pesaran, and Youngcheol Shin (2003) "Testing for Unit Roots in Heterogeneous Panels," *Journal of Econometrics*, Vol. 115, No. 1, pp. 53-74.

Irwin, Douglas A. and Marko Tervio (2002) "Does Trade Raise Income? Evidence From the Twentieth Century," *Journal of International Economics*, Vol. 58, No. 1, pp. 1-18.

Isgut, Alberto E. (2001) "What's Different about Exporters? Evidence from Colombian Manufacturing," *Journal of Development Studies*, Vol. 37, No. 5, pp. 57-82.

Islam, Nazrul (1995) "Growth Empirics: A Panel Data Approach," *Quarterly Journal of Economics*, Vol. 110, No. 4, pp. 1127-1170.

Islam, Nazrul (2003) "Productivity Dynamics in a Large Sample of Countries: A Panel Study," *Review of Income and Wealth*, Vol. 49, No. 2, pp. 247-272.

Iwasa, Tomoko and Hiroyuki Odagiri (2004) "Overseas R&D, Knowledge Sourcing, and Patenting: An Empirical Study of Japanese R&D Investment in the US," *Research Policy*, Vol. 33, No. 5, pp. 807-828.

Jaffe, Adam B. and Manuel Trajtenberg (1998) "Flows of Knowledge from Universities and Federal Labs: Modeling the Flow of Patent Citations Over Time and Across Institutional and Geographic Boundaries," NBER Working Paper, No. 6507.

Jaffe, Adam B. and Manuel Trajtenberg (1999) "International Knowledge Flows: Evidence from Patent Citations," *Economics of Innovation and New Technology*, Vol. 8, No. 1-2, pp. 105-136.

Jaffe, Adam B., Manuel Trajtenberg, and Rebecca Henderson (1993) "Geographic Localization of Knowledge Spillovers as Evidenced by Patent Citations," *Quarterly Journal of Economics*, Vol. 108, No. 3, pp. 577-598.

Jaffe, Adam B., Manuel Trajtenberg, and Michael S. Fogarty (2000) "The Meaning of Patent Citations: Report on the NBER/Case-Western Reserve Survey of Patentees," NBER Working Paper, No. 7631.

Javorcik, Beata Smarzynska (2004) "Does Foreign Direct Investment Increase the Productivity of Domestic Firms? In Search of Spillovers Through Backward Linkages," *American Economic Review*, Vol. 94, No. 3, pp. 605-627.

Javorcik, Beata Smarzynska and Mariana Spatareanu (2008) "To Share or Not to Share: Does Local Participation Matter for Spillovers from Foreign Direct Investment?" *Journal of Development Economics*, Vol. 85, No. 1, pp. 194-217.

Jones, Charles I. (1995) "R&D-Based Models of Economic Growth," *Journal of Political Economy*, Vol. 103, No. 4, pp. 759-784.

Jones, Charles I. (1998) "Growth: With or Without Scale Effect," *American Economic Review*, Vol. 89, No. 2, pp. 139-144.

Jones, Charles I. (2001a) *Introduction to Economic Growth*, New York: W. W. Norton, 2nd edition.（第 1 版の邦訳：香西泰監訳，『経済成長理論入門―新古典派から内生的成長理論へ』，日本経済新聞社，1999 年.）

Jones, Charles I. (2001b) "Was an Industrial Revolution Inevitable? Economic Growth Over the Very Long Run," *Advances in Macroeconomics*, Vol. 1, No. 2.

Kang, Sung-Jin (2002) "Relative Backwardness and Policy Determinants of Technological Catching Up," *Journal of Evolutionary Economics*, Vol. 12, No. 4, pp. 425-441.

Kaufmann, Daniel, Aart Kraay, and Mastruzzi (2002) "Governance Matters II: Updated Indicators for 2000/01," World Bank Policy Research Working Paper, No. 2772.

Keller, Wolfgang (1998) "Are International R&D Spillovers Trade-Related? Analyzing Spillovers among Randomly Matched Trade Partners," *European*

*Economic Review*, Vol. 42, No. 8, pp. 1469-1481.

Keller, Wolfgang (2000) "Do Trade Patterns and Technology Flows Affect Productivity Growth?" *World Bank Economic Review*, Vol. 14, No. 1, pp. 17-47.

Keller, Wolfgang (2002) "Geographic Localization of International Technology Diffusion," *American Economic Review*, Vol. 92, No. 1, pp. 120-142.

Keller, Wolfgang (2004) "International Technology Diffusion," *Journal of Economic Literature*, Vol. 42, No. 3, pp. 752-782.

Keller, Wolfgang and Stephen Yeaple (2003) "Multinational Enterprises, International Trade, and Productivity Growth: Firm-Level Evidence from the United States," NBER Working Paper, No. 9504.

Kim, Hyung-Ki and Jun Ma (1997) "The Role of Government in Acquiring Technological Capability: The Case of the Petrochemical Industry in East Asia," in Masahiko Aoki, Hyung-Ki Kim, and Masahiro Okuno-Fujiwara eds., *The Role of Government in East Asian Economic Development*, Oxford: Oxford University Press.

Kinoshita, Yuko (2001) "R&D and Technology Spillovers via FDI: Innovation and Absorptive Capacity," CEPR Discussion Paper, No. 2775.

Klenow, Peter J. and Andres Rodriguez-Clare (1997) "The Neoclassical Revival in Growth Economics: Has It Gone Too Far?" in *NBER Macroeconomics Annual*, Cambridge: The MIT Press, pp. 73-103.

Knack, Stephen and Philip Keefer (1995) "Institutions and Economic Performance: Cross-Country Tests Using Alternative Institutional Measures," *Economics and Politics*, Vol. 7, No. 2, pp. 207-227.

Kokko, Ari (1994) "Technology, Market Characteristics, and Spillovers," *Journal of Development Economics*, Vol. 43, No. 2, pp. 279-293.

Koopmans, Tjalling C. (1965) "On the Concept of Optimal Economic Growth," in *The Econometric Approach to Development Planning*, Amsterdam: North Holland.

Kortum, Samuel S. (1997) "Research, Patenting, and Technological Change," *Econometrica*, Vol. 65, No. 6, pp. 1389-1419.

Kremer, Michael (1993) "Population Growth and Technological Change: One Million B.C. to 1990," *Quarterly Journal of Economics*, Vol. 108, pp. 681-716.

Krugman, Paul (1981) "Trade, Accumulation and Uneven Development," *Journal of Development Economics*, Vol. 8, No. 2, pp. 149-161.

Krugman, Paul (1991) "History versus Expectations," *Quarterly Journal of Economics*, Vol. 106, No. 2, pp. 651-667.

Krugman, Paul and Anthony J. Venables (1995) "Globalization and the Inequality of Nations," *Quarterly Journal of Economics*, Vol. 110, No. 4, pp. 857-880.

Kuemmerle, Walter (1999) "Foreign Direct Investment in Industrial Research in The Pharmaceutical and Electronics-Results From a Survey of Multinational Firms," *Research Policy*, Vol. 28, No. 2-3, pp. 179-193.

Kugler, Maurice (2006) "Spillovers from Foreign Direct Investment: Within or Between Industries?" *Journal of Development Economics*, Vol. 80, No. 2, pp. 444-477.

Kumar, Nagesh (2001) "Determinants of Location of Overseas R&D Activity of Multinational Enterprises: The Case of US and Japanese Corporations," *Research Policy*, Vol. 30, No. 1, pp. 159-174.

Lall, Sanjaya (2000) "Technological Change and Industrialization in the Asian Newly Industrializing Economies: Achievements and Challenges," in Linsu Kim and Richard R. Nelson eds., *Technology, Learning, & Innovation: Experiences of Newly Industrializing Economies*, Cambridge: Cambridge University Press.

Lawrence, Robert and David Weinstein (2001) "Trade and Growth: Import-Led or Export-Led?" in Joseph E. Stiglitz and Shahid Yusuf eds., *Rethinking the East Asian Miracle*, New York: Oxford University Press.

Leamer, Edward E. (1983) "Let's Take the Con Out of Econometrics," *American Economic Review*, Vol. 73, No. 1, pp. 31-43.

Leamer, Edward E. (1985) "Sensitivity Analyses Would Help," *American Economic Review*, Vol. 75, No. 3, pp. 308-313.

Leamer, Edward E. (1988) "Measures of Openness," in Richard E. Baldwin ed., *Trade Policy Issues and Empirical Analysis*, Chicago: University of Chicago Press, pp. 147-200.

Lee, Jong-Wha (1995) "Capital Goods Imports and Long-Run Growth," *Journal of Development Economics*, Vol. 48, No. 1, pp. 91-110.

Lee, Yan Lee, Luca Antonio Ricci, and Roberto Rigobon (2004) "Once Again,

Is Openness Good for Growth?" *Journal of Development Economics*, Vol. 75, No. 2, pp. 451-472.

Levine, Ross and David Renelt (1992) "A Sensitivity Analysis of Cross-Country Growth Regressions," *American Economic Review*, Vol. 82, No. 4, pp. 942-963.

Levinsohn, James and Amil Petrin (2003) "Estimating Production Functions Using Inputs to Control for Unobservables," *Review of Economic Studies*, Vol. 70, No. 2, pp. 317-341.

Li, Xiaoying and Xiaming Liu (2005) "Foreign Direct Investment and Economic Growth: An Increasingly Endogenous Relationship," *World Development*, Vol. 33, No. 3, pp. 393-407.

Li, Hongbin, Weiying Zhang, and Li-An Zhou (2005) "Ownership, Efficiency, and Firm Survival in Economic Transition: Evidence from a Chinese Science Park," Discussion Paper, Department of Economics, the Chinese University of Hong Kong.

Lichtenberg, Frank R. (1993) "R&D Investment and International Productivity Differences," in Herbert Giersch ed., *Economic Growth in the World Economy*, Tuebingen: J.C.B. Mohr.

Lin, Ping and Kamal Saggi (2005) "Multinational Firms, Exclusivity, and the Degree of Backward Linkages," Kiel Working Paper, No.1250, Kiel Institute for World Economics.

Liu, Zhiqiang (2008) "Foreign Direct Investment and Technology Spillovers: Theory and Evidence," *Journal of Development Economics*, Vol. 85, No. 1, pp. 176-193.

Long, Guoqiang (2005) "China's Policies on FDI: Review," in Theodore H. Moran, Edward M. Graham, and Magnus Blomström eds., *Does Foreign Direct Investment Promote Development?*, Washington D.C.: Center for Global Development.

Lucas, Jr., Robert E. (1988) "On the Mechanics of Economic Development," *Journal of Monetary Economics*, Vol. 22, No. 1, pp. 3-42.

Lumenga-Neso, Olivier, Marcelo Olarreaga, and Maurice Schiff (2005) "On 'Indirect' Trade-Related R&D Spillovers," *European Economic Review*, Vol. 49, No. 7, pp. 1785-1798.

Maddison, Angus (1982) *Phases of Capitalist Development*, Oxford: Oxford

University Press.

Maddison, Angus (1995) *Monitoring the World Economy 1820-1992*, Paris: OECD.

Maddison, Angus (2001) *The World Economy: A Millennial Perspective*, Paris: OECD.

Mairesse, Jacques and Mohamed Sassenou (1991) "R&D Productivity: A Survey of Econometric Studies at the Firm Level," *Science-Technology-Industry Review*, Vol. 8, No. 1, pp. 9-43.

Mankiw, Gregory N., David Romer, and David N. Weil (1992) "A Contribution to the Empirics of Economic Growth," *Quarterly Journal of Economics*, Vol. 107, No. 2, pp. 407-437.

Markusen, James R. (1984) "Multinationals, Multi-plant Economies, and the Gains from Trade," *Journal of International Economics*, Vol. 16, No. 3-4, pp. 205-226.

Markusen, James R. (2002) *Multinational Firms and the Theory of International Trade*, Boston: The MIT Press.

Markusen, James R. and Keith E. Maskus (2001) "General-Equilibrium Approaches to the Multinational Firm: A Review of Theory and Evidence." NBER Working Paper, No. 8344.

Markusen, James R. and Anthony J. Venables (1998) "Multinational Firms and the New Trade Theory," *Journal of International Economics*, Vol. 46, No. 2, pp. 183-203.

Markusen, James R. and Anthony J. Venables (1999) "Foreign Direct Investment as a Catalyst for Industrial Development," *European Economic Review*, Vol. 43, No. 2, pp. 335-356.

Markusen, James R. and Anthony J. Venables (2000) "The Theory of Endowment, Intra-industry and Multi-national Trade," *Journal of International Economics*, Vol. 52, No. 2, pp. 209-234.

Matsuyama, Kiminori (1991) "Increasing Returns, Industrialization, and Indeterminacy of Equilibrium," *Quarterly Journal of Economics*, Vol. 106, No. 2, pp. 617-650.

Matsuyama, Kiminori (1992) "Agricultural Productivity, Comparative Advantage, and Economic Growth," *Journal of Economic Theory*, Vol. 58, No. 2, pp. 317-334.

Mattoo, Aaditya, Marcelo Olarreaga, and Kamal Saggi (2004) "Mode of Foreign Entry, Technology Transfer, and FDI policy," *Journal of Development Economics*, Vol. 75, No. 1, pp. 95-111.

Melitz, Marc J. (2003) "The Impact of Trade on Intra-industry Reallocations and Aggregate Industry Productivity," *Econometrica*, Vol. 71, No. 6, pp. 1695-1725.

Murphy, Kevin M., Andrei Shleifer, and Robert W. Vishny (1989) "Industrialization and the Big Push," *Journal of Political Economy*, Vol. 97, No. 5, pp. 1005-1026.

National Bureau of Statistics of China (2005) "Yearly Data." Available at http://www.stats.gov.cn/.

Nelson, Richard R. and Edmund S. Phelps (1966) "Investments in Humans, Technological Diffusion, and Economic Growth," *American Economic Review*, Vol. 56, No. 1-2, pp. 69-75.

Nishiyama, Akira (2007) "When Does Growth Save the Poor? Reexamining the Wealthier-Healthier Paradigm," unpublished, Keio University.

Nocke, Volker and Stephen R. Yeaple (2004) "An Assignment Theory of Foreign Direct Investment," NBER Working Paper, No. 11003.

Noguer, Marta and Marc Siscart (2005) "Trade Raises Income: A Precise and Robust Result," *Journal of International Economics*, Vol. 65, No. 2, pp. 447-460.

Odagiri, Hiroyuki and Hideo Yasuda (1996) "The Determinants of Overseas R&D by Japanese Firms: An Empirical Study at the Industry and Company Levels," *Research Policy*, Vol. 25, No. 7, pp. 1059-1079.

OECD (2003) *OECD Science, Technology and Industry Scoreboard*, Paris: OECD.

Olley, Steven G. and Ariel Pakes (1996) "The Dynamics of Productivity in the Telecommunications Equipment Industry," *Econometrica*, Vol. 64, No. 6, pp. 1263-1297.

O'Rourke, Kevin H. (2000) "Tariffs and Growth in the Late 19th Century," *The Economic Journal*, Vol. 110, No. 463, pp. 456-483.

Otsuka, Keijiro and Kaliappa P. Kalirajan (2006) "Rice Green Revolution in Asia and Its Transferability to Africa: An Introduction," *Developing Economies*, Vol. 44, No. 2, pp. 107-122.

Parente, Stephen L. and Edward C. Prescott (2000) *Barriers to Riches*, Cambridge: the MIT Press.

Pavcnik, Nina (1998) "Trade Liberalization, Exit, and Productivity Improvements: Evidence from Chilean Plants," *Review of Economic Studies*, Vol. 69, No. 1, pp. 245-276.

Pearce, Robert D. (1999) "Decentralised R&D and Strategic Competitiveness: Globalised Approaches to Generation and Use of Technology in Multinational Enterprises (MNEs)," *Research Policy*, Vol. 28, No. 2-3, pp. 157-178.

Peretto, Pietro F. (1998) "Technological Change and Population Growth," *Journal of Economic Growth*, Vol. 3, No. 4, pp. 283-311.

Prados de la Escosura, Leandro (2000) "International Comparisons of Real Product, 1820-1990: An Alternative Data Set," *Explorations in Economic History*, Vol. 37, No. 1, pp. 1-41.

Pritchett, Lant (1996) "Measuring Outward Orientation in LDCs: Can it be Done?" *Journal of Development Economics*, Vol. 49, No. 2, pp. 307-335.

Pritchett, Lant (1997) "Divergence, Big Time," *Journal of Economic Perspectives*, Vol. 11, No. 3, pp. 3-17.

Pritchett, Lant and Laurence H. Summers (1996) "Wealthier is healthier," *Journal of Human Resources*, Vol. 31, No. 4, pp. 841-868.

Psacharopoulos, George (1994) "Returns to Investment in Education: A Global Update," *World Development*, Vol. 22, No. 9, pp. 1325-43.

Quah, Danny (1993) "Empirical Cross-Section Dynamics in Economic Growth," *European Economic Review*, Vol. 37, No. 2-3, pp. 426-434.

Quah, Danny (1996) "Twin Peaks: Growth and Convergence in Models of Distribution Dynamics," *Economic Journal*, Vol. 106, No. 437, pp. 1045-1055.

Quandt, Richard E. (1972) "A New Approach to Estimating Switching Regressions," *Journal of the American Statistical Association*, Vol. 67, No. 338, pp. 306-310.

Rajan, Raghuram G. and Arvind Subramanian (2005) "Aid and Growth: What Does the Cross-Country Evidence Really Show?" NBER Working Paper, No. 11513.

Ramsey, Frank (1928) "A Mathematical Theory of Saving," *Economic Journal*, Vol. 38, No. 152, pp. 543-559.

Rigobon, Roberto (2003) "Identification through Heteroskedasticity," *Review of Economics and Statistics*, Vol. 85, No. 4, pp. 777-792.

Rivera-Batiz, Luis A. and Paul M. Romer (1991) "Economic Integration and Endogenous Growth," *Quarterly Journal of Economics*, Vol. 106, No. 2, pp. 531-555.

Rodriguez, Francisco and Dani Rodrik (2000) "Trade Policy and Economic Growth: A Skeptic's Guide to the Cross-National Evidence," in Ben Bernanke and Kenneth S. Rogoff eds., *NBER Macroeconomic Annual 2000*, Cambridge: The MIT Press.

Rodriguez-Clare, Andres (1996) "Multinationals, Linkages, and Economic Development," *American Economic Review*, Vol. 86, No. 4, pp. 852-873.

Rodriguez-Clare, Andres and Laura Alfaro (2004) "Multinationals and Linkages: An Empirical Investigation," Meeting Papers from Society for Economic Papers, No. 145.

Rodrik, Dani, Arvind Subramanian, and Fransesco Trebbi (2002) "Institutions Rule: The Primacy of Institutions Over Geography and Integration in Economic Development," *Journal of Economic Growth*, Vol. 9, No. 2, pp. 131-165.

Romer, Paul M. (1986) "Increasing Returns and Long-Run Growth," *Journal of Political Economy*, Vol. 94, No. 5, pp. 1002-1037.

Romer, Paul M. (1990) "Endogenous Technological Change," *Journal of Political Economy*, Vol. 98, No. 5, pp. S71-102.

Romer, Paul M. (1993) "Idea Gaps and Object Gaps in Economic Development," *Journal of Monetary Economics*, Vol. 32, No. 3, pp. 543-573.

Roodman, David (2003) "XTABOND2: Stata Module to Extend xtabond Dynamic Panel Data Estimator," Statistical Software Components, No. S435901, Department of Economics, Boston College.

Roodman, David (2007a) "The Anarchy of Numbers: Aid, Development, and Cross-Country Empirics," *World Bank Economic Review*, Vol. 21, No. 2, pp. 255-277.

Roodman, David (2007b) "How to Do xtabond2: An Introduction to "Difference" and "System" GMM in Stata," Working Paper, No. 103, Center for Global Development.

Sachs, Jeffrey D. and Andrew Warner (1995) "Economic Reform and the Process of Global Integration," *Brookings Papers on Economic Activity*, Vol. 1995, No. 1, pp. 1-118.

Sachs, Jeffrey D. and Andrew M. Warner (2000) "Natural Resource Abundance and Economic Growth," in Gerald M. Meier and James E. Rauch eds. *Leading Issues in Economic Development*, New York and Oxford: Oxford University Press, 7th edition.

Saggi, Kamal (1999) "Foreign Direct Investment, Licensing, and Incentives for Innovation," *Review of International Economics*, Vol. 7, No. 4, pp. 699-714.

Saggi, Kamal (2002) "Trade, Foreign Direct Investment, and International Technology Transfer: A Survey," *World Bank Research Observer*, Vol. 17, No. 2, pp. 191-235.

Sala-i-Martin, Xavier (1997) "I Just Ran Two Million Regressions," *American Economic Review Papers and Proceedings*, Vol. 87, No. 2, pp. 178-183.

Sala-i-Martin, Xavier (2002) "The Distributing "Rise" of Global Income Inequality." NBER Working Paper, No. 8904.

Sala-i-Martin, Xavier, Gernot Doppelhofer, and Ronald I. Miller (2004) "Determinants of Long-Term Growth: A Bayesian Averaging of Classical Estimates (BACE) Approach," *American Economic Review*, Vol. 94, No. 4, pp. 813-835.

Sargan, J. D. (1958) "The Estimation of Economic Relationships using Instrumental Variables," *Econometrica*, Vol. 26, No. 3, pp. 393-415.

Sawada, Yasuyuki, Ayako Matsuda, and Hidemi Kimura (2007) "On the Role of Technical Cooperation in International Technology Transfers," RIETI Discussion Paper, No. 07-E-045, Research Institute of Economy, Trade and Industry.

Segerstrom, Paul S. (1998) "Endogenous Growth without Scale Effects," *American Economic Review*, Vol. 88, No. 5, pp. 1290-1310.

Shimizutani, Satoshi and Yasuyuki Todo (2007) "What Determines Overseas R&D Activities? The Case of Japanese Multinational Firms," RIETI Discussion Paper, No. 07-E-010, Research Institute of Economy, Trade and Industry.

Shimizutani, Satoshi and Yasuyuki Todo (2008) "What Determines Overseas R&D Activities? The Case of Japanese Multinational Firms," *Research*

*Policy*, Vol. 37, No. 3, pp. 530-544.

Sjöholm, Fredrik (1999) "Productivity Growth in Indonesia: The Role of Regional Characteristics and Direct Foreign Investment," *Economic Development and Cultural Change*, Vol. 47, No. 3, pp. 559-584.

Solow, Robert M. (1956) "A Contribution to the Theory of Economic Growth," *Quarterly Journal of Economics*, Vol. 70, No. 1, pp. 65-94.

Solow, Robert M. (1957) "Technical Change and the Aggregate Production Function," *Review of Economics and Statistics*, Vol. 39, No. 3, pp. 312-320.

Srinivasan, T.N. and Jagdish Bhagwati (2001) "Outward-Orientation and Development: Are Revisionists Right?" in Lal Deepak and Richard Snape eds., *Trade Development and Political Economy: Essays in Honor of Anne Krueger*, London: Pelgrave.

Stanley, T. D. and Stephen B. Jarrell (1989) "Meta-Regression Analysis: A Quantitative Method of Literature Surveys," *Journal of Development Economics*, Vol. 3, No. 2, pp. 161-170.

Summers, Robert and Alan Heston (1991) "The Penn World Table (Mark 5): An Expanded Set of International Comparisons: 1950-88," *Quarterly Journal of Economics*, Vol. 106, No. 2, pp. 327-368.

Swan, Trevor W. (1956) "Economic Growth and Capital Accumulation," *Economic Record*, Vol. 32, pp. 334-361.

Takii, Sadayuki (2005) "Productivity Spillovers and Characteristics of Foreign Multinational Plants in Indonesian Manufacturing 1990-1995," *Journal of Development Economics*, Vol. 76, No. 2, pp. 521-542.

Temple, Jonathan (2003) "The Long-Run Implications of Growth Theories," *Journal of Economic Surveys*, Vol. 17, No. 3, pp. 497-510.

Todo, Yasuyuki (2005) "Technology Adoption in Follower Countries: With or Without Local R&D Activities?" *Topics in Macroeconomics*, Vol. 5, No. 1.

Todo, Yasuyuki (2006) "Knowledge Spillovers from Foreign Direct Investment in R&D: Evidence from Japanese Firm-Level Data," *Journal of Asian Economics*, Vol. 17, No. 6, pp. 996-1013.

Todo, Yasuyuki and Koji Miyamoto (2002a) "Knowledge Diffusion from Multinational Enterprises: The Role of Domestic and Foreign Knowledge-Enhancing Activities," Technical Paper, No. 196, OECD Development Centre.

Todo, Yasuyuki and Koji Miyamoto (2002b) "The Revival of Scale Effects," *Topics in Macroeconomics*, Vol. 2, No. 1.

Todo, Yasuyuki and Koji Miyamoto (2006) "Knowledge Spillovers from Foreign Direct Investment and the Role of R&D Activities: Evidence from Indonesia," *Economic Development and Cultural Change*, Vol. 55, No. 1, pp. 173-200.

Todo, Yasuyuki and Satoshi Shimizutani (2008a) "Overseas R&D Activities and Home Productivity Growth: Evidence from Japanese Firm-Level Data," *Journal of Industrial Economics*, forthcoming.

Todo, Yasuyuki and Satoshi Shimizutani (2008b), "R&D Intensity for Innovative and Adaptive Purposes in Overseas Subsidiaries: Evidence from Japanese Multinational Enterprises," *Research in International Business and Finance*, forthcoming.

Todo, Yasuyuki, Weiying Zhang, and Li-An Zhou (2006) "Intra-Industry Knowledge Spillovers from Foreign Direct Investment in R&D: Evidence from a Chinese Science Park." SSRN Working Paper, No. 938079.

Townsend, Robert M. and Kenichi Ueda (2006) "Financial Deepening, Inequality, and Growth: A Model-Based Quantitative Evaluation," *Review of Economic Studies*, Vol. 73, No. 1, pp. 251-293.

UNCTAD (2001) *World Investment Report*, New York: United Nations.

UNCTAD (2005) *World Investment Report*, New York: United Nations.

UNESCO (1999) *Statistical Yearbook*, Paris: United Nations.

Urata, Shujiro and Hiroki Kawai (2000) "Intrafirm Technology Transfer by Japanese Manufacturing Firms in Asia," in Takatoshi Ito and Anne O. Krueger eds., *The Role of Foreign Direct Investment in East Asian Economic Development*, Chicago: The University of Chicago Press.

Urata, Shujiro, Toshiyuki Matsuura, and Yuhong We (2006) "International Intrafirm Transfer of Management Technology by Japanese Multinational Corporations," RIETI Discussion Paper, No. 06-E-006, Research Institute of Economy, Trade and Industry.

Vamvakidis, Athanasios (2002) "How Robust is the Growth-Openness Connection? Historical Evidence," *Journal of Economic Growth*, Vol. 7, No. 1, pp. 57-80.

Van Biesebroeck, Johannes (2005) "Exporting Raises Productivity in Sub-Saharan African Manufacturing Firms," *Journal of International Economics*, Vol. 67, No. 2, pp. 373–391.

Van Biesebroeck, Johannes (2007) "Robustness of Productivity Estimates," *Journal of Industrial Economics*. forthcoming.

van Pottelsberghe de la Potterie, Bruno and Frank Lichtenberg (2001) "Does Foreign Direct Investment Transfer Technology across Borders?" *Review of Economics and Statistics*, Vol. 83, No. 3, pp. 490–497.

Wacziarg, Romain and Karen Horn Welch (2004) "Trade Liberalization and Growth: New Evidence," *Journal of International Economics*, Vol. 64, No. 2, pp. 411–439.

Walz, Uwe (1997) "Innovation, Foreign Direct Investment and Growth," *Economica*, Vol. 64, No. 253, pp. 63–79.

Wang, Jian-Ye (1990) "Growth, Technology Transfer, and the Long-Run Theory of International Capital Movements," *Journal of International Economics*, Vol. 29, No. 3–4, pp. 255–271.

Wang, Jian-Ye and Magnus Blomström (1992) "Foreign Investment and Technology Transfer: A Simple Model," *European Economic Review*, Vol. 36, No. 1, pp. 137–155.

White, Halbert (1980) "A Heteroskedasticity-Consistent Covariance Matrix Estimator and a Direct Test for Heteroskedasticity," *Econometrica*, Vol. 48, No. 4, pp. 817–838.

Windmeijer, Frank (2005) "A Finite Sample Correction for the Variance of Linear Two-Step GMM Estimators," *Journal of Econometrics*, Vol. 126, No. 1, pp. 25–51.

Wong, Wei-Kang (2004) "How Good are Trade and Telephone Call Traffic in Bridging Income Gaps and TFP Gaps?" *Journal of International Economics*, Vol. 64, No. 2, pp. 441–463.

Wooldridge, Jeffrey M. (2002) *Econometric Analysis of Cross Section and Panel Data*, Cambridge: The MIT Press.

World Bank (2003) *World Development Indicators*, Washington, D.C.: World Bank.

Xu, Bin (2000) "Multinational Enterprises, Technology Diffusion, and Host Country Productivity Growth," *Journal of Development Economics*, Vol.

62, No. 2, pp. 477-493.
Yeaple, Stephen R. (2003) "The Complex Integration Strategies of Multinationals and Cross Country Dependencies in the Structure of Foreign Direct Investment," *Journal of International Economics*, Vol. 60, No. 2, pp. 293-314.
Young, Alwyn (1991) "Learning by Doing and the Dynamic Effects of International Trade," *Quarterly Journal of Economics*, Vol. 106, No. 2, pp. 369-405.
Young, Alwyn (1995) "The Tyranny of Numbers: Confronting the Statistical Realities of the East Asian Growth Experiences," *Quarterly Journal of Economics*, Vol. 110, No. 3, pp. 641-712.
Young, Alwyn (1998) "Growth without Scale Effects," *Journal of Political Economy*, Vol. 106, No. 1, pp. 41-63.
安積敏政 (2005)『21c アジア経営戦略ガイド―アジア地域統括会社の事例研究と21世紀の経営・事業の戦略提言・指針―』, 企業研究会.
北真収 (2002)「中国への研究開発 (R&D) 投資とそのマネジメント―インタンジブルの蓄積と保護の視点から―」,『開発金融研究所報』, 第9巻.
黒崎卓 (2001)『開発のミクロ経済学』, 岩波書店.
産業研究所 (2003)『中国における自動車産業および関連産業の実態に関する調査研究』, 産業研究所.
清水谷諭 (2005)『期待と不確実性の経済学』, 日本経済新聞社.
立花隆 (2001)『立花隆・サイエンスレポート なになにそれは？ 緊急取材・立花隆, 「旧石器ねつ造」事件を追う』, 朝日新聞社.
戸堂康之 (2006a)「外国直接投資は経済成長を促進するか？ 実証分析の現状と展望」,『青山国際政経論集』, 第70巻.
戸堂康之 (2006b)「国際貿易は経済成長を促進するか？ 実証分析の現状と展望」,『青山国際政経論集』, 第69巻.
中岡哲郎 (2006)『日本近代技術の形成―＜伝統＞と＜近代＞のダイナミクス』, 朝日新聞社.
西澤逸実・古田善也 (2001)「アジア主要国・地域における IT 経済戦略―IT 関連企業の集積するサイエンスパークを中心に―」, 駐在員事務所報告, 日本政策投資銀行シンガポール駐在員事務所. http://www.dbj.go.jp/singapore/report.html.
廖静南・呉保寧 (2004)「自動車部品の産業政策」, 丸川知雄・高山勇一 (編)『グ

ローバル競争時代の中国自動車産業』,蒼蒼社.
本木正次 (2002)『豊田喜一郎　夜明けへの挑戦』,学陽書房.
矢野経済研究所 (2003)『中国への研究・開発 (R&D) 拠点進出　その戦略と戦術』,矢野経済研究所.

# 索　引

**アルファベット**

Acemoglu, D.　17,65
Aitken, B. J.　104
ASEAN 自由貿易地域　192
Baldwin, R. E.　52
Barro, R. J.　15, 25
Benhabib, J.　181
BMP　61
Borensztein, E.　99
Buettner, T.　220
Clerides, S. K.　75
Coe, D. T.　70
EBA　61
Ethier, W. J.　88
FIML　76, 79
GMM
　差分——　223, 226
　システム　223, 229
　2 ステップ——　228
　1 ステップ——　228
　Hansen $J$ 統計量　230
Harrison, A. E.　104
Helpman, E.　70, 85
Javorcik, B. S.　112
Jones, C. I.　39
Kremer, M.　40
Maddison, A.　68
Mankiw, G. N.　14
Markusen, J. R.　85, 88
Olley, S. G.　213, 216
Pakes, A.　213, 216
Penn World Table　9, 55
Rodrik, D.　64
Romer, P. M.　12

Sachs and Warner (1995) の指標（SW ダミー）　62
Sala-i-Martin, X.　25
Sargan 統計量　230
Solow, R. M.　12, 214
Spiegel, M. M.　181
Stata　219, 232
stochastic frontiers　213
TFP　155
　——推計　155
Van Biesebroeck, J.　77
Young, A.　48

**ア　行**

アウトソーシング　84, 138
悪循環　169
新しい貿易理論　85
アメリカ　76, 105, 107
鞍点的に安定　34
イギリス　105, 106, 109, 111
位相図　34
1 階差分式　226
一致推計量　225
緯度　65
入れ子型ロジット　205
インドネシア　74, 79, 104, 109, 113, 121, 196
オイラー方程式　32

**カ　行**

『海外事業活動基本調査』　194
外国直接投資　19, 83
外資企業　21
外資企業のシェア　117, 125

開発・設計　190
外部性　85, 169, 212
　技術的——　53, 90
　金銭的——　53, 90
　動学的——　185
過剰識別　227
華人企業　146
寡占競争　94
カリブレーション分析　43
川下産業　113
頑健性　16, 61
韓国　77, 189, 196
関税輸入比率　63
関税率　74
『企業活動基本調査』　194
技術　3
技術移転　4
　ライセンスによる——　95
技術移転コスト　94
技術格差　11
技術革新　29
技術吸収力　93, 102
技術後進国　159
技術指導　19, 138
技術進歩　3
技術伝播　4, 18
　——の経路　18, 211
技術伝播仮説
　指数的——　182
　ロジスティック的——　182
技術導入　4, 30, 162
　研究開発による——　157, 161
　直接投資による——　157, 161
技術の近接性　106
技術ライセンス　19
基礎研究　190
技能労働力　85
規模効果　27, 32, 38
　成長に対する——　39
　レベルに対する——　39
　——に関する論争　43

——の時系列推計　40
規模の経済　75, 79
逆因果関係　60
キャッチアップ　36, 183
競争の激化　74
共同研究　138
金融市場の成熟度　99
クールノー競争　89
経験による学習　12, 47, 48
経済成長論　3, 12
研究開発
　革新的——　193
　適応的——　193
　——に対する優遇政策　193
　——に対する優遇措置　191
　——のコスト　52
　——の収益率　131
　——の初期コスト　47
研究開発活動　12, 189
　海外での——　193
研究開発拠点　136, 189
　日系企業の——　190
研究開発集約度　125
研究開発ストック　70, 143
厳密に外生的　225
好循環　167
購買力平価　9
後発性の利益　13, 31, 38, 107, 182
幸福度　5
後方連関　96
効率性　226
国際貿易　45
固定効果　224
コロンビア　76

## サ　行

最尤法　175
鎖国　81
サハラ以南アフリカ　77, 211
産業連関表　113
残差　155

自己選択　75
自己相関　233
市場規模　207
市場侵食効果　105, 139
実質為替レート　60
シミュレーション　229
収穫逓増　46, 79
自由貿易地域　207
条件付収束　14, 35
小サンプル　229
少子化　44
所得格差　5, 11, 16, 53
所有権保護　65
シンガポール　154, 189, 196
新古典派成長論　12
人的資源開発　110
人的資源投資　84
人的資本　99
人的資本レベル　171, 183
信用制約　79, 212
スウィッチング回帰モデル　172, 180
スピルオーバー　90, 121
　華人企業からの――　150
　技術吸収力と――　107
　後方連関による――　112
　地場企業からの――　151
　直接投資からの――　103
　直接投資による――　90
　地理的距離と――　111
スピンオフ　89, 138
スペイン　77
スペルマン順位相関　63
成長回帰　15, 36, 55, 116
成長と貿易の同時決定性　60
政府開発援助　211
制度　17, 65, 99
製品の近接性　106
政府の失敗　212
世代重複モデル　159
絶対収束　14
セミパラメトリック推計　213, 218

漸近的に効率的　228
先決　225
全要素生産性（TFP）　10, 213
操作変数　226
　多すぎる――　231

## タ 行

タイ　154, 191, 196
第2次世界大戦前　68
台湾　77, 104, 196
多角的TFP指数　213
多項ロジット　200
多国籍企業　85
　複雑に統合された――　86
多重共線性　133
多様な企業　75
単純労働力　85
チェコ　104
知識　3
知識資本　84
地場企業　21
中間財　25, 86, 96
中関村科学技術園　136, 190
中国　113, 136, 154, 189, 196
中国のシリコンバレー　190
中心と周辺　53
丁度識別　227
直接投資　83
　垂直的――　83
　水平的――　84
　――の優遇　95
　――の優遇税制　83
チリ　74, 113
地理的変数　65
定常状態　27, 34, 165
　複数の――　164
転職　125
動学的均衡　165
動学モデル　223
特許データ　73, 156
飛び地　96

## ナ 行

内生性　60, 100, 118
内生成長論　12, 25
内生的　225
内生的閾値回帰分析　108
内部化　84, 88
2国モデル　13
日系企業　146
日本　110
入植者死亡率　66
農林水産業　211

## ハ 行

排他的契約　97
ハイテク財　48
　——輸入　73
ハンガリー　111
比較優位　45, 55
東アジア　196, 206
非競合性　84
非競争的市場　85
非線形最小2乗法　183, 219
ビッグプッシュ　170
貧困の罠　14, 17, 38, 168, 184
品質向上　159
フィリピン　196
不均一分散　228
　——による同定（IH）　67
複数均衡　14
　——の実証分析　178
賦存量　85
2つのピーク　179
ブラジル　113
ベトナム　192
ベネズエラ　104, 113
貿易開放政策　81
貿易開放度　55
　——の指標　60
貿易シェア　63
　——の予測値　64
貿易自由化　48

法の支配力　65
包絡分析法　213
補助金　169
香港　196

## マ 行

マレーシア　154, 196
ミクロ的基礎　4
ミンサー方程式　123
無関係な選択肢からの独立性（IIA）　202
メキシコ　104
メタ回帰分析　104
模倣　18, 25
　——への補助金　93
モロッコ　76, 104
モンテカルロ・シミュレーション　71
モンテカルロ法　213

## ヤ 行

優遇措置　136
輸出　75
輸出市場への参入　75
輸出振興政策　98
輸出による学習　75
輸送コスト　86
輸入　69
輸入代替工業化政策　98
良い均衡　168
要素価格均等化　85
幼稚産業保護論　47

## ラ 行

ライセンス　84
　——契約　88, 93
ラグ変数　226
リトアニア　112
リバース・エンジニアリング　19, 70
ルーマニア　113
レジーム　174
レベル回帰　55, 116
連関消失効果　97

ローテク財　48

### ワ 行
悪い均衡　168

**著者略歴**

1967 年生まれ．
東京大学教養学部卒業，スタンフォード大学経済学部博士課程修了（経済学 Ph.D.）．南イリノイ大学経済学部助教授，東京都立大学経済学部助教授，青山学院大学国際政治経済学部助教授などを経て，現在，東京大学新領域創成科学研究科国際協力学専攻准教授．
専攻，開発経済学・経済成長論・応用ミクロ計量経済学．

**主要著作・論文**

"Is Foreign Aid a Vanguard of FDI? A Gravity-Equation Approach," RIETI Discussion Paper. "Does Offshoring Pay? Firm-Level Evidence from Japan," *Economic Inquiry*（掲載予定）. "Overseas R & D Activities and Home Productivity Growth: Evidence from Japanese Firm-Level Data," *Journal of Industrial Economics*（掲載予定）. "What Determines Overseas R & D Activities? The Case of Japanese Multinational Firms," *Research Policy*. "Knowledge Spillovers from Foreign Direct Investment and the Role of R & D Activities: Evidence from Indonesia," *Economic Development and Cultural Change*.（いずれも共著）

---

開発経済学の挑戦 1
**技術伝播と経済成長** グローバル化時代の途上国経済分析

2008 年 5 月 25 日　第 1 版第 1 刷発行

著　者　戸堂康之
発行者　井村寿人

発行所　株式会社　勁草書房

112-0005 東京都文京区水道 2-1-1　振替 00150-2-175253
（編集）電話 03-3815-5277／FAX 03-3814-6968
（営業）電話 03-3814-6861／FAX 03-3814-6854
大日本法令印刷・青木製本

©TODO Yasuyuki　2008

ISBN978-4-326-54600-8　　Printed in Japan

JCLS　＜㈳日本著作出版権管理システム委託出版物＞
本書の無断複写は著作権法上での例外を除き禁じられています．複写される場合は，そのつど事前に㈳日本著作出版権管理システム（電話03-3817-5670，FAX03-3815-8199）の許諾を得てください．

＊落丁本・乱丁本はお取替いたします．
http://www.keisoshobo.co.jp

浅沼信爾・小浜裕久
**近代経済成長を求めて**
開発経済学への招待
A5判 2,940円
50296-7

今井宏・高安健一・坂東達郎・三島一夫
**テキストブック 21世紀アジア経済**
A5判 2,940円
50239-4

高橋基樹・福井清一 編
**経済開発論**
研究と実践のフロンティア
A5判 2,940円
50307-0

G.マイヤー／松永宣明・大坪滋 訳
**国際開発経済学入門**
A5判 5,775円
50170-0

石黒 馨
**入門・国際政治経済の分析**
ゲーム理論で解くグローバル世界
A5判 2,940円
30167-6

村瀬哲司
**東アジアの通貨・金融協力**
欧州の経験を未来に活かす
A5判 4,410円
50286-8

村瀬哲司
**アジア安定通貨圏**
ユーロに学ぶ円の役割
A5判 3,780円
50181-6

小浜裕久
**日本の国際貢献**
四六判 2,940円
55051-7

勁草書房

＊表示価格は2008年5月現在，消費税は含まれております。
＊ISBNコードは13桁表示です。